剩餘價值理論導讀

《下冊》

北京大學經濟系《資本論》研究組 編著

再版前言

　　為紀念馬克思忌辰一百週年（1983年），山東人民出版社於20世紀80~90年代出版了《資本論》研究叢書（共計24種），這是當年中國理論界和出版界的一件盛事，於光遠、孫冶方、薛暮橋、陳岱孫和陶大鏞等學界老前輩擔當顧問，中國經濟界著名領導人和學者許滌新特為叢書作序。《〈剩餘價值理論〉導讀》（原名《〈剩餘價值理論〉釋義》）即是其中之一，由北京大學經濟系《資本論》研究組編寫，於1985—1993年分三冊出版。

　　本書力求闡明馬克思《剩餘價值理論》這部重要遺稿的基本論點及其在馬克思經濟思想發展中的重要地位。我們所依據的版本是中共中央編譯局編譯、人民出版社出版的《馬克思恩格斯全集》第26卷（第一分冊1972年，第二分冊1973年，第三分冊1974年）；為閱讀或查找方便，本書也相應地分作上、中、下三冊，並採用了該版本的全部標題及相關符號。

　　本書的編寫是在陳岱孫教授指導下進行的。當時正值「文革」浩劫終結不久，在理論上正本清源、撥亂反正尚是一項艱鉅而繁重的任務；正確解釋和領會馬克思這部遺稿的內涵和精神，不僅具有重要的科研價值，而且具有重要的政治意義。當年教學研究因「文革」而荒疏多年，加之缺乏新的參考資料，時間又十分緊迫，編寫組面臨不少困難，但經大家同心協力，分工合作，多次研討修改，終於在預定期限內拿出了這項具有長久科學價值的成果。

時光荏苒，歲月如梭，當年眾人合作攻關之場景尚歷歷在目，未曾想繼陳岱孫教授於1997年仙逝之後，參與寫作的金以輝、徐淑娟、周元和周勤英教授亦先後辭世，實令人深以為憾。此次重新出版，為不煩勞業已年高的弓孟謙和靳蘭徵兩位教授，我索性越俎代庖，將全書（包括他們兩位撰寫的部分在內）加以掃描和整理，對全書文字和論述做了訂正。為了更恰當地反應本書幫助或指導讀者閱讀原著的宗旨，特將原書名之「釋義」更改為「導讀」，但對全書內容未做任何實質性改動。這個版本的文責當然在我，熱誠歡迎專家學者和廣大讀者不吝批評指正。

當年各位編寫者的分工如下：

晏智杰：全書緒論、總的評論、第一章、第三章（第8~11節）、第四章（第5~20節）、第六章、原第一冊附錄（第8~10節，第13節），第八章、第十九章、第二十章。負責修訂第一冊文字。

弓孟謙：第二章、第三章（第1~7節）、第五章、第七章、第十章、第二十二章、第二十三章、第二十四章、原第三冊附錄。

靳蘭徵：原第一冊附錄（第1~7節，第11~12節），第九章、第十三章、第十四章、原第二冊附錄、第二十一章。

周元：第四章（第1~4節）。

徐淑娟：第十一章、第十二章。

周勤英：第十五章、第十六章。

金以輝：第十七章、第十八章。

本次再版，由晏智杰整理和審定。

晏智杰

於北京大學

目 錄

剩餘價值理論
(《資本論》第四卷)
下冊

[第十九章] 托·羅·馬爾薩斯 ----16

 [(1) 馬爾薩斯把商品和資本這兩個範疇混淆起來] ----17

 [(2) 馬爾薩斯所解釋的庸俗的「讓渡利潤」見解。馬爾薩斯對剩餘價值的荒謬觀點] ----22

 [(3) 十九世紀二十年代馬爾薩斯主義者和李嘉圖主義者之間的爭論。他們在對待工人階級的立場方面的共同點] ----24

 [(4) 馬爾薩斯片面地解釋了斯密的價值理論。他在同李嘉圖的論戰中使用了斯密的錯誤論點] ----25

 [(5) 馬爾薩斯對斯密關於不變的勞動價值這一論點的解釋] ----26

 [(6) 馬爾薩斯利用李嘉圖關於價值規律的變形的論點反對勞動價值論] ----28

 [(7) 馬爾薩斯的庸俗的價值規定。把利潤看成商品價值附加額。馬爾薩斯對李嘉圖相對工資見解的反駁] ----29

 [(8) 馬爾薩斯的生產勞動和累積的觀點同他的人口論相抵觸] ----31

  [(a) 生產勞動和非生產勞動] ----31

  [(b) 累積] ----32

 [(9) 馬爾薩斯所理解的不變資本和可變資本] ----33

 [(10) 馬爾薩斯的價值理論(補充評論)] ----34

[(11) 生產過剩。「非生產消費者」等等。馬爾薩斯為「非生產消費者」的揮霍辯護，把它看成防止生產過剩的手段]----36
[(12) 馬爾薩斯同李嘉圖論戰的社會實質。馬爾薩斯歪曲西斯蒙第關於資產階級生產的矛盾的觀點。馬爾薩斯對普遍生產過剩可能性的原理所做的解釋的辯護實質]----38
[(13) 李嘉圖學派對馬爾薩斯關於「非生產消費者」觀點的批判]----42
[(14) 馬爾薩斯著作的反動作用和剽竊性質。馬爾薩斯為「上等」階級和「下等」階級的存在辯護]----43
[(15) 匿名著作《政治經濟學大綱》對馬爾薩斯的經濟理論原理的闡述]----44

[第二十章] 李嘉圖學派的解體 ----47
　　[(1) 羅·托倫斯]----49
　　[(a) 斯密和李嘉圖論平均利潤率和價值規律的關係]----49
　　[(b) 托倫斯在價值由勞動決定和利潤源泉這兩個問題上的混亂。局部地回到亞當·斯密那裡和回到「讓渡利潤」的見解]----51
　　[(c) 托倫斯和生產費用的概念]----53
　　[(2) 詹姆斯·穆勒解決李嘉圖體系的矛盾的不成功的嘗試]----54
　　[(a) 把剩餘價值同利潤混淆起來。利潤率平均化問題上的繁瑣哲學。把對立的統一歸結為對立的直接等同]----55
　　[(b) 穆勒使資本和勞動的交換同價值規律相符合的徒勞嘗試。局部地回到供求論]----58
　　[(c) 穆勒不理解工業利潤的調節作用]----60
　　[(d) 需求、供給、生產過剩（直接把需求和供給等同起來的形而上學觀點）]----61

[(e) 普雷沃放棄李嘉圖和詹姆斯·穆勒的某些結論，試圖證明利潤的不斷減少不是不可避免的] ----62

[(3) 論戰著作] ----64

[(a) 《評政治經濟學上若干用語的爭論》：政治經濟學上的懷疑論；把理論的爭論歸結為用語的爭論] ----65

[(b) 《論馬爾薩斯先生近來提倡的關於需求的性質和消費的必要性的原理》匿名作者的資產階級的局限性。他對李嘉圖的累積理論的解釋。不理解引起危機的資本主義生產的矛盾] ----67

[(c) 托馬斯·德·昆西無法克服李嘉圖觀點的真正缺陷] ----69

[(d) 塞米爾·貝利] ----69

[(α) 《評政治經濟學上若干用語的爭論》的作者和貝利在解釋價值範疇中的膚淺的相對論。等價物問題。否認勞動價值論是政治經濟學的基礎] ----70

[(β) 勞動價值和資本家利潤問題上的混亂。貝利把內在的價值尺度同價值在商品或貨幣上的表現混淆起來] ----77

[(γ) 把價值同價格混淆起來。貝利的主觀主義觀點。關於費用價格和價值的差額問題] ----82

(4) 麥克庫洛赫 ----85

[(a) 在徹底發展李嘉圖理論的外表下使李嘉圖理論庸俗化和完全解體。肆無忌憚地為資本主義生產辯護。無恥的折中主義] ----86

[(b) 通過把勞動的概念擴展到自然過程而對勞動的概念進行歪曲。把交換價值和使用價值等同起來。把利潤解釋為「累積勞動的工資」的辯護性觀點] ----89

[(5) 威克菲爾德在勞動價值和地租問題上對李嘉圖理論的局部反駁] ----93

[(6) 斯特林用供求關係對資本家的利潤做庸俗解釋] ----94

［(7) 約翰·斯圖亞特·穆勒直接從價值理論中得出李嘉圖關於利潤率和工資量成反比的原理的徒勞嘗試］----95
［(a) 把剩餘價值率同利潤率混淆起來。「讓渡利潤」見解的因素。關於資本家的「預付利潤」的混亂見解］----96
［(b) 成品的生產和生產這個成品的不變資本的生產結合在一個資本家手裡會不會影響利潤率］----107
［(c) 關於不變資本價值的變動對剩餘價值、利潤和工資的影響的問題］----109
［(8) 結束語］----111

［第二十一章］以李嘉圖理論為依據反對政治經濟學家的無產階級反對派 ----112

［(1) 小冊子《國民困難的原因及其解決辦法》］----112
［(a) 把利潤、地租和利息看成工人的剩餘勞動。資本的累積和所謂「勞動基金」之間的相互關係］----113
［(b) 簡單再生產條件下和資本累積條件下資本和收入的交換問題］----118
［(c) 小冊子作者的功績及其觀點在理論上的混亂。他提出的關於資本主義社會中的對外貿易的作用以及「自由時間」是真正的財富等問題的意義］----121
［(2) 萊文斯頓把資本看成工人的剩餘產品。把資本主義發展的對抗形式同資本主義發展的內容本身混淆起來。由此產生的對生產力的資本主義發展成果的否定態度］----123
［(3) 霍吉斯金］----126
［(a) 資本的非生產性的論點是從李嘉圖理論中得出的必然結論］----127

〔(b) 反駁李嘉圖的資本是累積勞動的定義。關於並存勞動的見解。對物化的過去勞動的意義估計不足。現存財富同生產勞動的關係〕----129

〔(c) 所謂累積不過是一種流通現象（儲備等是流通的蓄水池）〕----135

〔(d) 霍吉斯金對資本家為工人「累積」生活資料的見解的駁斥。霍吉斯金不瞭解資本拜物教化的真正原因〕----139

〔(e) 複利，根據複利說明利潤率下降〕----142

〔(f) 霍吉斯金論勞動的社會性質以及資本與勞動之間的關係〕----146

〔(g) 霍吉斯金的基本論點在其《通俗政治經濟學》一書中的表達〕----147

〔(h) 霍吉斯金論資本的權力以及論財產的權利的變革〕----149

〔(4) 政治經濟學家的反對派布雷〕----150

〔第二十二章〕**拉姆賽** ----153

〔(1) 區分不變資本和可變資本的嘗試。關於資本是不重要的社會形式的觀點〕----154

〔(2) 拉姆賽關於剩餘價值和價值的觀點。剩餘價值歸結為利潤。關於不變資本和可變資本的價值變動對利潤率和利潤量的影響問題的不能令人滿意的說明。資本的有機構成、累積和工人階級的狀況〕----155

〔(3) 拉姆賽論「總利潤」分為「純利潤」（利息）和「企業主利潤」。在他關於「監督勞動」「補償風險的保險費」和「超額利潤」等觀點中的辯護因素〕----163

[第二十三章] 舍爾比利埃 ----167
　　[（1）把資本區分為兩部分：由機器和原料構成的部分以及由工人的「生活資料基金」構成的部分] ----167
　　[（2）關於工人人數同不變資本量相比不斷減少的問題] ----169
　　[（3）舍爾比利埃關於利潤率取決於資本有機構成的猜測。他在這個問題上的混亂。舍爾比利埃論資本主義條件下的「佔有規律」] ----170
　　[（4）關於作為擴大再生產的累積問題] ----176
　　[（5）舍爾比利埃的西斯蒙第主義因素。關於資本有機構成問題。比較發達的資本主義生產部門的可變資本絕對減少。在資本有機構成保持不變的情況下不變資本和可變資本的價值比例的變動。資本的有機構成以及固定資本和流動資本之間的不同比例。資本週轉的差別及其對利潤的影響] ----177
　　[（6）李嘉圖和西斯蒙第的互相排斥的見解在舍爾比利埃著作中的折中主義的結合] ----181

[第二十四章] 理查·瓊斯 ----183
　　[（1）理查·瓊斯《論財富的分配和稅收的源泉》，第一部分：《地租》，1831年倫敦版。地租歷史觀的因素。瓊斯在地租理論的個別問題上勝過李嘉圖之處以及他在這方面的錯誤] ----184
　　[（2）理查·瓊斯《1833年2月27日在倫敦皇家學院講述的政治經濟學緒論。附工資講座大綱》1833年倫敦版。「國家的經濟結構」的概念以及用它來說明社會制度的不同類型的嘗試。關於「勞動基金」的混亂思想] ----190
　　[（3）理查·瓊斯《國民政治經濟學教程》1852年哈特福版] ----193

[(a) 資本主義生產方式的歷史觀的萌芽同關於資本只是「累積的儲備」的資產階級拜物教觀點的結合。生產勞動和非生產勞動問題]————193
　　[(b) 瓊斯論資本主義生產形式對生產力發展的影響。關於追加固定資本的使用條件問題]————199
　　[(c) 瓊斯論累積和利潤率。關於剩餘價值的源泉問題]————202

附錄　收入及其源泉・庸俗政治經濟學————205
　　[(1) 生息資本在資本主義生產基礎上的發展。資本主義生產方式的關係的拜物教化。生息資本是這種拜物教的最充分的表現。庸俗經濟學家和庸俗社會主義者論資本利息]————205
　　[(2) 生息資本和商業資本同產業資本的關係。更為古老的形式。派生的形式]————212
　　[(3) 剩餘價值的各個部分獨立化為不同形式的收入。利息和產業利潤之間的比例。收入的拜物教形式的不合理性]————214
　　[(4) 剩餘價值的轉化形式的硬化過程以及這些形式同它們的內在實質即剩餘勞動日益分離的過程。生息資本是這個過程的最終階段。把產業利潤看成「資本家的工資」的辯護觀點]————216
　　[(5) 古典政治經濟學和庸俗政治經濟學的本質區別。利息和地租是商品市場價格的構成要素。庸俗經濟學家企圖賦予利息和地租的不合理形式以合理的外觀]————221
　　[(6) 庸俗社會主義反對利息的鬥爭（蒲魯東）。不理解利息和雇傭勞動制度之間的內在聯繫]————228
　　[(7) 關於利息問題的歷史。路德在進行反對利息的論戰時勝過蒲魯東。對利息的觀點隨著資本主義生產關係的發展而發生變化]————229

[第十九章] 托・羅・馬爾薩斯

托馬斯・羅伯特・馬爾薩斯（1766—1834），英國資產階級庸俗政治經濟學創始人。馬爾薩斯出身於英國一個鄉村土紳士的家庭，當過牧師，並在東印度經濟學院擔任過歷史和經濟學教授。馬爾薩斯是以他1798年發表的《人口原理》一書而竊取盛名的。馬克思的《剩餘價值理論》第2冊第9章在評論馬爾薩斯的地租理論時，對他鼓吹的人口理論曾做了一般評述。在本章，馬克思主要評述馬爾薩斯在李嘉圖的《政治經濟學及賦稅原理》一書出版以後發表的三部經濟著作：《從應用觀點考慮的政治經濟學原理》（1820年，以下簡稱《政治經濟學原理》）、《價值尺度、說明和例證》（1823年）、《政治經濟學定義》（1827年）。

馬克思指出：「馬爾薩斯的《政治經濟學原理》以及要在某些方面對《政治經濟學原理》做進一步發揮的上述另兩部著作的產生，在很大程度上是由於馬爾薩斯嫉妒李嘉圖的著作所取得的成就，並且企圖重新爬上他在李嘉圖的著作問世前作為一個剽竊能手所騙取到的首席地位。」（第三分冊第4頁。註：書中引文均為中央編譯局編譯、人民出版社1972—1974年出版的《馬克思恩格斯全集》第26卷版本，為查閱方便，直接在引文後標註「第三分冊及頁碼」，全書同）李嘉圖的《政治經濟學及賦稅原理》一書明確反對地主階級及其僕從的利益，為當時工業資產階級反對土地貴族提供了強大的思想武器，把古典政治經濟學推向最高峰，李嘉圖也因此而博得了一流經濟學家的名聲，這不能不引起馬爾薩斯的嫉妒和忌恨。當然，更重要的是，站在土地貴族立場上的馬爾薩斯，對維護地主階級及其僕從的利益比維護工業資產階級的利益更為直接和感興趣，因而他竭力要求資本主義生產的發展限制在從土地貴族等不生產階級看來是「有利的」和「適宜的」範圍。這是馬爾薩斯寫作《政治經濟

學原理》等著作的根本目的。同時，也必須看到，馬爾薩斯之所以能夠反對李嘉圖，「只是因為李嘉圖有種種自相矛盾之處。」（第三分冊第4頁）無論是斯密，還是李嘉圖的理論體系，都是科學因素和庸俗因素並存，雖然後者不居主導地位，但這卻給馬爾薩斯以可乘之機，他們著作中的庸俗因素被有意識地分離出來發展為辯護論的經濟學。在本章，馬克思著重剖析了馬爾薩斯如何利用斯密和李嘉圖的理論體系中的庸俗因素來反對李嘉圖的勞動價值論，以及由此引申出為寄生階級辯護的論據及其反動作用。

本章共十五節。第一、二兩節概括評述馬爾薩斯關於價價值規定和利潤來源的庸俗見解，並揭露他反對李嘉圖採用的手法。第三節揭示馬爾薩斯主義者和李嘉圖主義者在對待工人階級立場上的一致性。第四至七節評述馬爾薩斯在同李嘉圖的論戰中如何片面利用斯密和李嘉圖的錯誤論點，以及他對李嘉圖的科學見解的攻擊。第八、九兩節簡要評述馬爾薩斯有關生產勞動、累積和區分資本不同部分的一些論點。第十節結合一部匿名著作對馬爾薩斯的批評意見，補充評論馬爾薩斯的價值理論。第十一至十四節評述馬爾薩斯為非生產者階級辯護的理論及其反動作用。第十五節評述一個馬爾薩斯主義者解釋馬爾薩斯原理的若干論點。

[（1）馬爾薩斯把商品和資本這兩個範疇混淆起來]

一、馬爾薩斯利用李嘉圖的理論體系中的矛盾和混亂反對李嘉圖

馬克思指出，馬爾薩斯在他1814年發表的《論穀物法的影響》中，曾反對斯密把勞動（即勞動價值）看作價值的準確尺度，認為這是從交換價值的規定本身得出來的，在該書中他採用的是斯密的價值決定於生產某一物品所必需的累積勞動和直接勞動的量。但在李嘉圖於1817年出版了《政治經濟學及賦稅原理》以後，馬爾薩斯為了反對李嘉圖的勞動價值論，在他所著《政治經濟學原理》及其他兩部著作中，都以斯密的第二種價值規定作為自己立論的根據，即商品的價值決定於該商品所購買或支配的勞動量，也就是說，商品的價值決定於它的交換價值。馬克思指出，斯密自己在他理論上真正有所發揮的地方從來沒有使用過這一價值規定，而是不自覺地堅持了價值決定於商品中已耗費的勞動量這一正確規定。

但是，斯密在價值理論上相互矛盾的因素，卻成了以後各經濟學派的各種

截然相反的觀點的源泉和出發點（第三分冊第13頁）。李嘉圖批判了斯密的錯誤觀點，堅持價值決定於商品中包含的已耗費的勞動量，這構成了李嘉圖全部理論體系的基礎。在這一基礎上建立起工資、利潤和地租的相互關係的學說，揭露三個階級之間的矛盾，這是李嘉圖的主要功績。但是，李嘉圖只注意研究地租、利潤、工資三者的量的相互關係，而忽視了決定這種量的物質生產關係，所以，李嘉圖從來沒有考慮過剩餘價值的來源，他只是尋找決定剩餘價值量的原因。他也沒有把剩餘價值作為一個獨立的範疇來考察，只是就利潤和地租的特殊形式來考察剩餘價值。這使李嘉圖在理論上遇到一系列無法解決的矛盾，不能在價值規律的基礎上徹底解剖資本主義。於是，馬爾薩斯就來利用斯密的錯誤，並抓住李嘉圖理論體系中的矛盾與混亂攻擊李嘉圖。

馬克思指出：「馬爾薩斯在反對李嘉圖時用來作為出發點的，一方面是剩餘價值的產生問題，另一方面是李嘉圖把不同投資領域中費用價格的平均化（這裡指生產價格，即 C+V+平均利潤——編者）看作價值規律本身的變形的觀點，以及他始終把利潤和剩餘價值混淆起來（把兩者直接等同起來）的做法。馬爾薩斯並沒有解決這些矛盾和概念的混亂，而是從李嘉圖那裡把它們接受過來，以便依靠這種混亂去推翻李嘉圖關於價值的基本規律等等，並作出使他的保護人樂於接受的結論。」（第三分冊第4~7頁）在這裡，馬克思揭示了馬爾薩斯反對李嘉圖採用的手法和目的，同時也使我們清楚地看到馬爾薩斯的理論同古典學派理論體系中庸俗因素的內在聯繫。

二、馬爾薩斯把利潤直接包括到價值規定中來，混淆資本和商品的不同範疇

馬爾薩斯借用斯密的第二種價值規定，並把它從斯密的整個價值理論中分離出來，使之與第一種價值規定對立起來。他說：「商品所能支配的勞動是價值的標準尺度」，它「是由生產這些商品實際耗費的累積勞動和直接勞動，加上以勞動表示的全部預付的不斷變動的利潤額而得出的那個勞動量來準確衡量的。」（轉引自第三分冊第8頁。引文也是中央編譯局編譯、人民出版社1972—1974年出版的《馬克思恩格斯全集》第26卷版本，不是轉述，是引述，故標為「轉引自第三分冊及頁碼」，全書同）這就是說，商品的價值不是由生產它所耗費的勞動量決定，而是由交換到的勞動量決定，它等於生產商品所耗費的累積勞動和活勞動再加上利潤所代表的勞動。馬爾薩斯進一步說：「**某一商品通常所支配的勞動量**正好代表對該商品的有效需求，因為該勞動量

正好代表**這種商品供給所必需的勞動和利潤的總量**」（轉引自第三分冊第 10 頁）。「因此，如果認為**商品的一般價值**決定於**商品供給的自然的和必要的條件**，那麼毫無疑問，只有它通常所能支配的勞動才是這些條件的尺度」，而「**基本生產費用**恰恰是商品供給條件的等價表現。」（轉引自第三分冊第 9 頁）換句話說，商品所能支配的勞動也就是由供求決定的商品的購買力，它等於生產商品所耗費的勞動加利潤，它們構成商品的基本生產費用。

從上面的引證不難看出，馬爾薩斯是以庸俗的供求價值論代替勞動價值論。其目的是企圖證明利潤來源於流通中的商品交換。他「想一下子把『利潤』包括在**價值**規定之中，以便使利潤直接從這個規定得出。」（第三分冊第 9 頁）在《政治經濟學原理》和其他兩部著作中，馬爾薩斯借用斯密的第二種價值規定，竭力反對生產商品所耗費的勞動作為價值尺度。他說，商品所耗費的勞動究竟能否決定或衡量商品的相互交換比率，這不僅是個對價值尺度如何理解的問題，也是個事實問題，事實上已經知道的社會沒有做到按勞動交換。他寫道：「在很早的時期，利潤就作為供給的一個必要條件，廣泛地被考慮在交換價值問題之內。」① 他認為只有在少數特殊情況下，即只使用勞動就能生產並立即出售的商品，才按照所耗費的勞動交換，而在大多數情況下，生產商品不僅需要耗費勞動，而且需要耗費資本，使用資本就要求得到利潤。因此，「在文明和進步的國家中，大部分商品至少是由勞動和資本這兩種要素構成的，它們作為商品的供應條件加入商品之中。因此，商品的交換價值將不完全取決於它們所耗費的勞動量。」「說商品中包含的勞動是商品交換價值的尺度，看來是完全不正確的。」② 馬爾薩斯還沾沾自喜地把商品所支配的勞動代表生產該商品所花費的勞動量加利潤看作自己的「偉大發現」，他說：「我在任何地方都沒有看到過（指馬爾薩斯自己的著作《價值尺度》出版以前）這樣的表述：某一商品通常支配的**勞動量**，必定可以代表並衡量**生產這一商品花費的勞動量**加利潤。」（轉引自第三分冊第 8~9 頁）他以為這樣一來，斯密和李嘉圖沒有解決的矛盾，即資本和勞動交換同價值規律的矛盾，就被他輕而易舉地解決了。

馬克思在評論馬爾薩斯的上述觀點時，主要指出兩點：

---

① 馬爾薩斯. 政治經濟學原理 [M]. 廈門大學經濟系翻譯組，譯. 北京：商務印書館，1962：75.
② 參見馬爾薩斯：《價值的尺度》。轉引自《馬爾薩斯反動言論選輯》，1960 年版，第 122 和 123 頁。

第一，馬爾薩斯注意到資本和雇傭勞動的交換是不平等的，並強調這一點，這是他的三部著作的唯一貢獻。雖然他並不知道這種不平等的原因是什麼，而正是這一點，李嘉圖卻說得不那麼清楚，因為李嘉圖「始終是以在資本家和工人之間分配的成品為前提，卻不去考察導致這一分配的仲介過程——交換。」（第三分冊第 8 頁）李嘉圖從商品的價值決定於它所包含的已耗費的勞動量出發，直接考察資本主義的分配關係，把利潤看作勞動創造的價值超過工資以上的餘額，實際上就把利潤歸結為剩餘價值，從而揭示了工資和利潤的對立。但是，既然利潤是工人勞動創造的價值的一部分，那麼，資本和勞動交換，一定量的物化勞動和活勞動之間的交換就是不等價的；如果資本和勞動之間的交換是按價值規律進行，利潤又從何而來？顯然，李嘉圖著眼於資本主義的分配規律，是無法解釋這個矛盾的。馬爾薩斯的信徒卡澤諾夫覺察到了這一點，所以他說，商品的交換和商品的分配應當分開來考察，分配規律並不完全取決於同商品交換有關的那些規律。（第三分冊第 7 頁）

馬克思強調指出，要在價值規律的基礎上說明剩餘價值或利潤的來源，就要把商品或貨幣作為資本的價值增值來考察，而不是考察它們的價值，因為從商品的價值規定出發，並不能直接說明剩餘價值是如何產生的。如果把商品作為資本的價值增值來考察，就可以發現利潤或剩餘價值並不是來源於一定量物化勞動和等量活勞動相交換，而是來源於交換中沒有被支付等價物而佔有的那部分活勞動。它之所以沒有破壞價值規律，是因為資本並不是直接和活勞動相交換而是和勞動力相交換。勞動力在生產過程中不僅創造出自己的等價物，而且創造出被資本家無償佔有的剩餘價值。

李嘉圖撇開貨幣轉化為資本的仲介環節——以勞動力的買和賣為媒介的生產過程，直接考察活勞動創造的價值如何在資本和勞動之間進行分配，同時李嘉圖又把資本看作直接和活勞動交換而不是和勞動力交換，這就無法把利潤的產生和價值規律統一起來。馬克思指出：「如果只考察這一過程的實際內容和結果，那麼價值增值，利潤、貨幣或商品之轉化為資本，都不是因為商品按價值規律進行交換，即與它們所花費的勞動時間成比例地進行交換而發生的，相反倒是由於商品或貨幣（物化勞動）同它所包含的或者說耗費的勞動**多**的活勞動相交換的結果。」（第三分冊第 8 頁）因為從價值增值的結果來考察，工人提供的價值高於他所得到的工資所包含的價值，因而工人實際上是以較多的活勞動交換較少的物化勞動。斯密正是從資本和雇傭勞動交換的實際結果中覺

察到這一矛盾,從而得出價值規律失效的論斷。馬爾薩斯也強調這一矛盾,但他們都不懂得,這個矛盾之所以產生,是由於勞動能力本身成了商品,它的使用價值本身是一種創造價值的能力,而同它的交換價值毫無關係。李嘉圖則和他們不同,他雖然也看到資本購買的勞動大於「勞動的價值」,但他只是確認這一事實,卻不去研究這一事實的原因,因為他把資本主義生產方式看成社會生產的自然形式。他也從來沒有直接把剩餘勞動看作剩餘價值的基礎。這說明李嘉圖是站在資產階級立場上來考察工資和利潤的對立,因而不可能認識這種對立的根源和本質。李嘉圖沒有闡明的這個矛盾卻被馬爾薩斯注意到了,並抓住這一矛盾對他進行攻擊。

第二,馬爾薩斯雖然看到了勞動與資本的交換是不平等的,但是他不是把這種不平等歸結為資本對無酬勞動的佔有,而是採取庸俗的手法,把利潤直接包括到價值規定中來,然後用商品所支配的勞動量總是大於商品本身所包含的勞動量來解釋。按照他的說法,購買的勞動量包括資本帶來的利潤,而利潤是資本進行再生產的推動力,如果一個商品的價值只等於生產中所耗費的勞動量,就沒有利潤可言,生產和再生產就要停止,所以商品供給的條件必須保證資本獲得利潤,利潤由消費者支付,從而商品所支配的勞動量正好代表對該商品的有效需求。這樣,利潤被看成交換中產生的「讓渡利潤」,倒退到重商主義的荒謬觀念。

馬克思指出,馬爾薩斯直接把利潤包括到價值規定之中,是把商品的價值和商品作為資本的價值增值等同起來。商品只有作為資本同活勞動交換,它所換到的勞動量才總是大於商品本身所包含的勞動量,如果商品作為商品相互交換,就是等量物化勞動相交換。可見,馬爾薩斯的「偉大發現」,無非是以隱蔽方式復述斯密的見解。斯密認為,隨著土地私有制的出現和資本累積,價值便由三種收入即工資、利潤和地租來決定,而收入則可由它購買的勞動來衡量。斯密的觀點由勞動決定價值轉為收入決定價值,這使他在邏輯上陷入了混亂。而馬爾薩斯在這個問題上「發現」了什麼呢?「值得注意的只是,馬爾薩斯認為利潤已經直接地現成地包括在商品的價值之中,並且有一點對他來說是清楚的,這就是:商品所支配的勞動量始終大於它所包含的勞動量。」(第三分冊第9頁)這樣,馬爾薩斯用來「克服」斯密和李嘉圖遇到的困難的辦法,就是把問題本身取消。

馬克思進一步指出,馬爾薩斯認為資本主義生產的目的是利潤,從而商品

供給的條件在於商品在生產或再生產過程中交換到比它自身所包含的勞動量大的勞動量,這無疑是正確的。問題在於,這部分利潤是不是超過工人耗費的勞動量以上的加價呢?當然不是。以棉布生產為例,利潤是棉布工人的剩餘勞動時間創造的剩餘價值,「這種剩餘勞動時間,剩餘價值,也表現為剩餘產品,即表現為比用來交換勞動的棉布多的棉布」。(第三分冊第 10 頁) 每一碼棉布中都包含著一定量的無酬勞動,資本家按棉布的價值出售,就能實現剩餘價值。因為資本家出賣棉布不是按照他支付過報酬的勞動時間,而是按照棉布所包含的勞動時間。

綜上所述,馬爾薩斯把利潤看作勞動耗費以上的超過額而直接包括到價值規定中,目的無非是要證明資本和勞動一樣是生產的必要條件,資本帶來利潤,勞動帶來工資。這樣,資本主義的剝削關係被徹底掩蓋起來,勞動價值論也就化為烏有。

[(2) 馬爾薩斯所解釋的庸俗的「讓渡利潤」見解。馬爾薩斯對剩餘價值的荒謬觀點]

馬爾薩斯倒退到庸俗的「讓渡利潤」觀點,直接來自斯密的購買或支配的勞動決定價值論,同時也是基於他試圖解決斯密和李嘉圖理論體系中所沒有解決的矛盾。馬克思指出:「馬爾薩斯先生以亞當・斯密的論點為依據,做了一種混亂的、然而是建立在正確地感覺和意識到有待克服的困難的基礎上的嘗試。」(第三分冊第 13 頁) 這一節,馬克思主要是對馬爾薩斯如何從這種嘗試過渡到他的庸俗觀點以及這一觀點的荒謬性做了評述。

首先,針對馬爾薩斯把利潤歸結為交換中資本家按高於商品的價值出賣商品的結果,馬克思假定資本家在出賣商品時可能遇到三種情況:或者買者是資本家,或者買者是獨立生產者,或者買者是雇傭工人。無論哪一種情況,根據等價交換的原則,他們都是用一定量貨幣交換一定量商品的等價物,資本家並不能從交換中得到任何好處。馬克思指出,唯一不同的是,工人為換取構成他的工資的貨幣,付出的勞動比這些貨幣中包含的勞動多,因為工資只是工人支出的活勞動中的有酬部分,工人是用超過貨幣價值(即工資)的勞動量購買了一般等價物的貨幣。所以,工人是唯一用高於商品價值的貨幣來支付一切商品的買者。不過,資本家把商品賣給工人得到的利潤,是同他們把商品賣給其

他任何買者時實現的利潤一樣，都是來源於工人在生產過程中創造的剩餘價值，它發生在工人向資本家購買商品以前而不是以後。

接著，馬克思指出，馬爾薩斯為了達到「用一種新的理論與李嘉圖的理論相對抗，從而保持其『首席地位』」，（第三分冊第 13 頁）他把利潤直接包括到價值規定中來，邏輯上必然導致把一切交換都看成資本和勞動之間的交換。「他硬使所有買者不是用商品，而是用直接勞動同資本家相交換，硬使他們交回給資本家的勞動多於商品中**包含的**勞動。」（第三分冊第 12 頁）其實，利潤的產生不是靠工人作為買者支付高於商品的價值，而是資本家作為買者在生產過程中用低於商品的價值向工人購買了商品。「馬爾薩斯所不理解的就是商品中包含的勞動總量和商品中包含的有酬勞動量之間的差額。正是這個差額構成了利潤的源泉。」（第三分冊第 13 頁）進一步來看，買者除了工人以外，還有資本家、獨立生產者等，他們並不是直接用勞動和資本家相交換。於是，馬爾薩斯就只能做出這樣的假定。「買者雖然不直接付出比商品中包含的更多的勞動量，但是——這其實是一回事——要付出一個包含更多勞動量的價值。」（第三分冊第 14 頁）這樣一來，馬爾薩斯就由購買的勞動決定價值過渡到了利潤來源於商品的賤買貴賣，其過渡是靠所謂「包含更多勞動量的價值」來實現的。

那麼，由賤買貴賣產生的利潤是如何實現的呢？或者說，「應該到哪裡去找付給資本家的勞動量等於資本家的商品中包含的勞動加資本家的利潤的買者呢」？（第三分冊第 14 頁）馬爾薩斯認為，實現資本家利潤的買者既不能只靠資本家，也不能只靠工人，主要靠只買而不賣的非生產階級。因為在他看來，資本家固然有消費利潤的能力，「但是這樣的消費不符合大多數資本家的實際習慣。他們一生的重大目的是節約和累積一筆家財。」所以，「他們就不能通過交換各自的產品來相互提供足夠的市場。」① 其實問題在於，按照賤買貴賣產生利潤的觀點，一個所得就是另一個所失，資本家作為賣者得到的利潤在他作為買者時就會失去。馬爾薩斯認為利潤也不能靠工人階級的消費來實現，「使用於生產性勞動方面的工人所產生的消費和需求，絕不會單獨地成為資本的累積和使用的動力」，② 因為工人消費的增加會提高生產費用，導致利潤下降，從而減少資本累積的動機。其實問題的實質在於，工人的消費取決於他們

---

① 馬爾薩斯. 政治經濟學原理 [M]. 廈門大學經濟系翻譯組，譯. 北京：商務印書館，1962：327，328.
② 馬爾薩斯. 政治經濟學原理 [M]. 廈門大學經濟系翻譯組，譯. 北京：商務印書館，1962：261.

的工資收入，既然馬爾薩斯認為工人是用高於商品價值的貨幣支付給資本家的，那麼，工人用工資就只能買回產品的一部分，另一部分則構成資本家的利潤。所以，整個資產階級絕不能僅僅靠工人階級的消費來實現自己的利潤。馬爾薩斯由此得出結論：「必須有不是賣者的買者，資本家才能實現他的利潤，才能『按照商品的價值』出賣商品。」（第三分冊第15頁）他們就是地主、年金領取者、領干薪者、牧師等以及他們的家僕和侍從。這樣，馬爾薩斯就由他的庸俗價值論進一步引導出他為反動的寄生階級辯護的實現理論。這種實現理論概括起來無非是：商品的供給有賴於對商品的有效需求，只有經常的消費過度和寄生者佔有盡可能多的產品才能實現資本家的利潤，從而為資本家的供給找到足夠的市場，所以，資本家階級的存在與發展，依賴於代表支出慾望，消費慾望和奢侈慾望的購買者階級即非生產階級。

[（3）十九世紀二十年代馬爾薩斯主義者和李嘉圖主義者之間的爭論。他們在對待工人階級的立場方面的共同點]

自從馬爾薩斯站在土地貴族立場上對李嘉圖學說發動進攻以後，在19世紀20年代到30年代的英國，圍繞李嘉圖學說展開了一場激烈的論戰。關於馬克思對這場論戰的評述，詳見本冊第二十章。在這裡，馬克思只是就論戰雙方在某些方面的共同點和不同點做了簡要評論。

馬克思指出，論戰雙方在對待工人階級的立場方面是完全一致的。雙方都認為，必須使工人自己不佔有自己的全部產品，產品的一部分要歸資本家所有，這樣才能使工人有生產的刺激，以保證財富的增長。因為無論是李嘉圖主義者還是馬爾薩斯主義者，都是站在資產階級立場上看待工人階級的消費。因此他們認為，只有使資本能消費勞動力所實際必要的那部分工人的個人消費，才是生產消費。除此以外，工人為自己享受而消費的一切，都是非生產消費。

雙方也有不同點：李嘉圖主義者主張，工人階級必須把自己產品中盡可能大的一部分無償地讓給產業資本家，以便資本家把由此增加的純收入再轉化為資本。馬爾薩斯主義者則認為，產業資本家必須把他們佔有的剩餘產品的一部分以地租、稅收等形式讓給只消費不生產的階級，好讓這些階級在對他們不利的條件下和產業資本家進行交換，以便產業資本家實現高額利潤；否則產業資本家的商品就會由於缺乏足夠的有效需求而喪失生產的刺激。一位匿名的李嘉

圖主義者反駁道：「這個過程與其說會促進生產，不如說會阻礙生產。而且讓一部分人過著遊手好閒的生活，只是為了去鞭策另一些人，這也不是十分公平的。儘管從後者的性格來說，如果強迫他們去做，他們是能把事情辦好的。」①馬克思在評論這位匿名作者的觀點時指出：「儘管他認為靠吸掉工業資本家湯裡的油水這種辦法來刺激工業資本家去累積是不公正的，但是他覺得，『要使工人勤勉地勞動』，必須盡可能地把工人的工資減到最低限度。」②

從馬爾薩斯主義者和李嘉圖主義者之間發生的這場「絕妙的爭吵」，不難看出其階級實質。在後面馬克思對此做了進一步的評論。

[（4）馬爾薩斯片面地解釋了斯密的價值理論。他在同李嘉圖的論戰中使用了斯密的錯誤論點]

前面指出，馬爾薩斯反對李嘉圖的商品價值決定於生產商品所耗費的勞動，其手法是，一方面借用斯密的價值決定於購買或支配的勞動，另一方面是把利潤直接包括到價值規定中，混淆商品的價值和商品的價值增值。這一節，馬克思進一步揭露了馬爾薩斯如何「在理論上大耍花招」（第三分冊第18頁），把已經被李嘉圖明確指出是錯誤的斯密對「勞動量」和「勞動的價值」的混淆重新引進來，以證明商品價值中包含的利潤不是來源於工人的無酬勞動，而是來源於商品所交換或支配的勞動。

馬爾薩斯首先從流通出發，十分粗俗地把商品的價值歸結為商品的市場價格，它等於生產者的資本加利潤。而生產者的資本是什麼呢？「資本是用來勞動的工具、被加工的材料以及支配必要勞動量的手段。」（轉引自第三分冊第17頁）而利潤又是什麼呢？利潤是交換時消費者「能夠和願意支付給商品的部分，大於生產它們時所耗費的資本的一切組成部分」。（轉引自第三分冊第17頁）可見，生產者的資本是耗費在商品中的全部勞動，利潤則是購買者支付的超過商品中所包含的資本以上的部分。那麼，利潤的大小如何決定呢？馬爾薩斯主義者卡澤諾夫說：利潤不取決於商品互相交換的比例，而是取決於對工資的比例，「這個比例在任何情況下都決定於**買者**為取得商品**而做出的犧牲**

---

① 《論馬爾薩斯先生近來提信的關於需求的性質和消費的必要性的原理》第67頁。轉引自：《馬克思恩格斯全集》第23卷，第653頁。

② 參見《馬克思恩格斯全集》第23卷，第653頁。

（或**他付出的勞動的價值**）**超過生產者為使商品進入市場而做出的犧牲的程度**。」（轉引自第三分冊第 18 頁）這就是說，利潤的大小不是由工人耗費在商品中的超過工資以上的勞動量決定，而是由商品的買者支付的超過商品中包含的勞動量決定。馬克思指出，商品中包含的勞動量包括：被磨損的機器等所包含的勞動和使用的原料所包含的勞動。這兩個要素不會因為它們成為新商品的生產要素而比原來包含的勞動量多，剩下的是包含在工資中的、與活勞動相交換的勞動。那麼，它們在量上是否相等呢？按照馬爾薩斯的意見，包含在工資中的物化勞動並不比它所交換到的活勞動少。為了證明這一點，馬爾薩斯就必須「把大衛·李嘉圖在『勞動的價值』和『勞動量』之間所做的劃分重新抹掉，並把斯密的（不同價值規定的）並列歸結到一個錯誤方面」。（第三分冊第 18 頁）他說：「一定的**勞動量**，必定具有**同**支配它或者它實際上交換的**工資相等的價值**。」（轉引自第三分冊第 18 頁）就是說，工資代表的勞動量等於工人所提供的全部活勞動量。

馬克思指出，一定的勞動量的價值等於工資或等於這個勞動所交換到的貨幣量或商品量，這是同義反覆。但絕不能由此得出結論，一定的勞動量等於工資所包含或代表的勞動量。因為一定的勞動量和一定的勞動量的價值是兩回事。前者是工人耗費的全部活勞動量，後者是工人的活勞動所交換到的價值，它等於勞動力的價值，後者必然小於前者。馬爾薩斯硬把工人的活勞動創造的價值和工人的工資所包含的價值等同起來，目的在於證明商品的價值不是由商品中所包含的已耗費的勞動量決定，而是由商品所交換或支配的勞動量決定。因為如果認為商品的價值等於生產該商品所耗費的勞動（即商品本身所包含的累積勞動與活勞動），利潤就不可能存在；但他假定利潤已經現成地包含在價值規定之中，因此，就「必須用別的源泉解釋利潤」（第三分冊第 19 頁），馬爾薩斯找到了這個源泉，這就是「商品必須支配這樣一個勞動量，它等於用在商品生產上的勞動加上一個代表商品出賣時所實現的利潤的勞動餘額」。（第三分冊第 20 頁）換句話說，利潤來源於購買的勞動大於商品中所包含的勞動。

[（5）馬爾薩斯對斯密關於不變的勞動價值這一論點的解釋]

馬爾薩斯不僅利用斯密對「勞動量」和「勞動的價值」的混淆反對李嘉

圖，而且還進一步搬用斯密的勞動的價值是不變的論點，來證明作為商品的勞動是價值的唯一尺度。

馬克思曾指出，斯密混淆「勞動」與「勞動的價值」，因此，「把適用於勞動本身，因而也適用於勞動尺度即勞動時間的話——無論**勞動價值**如何變化，商品價值總是同物化在商品中的勞動時間成比例——硬用於這個變化不定的勞動價值本身」。① 商品的價值量由生產商品所耗費的勞動量決定，勞動量的計量單位是勞動時間，計量勞動時間的尺度單位如分、秒、小時等是固定不變的。所以，只有在這個意義上可以說，作為價值量的計量尺度的勞動量是不變的，而不是「勞動的價值」是不變的。那麼，馬爾薩斯是如何照搬並進一步發揮斯密的論點的呢？

首先，馬爾薩斯認為，工資提高或降低，並不意味著勞動本身的價值發生變化，而是工資所代表的商品的價值發生變化。他說：「如果對勞動的需求增加了，那麼，工人的較高工資就不是由勞動價值的提高，而是由勞動所交換的產品的價值的降低引起的。在勞動過剩的情況下，工人的低工資是由產品價值的提高，而不是由勞動價值的降低引起的。」（轉引自第三分冊第21頁）

馬爾薩斯對勞動價值不變的論證，遭到貝利的尖刻嘲笑，他指出，馬爾薩斯的說法「正同所謂買帽子付出的金額雖然時多時少，但總是買到一頂帽子，因此它具有不變的價值這種說法一樣不足取」。（轉引自第三分冊第22頁）

其次，馬爾薩斯還試圖用如下論據來證明勞動價值不變，即隨著社會的進步，和勞動相比，許多商品如原產品價格上漲，而工業品的價格下降，因此，「一定的勞動量在同一國家中支配的商品量，平均說來，在幾百年的過程內不可能發生重大的變化」。（轉引自第三分冊第22頁）這就是說，無論貨幣工資提高或降低，實物工資都是固定不變的。為了進一步論證這一點，馬爾薩斯還提出，如果貨幣工資提高，貨幣的價值將相應降低，這必然導致一切商品的價格普遍提高。馬克思指出，如果這樣，那麼，需要證明的恰恰是，為什麼一切商品的價值同貨幣相比都提高了。只有根據勞動價值論才能論證這一點。因為一切商品的價值都是和其包含的勞動量成比例，貨幣的價值降低，表明貨幣本身包含的勞動量減少，以貨幣表現的商品價格必然提高。這正說明包含在商品中的勞動量是價值的尺度，而不是像馬爾薩斯所說的，作為商品的勞動（也就是勞動的價值——工資）是價值的尺度。

---

① 參見《剩餘價值理論》第1冊，第54頁。

[（6）馬爾薩斯利用李嘉圖關於價值規律的變形的論點反對勞動價值論]

李嘉圖首先發現兩個數量相等的資本，由於固定資本和流動資本的比例（實際上是不變資本和可變資本的比例）不同，固定資本的耐用程度不同，流動資本的週轉時間不同，在平均利潤率規律的作用下，商品的生產價格將與它們的價值相背離。他把這種情況看成是價值本身的變形，因為他把生產價格和價值直接混同起來，從而錯誤地認為價值不再取決於生產商品所耗費的勞動量。但李嘉圖認為這只是一種例外的情況，決定商品價格變動的主要原因仍是生產商品所耗費的勞動量。

馬爾薩斯抓住李嘉圖的這一錯誤，並且利用李嘉圖本人所強調的也是他最先發現的生產價格和價值背離的情況和李嘉圖本人提供的違反價值規律的材料來反對李嘉圖的勞動價值論。他援引斯密的話，以穀物和肉用牲畜的交換為例，企圖證明等量交換價值包含不等量的勞動。他說，假定穀物1年成熟，肉用牲畜4～5年才能屠宰，那麼，如果一定量穀物與一定量肉具有相等的交換價值，在利潤率相同的情況下，撇開其他因素，後者包含的利潤大於前者。因為「單是多出的3年或4年的利潤（按生產肉類使用的資本15%計算）的差額，就會使一個少得多的勞動量在價值上得到補償」。可見，「兩個商品的交換價值可以相等，而一個商品中的累積勞動和直接勞動卻比另一個少40%或50%」。（轉引自第三分冊第23頁）這就是說，生產一定量肉使用的資本小於一定量穀物；但資本占用的時間比穀物多3～4年，每年按15%的利潤率計算，它們具有相等的交換價值。馬爾薩斯由此得出結論：「勞動不是用於生產資本的唯一要素。」「說商品的價值由生產商品所必需的勞動量和資本量來調節或決定，是完全錯誤的。說商品的價值由生產商品所必需的**勞動量**和**利潤量**來調節，是完全正確的。」（轉引自第三分冊第24頁）

馬爾薩斯還據此反對詹姆斯·穆勒把資本叫作累積勞動，他說：「人們也許可以把資本叫作累積勞動加利潤，但肯定不能單單叫作累積勞動，除非我們決定把利潤叫作勞動。」（轉引自第三分冊第24頁）詹姆斯·穆勒和麥克庫洛赫，用曲解勞動的含義的手法，來解釋利潤的來源。穆勒認為資本是累積勞動，因而也創造價值，利潤就是累積勞動的工資。麥克庫洛赫更進一步認為勞動不僅限於人力，而且一切操作都是勞動，畜力和自然力的「操作」也是勞動，也能創造價值。他們和李嘉圖一樣不瞭解價值和生產價格的區別，試圖用

繁瑣的荒謬的定義和區分，抹殺等量資本帶來等量利潤同價值規律的矛盾，實際上掩蓋了利潤來源於剩餘勞動的剝削本質。馬克思說：「這樣一來，基礎本身也就不存在了。」（第三分冊第 23 頁）

李嘉圖力圖堅持勞動創造價值的論點，把商品按生產價格交換同價值規律的矛盾說成是偶然的例外。事實上隨著資本主義生產發展，部門之間的競爭充分開展起來，在平均利潤率規律作用下，越來越多的商品不是直接按其包含的價值量交換，而是按成本價格加平均利潤的生產價格交換，因此，李嘉圖的不能自圓其說的辯解很容易受到馬爾薩斯的如下反駁。「這些例外情況如此之多，以致規則可以看作例外，而例外可以看作規則。」（轉引自第三分冊第 25 頁）

[(7) 馬爾薩斯的庸俗的價值規定。把利潤看成商品價值附加額。馬爾薩斯對李嘉圖相對工資見解的反駁]

一、馬爾薩斯用庸俗的價值概念說明利潤

如上所述，馬爾薩斯借用斯密的錯誤的價值規定，實際上混淆了價值和交換價值，由此他進一步提出：「價值是對商品的估價，這種估價的根據是⋯⋯買者為了得到它而必須做出的犧牲，這種犧牲用**他為交換這一商品而付出的勞動量**來衡量，**或者也可以說**用這一商品所支配的**勞動**來衡量。」（轉引自第三分冊第 25 頁）換句話說，商品的價值等於買者所必須支付的貨幣額。他沒有說明這個貨幣額是由什麼決定的。馬克思指出：「這無非是把**費用價格**和**價值**等同起來」（第三分冊第 26 頁）。因為在資本主義條件下，商品的價值已轉化為生產價格，購買者支付的是商品的生產價格而不是實際包含在商品中的價值量。斯密和李嘉圖雖然混同價值和生產價格，但在他們的著作中這種混同是和他們對價值的實際分析相矛盾的。尤其是李嘉圖最先發現並強調了這一矛盾。而馬爾薩斯卻直接用生產價格來說明價值。因此，「這是沉湎於競爭、只看到競爭造成的表面現象的市儈所特有的價值觀」。（第三分冊第 26 頁）

馬爾薩斯既然把生產價格直接等同於價值，那麼，生產價格是如何決定的呢？按照他的說法，是由預付資本加利潤決定的。對於什麼是預付資本，馬爾薩斯的解釋是極其混亂的。前面已經指出，他認為預付資本包括累積勞動和直接勞動，同時他又把勞動和勞動的價值看作一回事。因此，**預付資本的價值**就是由預付資本中包含的勞動的價值決定的。而勞動的價值由什麼決定呢？由工

資所購買的商品的價值決定。商品的價值又由什麼決定呢？他說，商品的價值等於商品中包含的預付資本加利潤。據此，預付資本的價值就等於勞動的價值加利潤。這樣，除了無休止的循環論證以外，什麼也沒有說明。正如馬克思指出的：「要說清楚馬爾薩斯所謂的預付資本的價值是指什麼，那是很困難的，而要他本人說清楚甚至是不可能的。」（第三分冊第28頁）那麼，利潤又是由什麼決定的呢？馬爾薩斯斷言，工資等於工人的活勞動創造的全部價值，利潤是賣者出賣商品所獲得的超過商品價值的附加額。馬克思指出，如果這樣，「只要是資本家彼此交換商品，那就誰也不能通過這種附加額實現任何東西」，「只有那些生產加入工人階級的消費的商品的資本家，才能獲得一個實際的，而不是虛構的利潤，因為他們賣回給工人的商品比他們向工人購買的商品貴」。（第三分冊第26~27頁）而這也就意味著，工人的勞動所創造的價值大於他所獲得的工資所代表的價值，因而「勞動量」和「勞動價值」不相等。

二、馬爾薩斯反對李嘉圖的相對工資的科學見解

李嘉圖認為商品的價值決定於生產商品所耗費的勞動量，因而工資和利潤的比例取決於工作日中工人為自己勞動的那一部分和歸資本家所有的那一部分勞動時間的比例。工資所占份額越小，利潤所占份額就越大，反過來也是一樣。馬克思指出：「確立**相對**工資的概念是李嘉圖的最大功績之一。」（第三分冊第27頁）它在經濟學上之所以非常重要，是因為：第一，正確地表述了利潤或剩餘價值來自工人創造的扣除工資以外的餘額。第二，揭示了資本主義社會中工人階級和資產階級的階級對立關係。

馬爾薩斯以他在李嘉圖以前從來沒有看到過哪個著作家曾在比例的意義上使用工資或實際工資這個術語來反駁李嘉圖，並提出考察工資的增減，只能根據工人所取得的某種產品量的多少，而不能根據它在工人創造的全部產品中所占的比例大小。實際上就是只能從工資本身大小來看，而不能從工資和利潤的比例關係來看。他還說，只有利潤這個概念才包含比例關係，它由利潤率來反應利潤量和預付資本的關係。在這裡，馬爾薩斯用反應資本增值程度的利潤率來反對李嘉圖對資本主義生產關係的分析，說明李嘉圖確立相對工資這個經濟範疇所揭示的階級實質，使馬爾薩斯本能地「嗅到了一些不大對頭的味道」（第三分冊第28頁）。因此，他力圖加以抹殺。

[(8) 馬爾薩斯的生產勞動和累積的觀點同他的人口論相抵觸]

[(a) 生產勞動和非生產勞動]

大多數資產階級經濟學家對於生產勞動和非生產勞動所持的觀點，同他們所持的財富觀和利潤來源的見解直接相關。馬爾薩斯說：「政治經濟學家在應用生產性和非生產性兩詞時永遠只限於一種嚴格限制的和專門的意義，完全只用來說明直接生產財富或不生產財富的情況。」① 他在《政治經濟學原理》一書的第二版給財富下了如下定義：「財富是個人或國家自願佔有的、對人類必需的、有用的和合意的物質的東西。」② 這個定義和他1827年出版的《政治經濟學定義》中給財富下的定義有些出入，在《政治經濟學定義》一書中財富需要通過「人類勞動」來取得，在《政治經濟學原理》一書中把人類勞動的字樣去掉了，據馬爾薩斯自稱，引用勞動這類名詞是有缺點的，「因為一種沒有花什麼勞動的東西也可以稱為財富。從海邊偶然拾到的一塊鑽石也會有很大價值」。③ 根據財富的定義，他把生產性勞動定為「直接用於財富生產，以致可以用所取得的產品價值或產品量估計的勞動」，非生產性勞動則是指「一切不直接生產財富的勞動」。④

從財富生產的規定性中，馬爾薩斯進一步得出：「收入是用來直接維持生活和獲得享受的，而資本是用來取得利潤的。」（轉引自第三分冊第29頁）從而他把生產工人定義為「**直接增加自己主人的財富**的工人」。（轉引自第三分冊第29頁）可見，他所說的生產性勞動，實際上是指為資本生產剩餘價值的勞動，他所說的非生產性勞動，是指花費收入所雇傭的勞動，如家僕的勞動，他還把這一類勞動稱為私人服務。⑤ 在這裡，馬爾薩斯不是泛泛地把生產財富的勞動規定為生產勞動，而是把為資本家生產剩餘價值的勞動規定為生產勞動。因此，馬克思認為這個定義「倒是不錯的」。（第三分冊第29頁）

---

① 馬爾薩斯. 政治經濟學定義 [M]. 何新, 譯. 北京：商務印書館，1960：102.
② 馬爾薩斯. 政治經濟學原理 [M]. 廈門大學經濟系翻譯組, 譯. 北京：商務印書館，1962：33.
③ 馬爾薩斯. 政治經濟學原理 [M]. 廈門大學經濟系翻譯組, 譯. 北京：商務印書館，1962：33.
④ 馬爾薩斯. 政治經濟學定義 [M]. 何新, 譯. 北京：商務印書館，1960：102.
⑤ 馬爾薩斯. 政治經濟學原理 [M]. 廈門大學經濟系翻譯組, 譯. 北京：商務印書館，1962：34.

[(b) 累積]

馬爾薩斯認為，「**資本累積**就是把收入的一部分當做資本使用。」（轉引自第三分冊第 30 頁）但是，他關於資本累積和生產勞動的一些說法同他的人口理論是有矛盾的。例如，他認為「在一個主要依靠工商業的國家裡，如果在工人階級中間盛行慎重地對待結婚的習慣，**那對國家是有害的**」。（轉引自第三分冊第 30 頁）這顯然和他鼓吹的資本主義存在絕對過剩人口相矛盾。為什麼馬爾薩斯這樣說呢？這是他在闡述地租理論時談到的。他認為地租是「自然對人類的賜予」或「上帝賜予人類的」，而不是農業中的雇傭工人的勞動創造的，同時他還認為「土地的生產力（不論是先天的還是後天的），可以說是一個國家的資本的永久高利潤的唯一源泉」。① 因此，一個完全經營工商業的國家需要進口糧食，它和另一個生產糧食而土地肥沃的國家相比，後者的利潤必然高於前者。這樣，經營工商業的資本家為了提高利潤，就要降低工資；而工人階級如果慎重對待結婚，人口增加得慢，不利於降低工資，國家就會受到損害。但是，對於一個土地肥沃的國家來說，「這種習慣（指慎重對待結婚——編者），卻是人們所能想像到的最大的幸福」。② 因為據說土地肥沃的國家，人們不必經營那些貧瘠的不毛之地，只要保持謹慎儉樸的習慣，生活仍能過得寬裕。

馬爾薩斯還認為，資本累積比勞動者人口增長得快，「一個**國家**用來維持勞動的**基金**比人口**增長**得快的情況，**是經常有的**」。（轉引自第三分冊第 30 頁）這是馬爾薩斯在論述資本累積同財富增長的關係時反駁李嘉圖否認普遍生產過剩危機時談到的。在馬爾薩斯看來，靠節約收入增加累積，雖然會使生產性勞動增加，但由於資本家和地主對商品的需求和慾望減少，就使得增加生產性工人而多生產出來的商品找不到銷路，「這樣，與勞動比較的商品價值就必然會降低，以致大大地降低利潤，因而暫時抑制進一步的生產。這正是過剩這個名詞的含義。在這種情況下，這種過剩顯然是普遍的而不是局部的」「即使我們和李嘉圖先生一樣不顧事實地說，人口的增值一定可以補救這種害處，但從人口的性質來看，即使由於一種特殊的需求，不經過 16 年或 18 年的時

---

① 馬爾薩斯. 政治經濟學原理 [M]. 廈門大學經濟系翻譯組，譯. 北京：商務印書館，1962：178.

② 馬爾薩斯. 政治經濟學原理 [M]. 廈門大學經濟系翻譯組，譯. 北京：商務印書館，1962：180.

間，不可能使增加的勞動者進入市場，而收入的節餘之轉化為資本卻快得多」。① 可見，馬爾薩斯為了論證沒有地主和資本家對商品的充分的有效需求，生產過剩的經濟危機就是不可避免的，他甚至不惜推翻自己的人口理論。

需要指出的是，收入轉化為資本並不會增加用來維持勞動的基金，它只不過是把用於非生產性勞動的基金的一部分轉化為用於生產性勞動。關於這一點，卡澤諾夫的看法是正確的。（第三分冊第 30 頁）

[（9） 馬爾薩斯所理解的不變資本和可變資本]

馬爾薩斯沒有不變資本和可變資本的概念，他把生產商品的勞動分成兩部分：花費在原料和工具上的物化勞動被稱為累積勞動，生產工人花費的活勞動被稱為直接勞動。區別這兩種勞動對於揭露剩餘價值或利潤的來源是十分重要的。但是，馬爾薩斯雖然做了類似的嘗試，卻沒有任何成果。他運用的數學推理，只不過是同義反覆。

為了說明預付資本同利潤量和利潤率的關係，馬爾薩斯把預付資本分為兩種情況。一種情況是全部資本用在工資上，如預付資本 100，年終收回 110、120、130，他說：「在任何一種情況下，利潤決定於**總產品價值中用來支付所使用的勞動的份額**。」（轉引自第三分冊第 31 頁）他是這樣來推理的：如果利潤率為 10%，總產品價值為 110，利潤占所支出的資本的 1/10，占總產品價值的 1/11，總產品價值中不包括利潤的那一部分支出等於總產品價值 10/11，利潤就是由這一部分支出產生的。於是，「我們看到的不過是同義反覆。利潤是對所支出的資本的百分比；總產品價值包含了利潤的價值，而所支出的資本是總產品的價值減去利潤的價值」。（第三分冊第 32 頁）但另一種情況是，全部預付資本分成不變資本和可變資本，假定預付資本 2,000 鎊，其中 1/4 即 500 鎊是可變資本，3/4 即 1,500 鎊是不變資本，利潤率是 20% 即 400 鎊，總產品價值是 2,400 鎊。馬爾薩斯試圖證明，利潤同預付可變資本的比率也是 20%。他說，拿總產品價值的 1/4 來看，它的價值是 600 鎊，其中包括全部支出的資本的 1/4 即 500 鎊和全部利潤的 1/4 即 100 鎊。資本 500 鎊等於總資本中用於工資的部分，因此，利潤同工資的比率仍是 20%。馬爾薩斯認為，這就能證

---

① 馬爾薩斯. 政治經濟學原理 [M]. 廈門大學經濟系翻譯組，譯. 北京：商務印書館，1962：262，265.

明「資本家的利潤將隨著他產品的這 1/4 的價值與所使用的勞動量之比的變動而變動」。(轉引自第三分冊第 33 頁) 其實，占總資本 20% 的利潤之所以必然形成這筆資本的每一部分都佔有相等的利潤率，是因為他假定全部預付資本的每一部分都在總利潤中佔有相應的份額，並據此計算利潤率。但「這絕對證明不了這筆利潤同用於工資的那部分資本之間存在某種確定的、**獨特的**、特有的比例」。(第三分冊第 33 頁) 因為馬爾薩斯取總產品價值的 1/4 為例，其中當然包括總資本的 1/4 的價值，它恰好等於支付在工資上的價值。如果不是取總產品價值的 1/4 而是取其 1/24 即 100 鎊為例，那麼，其中包括的就是全部資本的 1/24 即 $83\frac{1}{3}$ 鎊和全部利潤的 1/24 即 $16\frac{2}{3}$ 鎊，利潤率仍然是 20%。馬克思指出，按照馬爾薩斯的邏輯，假如這 $83\frac{1}{3}$ 鎊等於一匹馬的價值，豈不就可以證明利潤隨馬的價值的變動而變動了。這當然是十分荒唐的，但是，馬克思強調指出，值得注意的是，馬爾薩斯的「這種模糊猜測：剩餘價值應按照用在工資上的那部分資本計算」。(第三分冊第 33 頁)

[(10) 馬爾薩斯的價值理論（補充評論）]

前面指出，馬爾薩斯認為，工資提高或降低，是由工資購買的商品價值降低或提高引起的，勞動的價值始終不變。他還認為，商品所能購買或支配的勞動，是價值的標準尺度，在這裡，馬克思結合一部匿名著作對馬爾薩斯的批評意見進一步做了評論，主要指出兩點：

第一，工資是勞動（實際上是勞動力）價值的貨幣表現。工資提高或降低，一方面表明資本家為了交換同量勞動支付的勞動量有時高有時低，另一方面表明工人為獲得同量產品付出的勞動也相應地有時少有時多。馬爾薩斯只看到前一方面，看不到後一方面，這是因為他把勞動的價值混同於勞動，不瞭解同一勞動在量上不變，勞動的價值可變。

第二，馬爾薩斯把商品所能購買或支配的勞動看作交換價值的尺度是錯誤的，那種否認勞動是商品的內在價值尺度的說法也是不正確的。

馬爾薩斯認為，勞動的價值不變，商品所能換取的勞動是交換價值的尺度。他說：「在同一地點和同一時間，商品可能換取的勞動量顯然是恰好同它的相對交換價值成比例，如果兩種商品能夠購買同量的同類勞動，它們就會

對等交換。」因此，「不論在哪種場合和哪種條件下，商品可能換取的勞動量——或者說，人們為了換取商品而付出的勞動實值的量——都是商品的相對交換價值的一種精確的尺度」。①

馬克思引用《評政治經濟學上若干用語的爭論》一書的作者的意見，指出：「勞動作為價值尺度，在馬爾薩斯按亞當·斯密的一種見解所理解的意義上，能完全和其他任何商品一樣充當價值尺度，而它在這個意義上卻不能成為像貨幣在實際上所充當的那樣好的價值尺度。」（第三分冊第 34 頁）按照斯密關於商品的價值決定於生產商品所耗費的必要勞動量，商品所交換到的勞動和該商品所包含的勞動量相等，在這個意義上，勞動本身或勞動時間就是調節一切商品交換價值的內在尺度。當斯密發現資本與勞動交換和價值規律發生矛盾時，他轉而認為勞動時間不再是調節商品交換價值的內在尺度，認為商品的價值決定於商品所購買到的活勞動量，商品所能購買到的活勞動量是交換價值的尺度。馬爾薩斯就是沿用斯密的後一說法，把勞動的價值或一定量商品所能購買到的活勞動當做交換價值的尺度。但是，商品所能購買到的勞動作為價值尺度和勞動時間作為價值尺度是根本不同的。馬克思在評論斯密的上述觀點時指出，一種商品可以買到的勞動，不能當做與商品中所包含的勞動有同樣意義的尺度，其中的一個不過是另一個的指數。②

《評政治經濟學上若干用語的爭論》一書的作者不同意馬爾薩斯把商品所能購買或支配的勞動看作交換價值的尺度，但他認為只有貨幣可以很好地執行價值尺度的作用，而「勞動甚至在同一時間和同一地點也不是尺度」。（轉引自第三分冊第 35 頁）他說，不同的商品如穀物和鑽石之所以能支配等量的勞動，是因為它們能夠換得同量的貨幣，因而具有相同的價值。這實際上混淆了價值和價值的貨幣表現。馬克思指出，不同的商品能夠互相交換，是因為它們包含的勞動量相等，而不是由於貨幣充當了價值尺度。勞動時間作為商品價值的內在尺度必然要由貨幣來表現，因為包含在商品中的價值量不是實際物化的個別勞動，而是同一統一體即社會勞動的表現。所以，貨幣作為價值尺度是商品內在的價值尺度即勞動時間的必然表現形式，它「涉及的總是價值轉化為價格，它已經把價值作為前提」。（第三分冊第 35 頁）

---

① 馬爾薩斯. 政治經濟學原理 [M]. 廈門大學經濟系翻譯組，譯. 北京：商務印書館，1962：82.
② 參見《剩餘價值理論》第 1 冊，第 50 頁。

〔(11) 生產過剩。「非生產消費者」等等。馬爾薩斯為「非生產消費者」的揮霍辯護，把它看成防止生產過剩的手段〕

馬爾薩斯從他的庸俗價值論出發，引申出「非生產消費者」的揮霍是防止生產過剩的手段。馬克思對此做了詳細剖析。

按照馬爾薩斯的說法，商品的價值決定於商品所購買或支配的勞動。它等於商品中所包含的累積勞動和活勞動再加上代表利潤的勞動，「這些要素構成**不同於生產者價格的買者價格**，而買者價格也就是商品的實際價值」。（轉引自第三分冊第 36 頁）買者價格如何實現呢？

為了說明生產和實現的關係，馬克思按照所生產的商品是否加入工人的消費，把資本家分成兩類：第一類 A 和 B 是生產生活必需品和為生產生活必需品提供生產資料的資本家，第二類 C 和 D 是生產奢侈品和為生產奢侈品提供生產資料的資本家。

先考察第一類資本家。假定 A 生產的產品是生活必需品，A 的資本 100 元全部由工資構成，利潤率為 10%。按照馬爾薩斯的意見，工資等於工人勞動創造的全部價值，這樣，為獲得 10% 的利潤，A 就要把商品按 110 元出賣，利潤來源於高於生產價值的價格出賣。但 A 作為賣者賺得的利潤在他作為買者時就會失去。所以，馬克思說，實際情況是：工人名義上獲得 100 元工資，他用工資購買的商品量卻只等於他所生產的商品量的 10/11，1/11 的產品即代表 10 元利潤的剩餘產品則歸資本家所有。既然利潤的存在無非是資本家通過這種拐彎抹角的方法使工人不能用他的工資買回產品的全部，只能買回產品的一部分，所以，「工人的需求在任何時候也不足以實現購買價格超過生產費用的餘額，即不足以實現利潤和商品的『價值』。……也就是他的需求和供給不相適應」。（第三分冊第 38 頁）

那麼，A 類資本家的利潤和商品價格能否靠 B 類資本家得到實現呢？假定 B 類為 A 類提供生產資料價值 100 元，利潤率也是 10%。B 的利潤和 A 一樣來源於 B 類工人創造的剩餘價值，但 B 不是直接從他的工人那裡得到利潤。B 是為 A 提供不變資本，B 的產品只能賣給 A。按照假定，B 以 $90\frac{10}{11}$ 元預付工資，按 100 元賣給 A。這樣，A 的預付資本不是 100 元而是 200 元，A 的產品出賣價格不是 110 元而是 220 元，「因為 A 的產品的每一部分的價格都均等地提高

了，或者說，它的價值的每一部分都由於相應的利潤附加額而代表較少的一部分產品」。（第三分冊第39頁）可見，A的產品不僅構成自己的利潤基金，而且為實現A類資本家的利潤服務。但是，很明顯，「資本家A靠工人獲得的利潤不可能通過把商品賣給資本家B來實現；資本家B也和資本家A自己的工人一樣，不能對A的產品提出足夠的需求（以保證產品按照它的價值出賣）」。（第三分冊第39頁）因為B從A買回的無論如何不能多於100，而且其中還包括他的$9\frac{1}{11}$的利潤。

下面進一步考察C和D。假定C生產的產品是製造奢侈品所必需的不變資本，D是直接生產奢侈品的資本家。C和D的工人同A和B的工人一樣，他們的工資必須小於他們創造的價值，為C和D提供剩餘價值。那麼，C和D的商品是如何實現的呢？首先，D的商品只能賣給C，由C的利潤產生的需求為D提供市場，但它不可能實現D的全部商品價值，正像資本家B的需求不能實現A的商品的全部價值一樣。其次，可以設想C和D在本部類內部互相交換商品，可是他們都按高於商品生產價值的價格出賣商品，誰也不能因此實現任何利潤。最後，按照馬爾薩斯的觀點，工人勞動創造的是工資的等價物，D類的名義剩餘價值就不代表實際的剩餘產品。因為它不能像A類那樣把自己的商品按照比向工人購買這種商品時貴的價格再賣給工人，以佔有一部分剩餘產品，因為工人不是D類商品的買者。它也不能通過D類資本家相互交換商品來獲取利潤。因此，出路只能是D類資本家把商品賣給生產生活必需品的資本家。後者由於把商品賣給工人而擁有實際的剩餘產品。換句話說，一切不直接生產生活必需品的資本家，只有靠把商品按高於生產價值的價格賣給實際佔有剩餘產品的資本家才能實現利潤。那麼，C和D兩類資本家之間的交換是如何進行的呢？按照馬爾薩斯的說法，他們都是用名義上110元的商品互相出賣值100元的商品。但是，交換的結果只有第一類資本家手裡的100才具有110的效用。因為對第二類資本家來說，他們實際上得到100元生活必需品，其中支付給工人的工資只占10/11，資本家仍可得10元利潤。而第一類資本家則不然，他們是唯一佔有剩餘產品的人，他們用110的價值實際上只換得100的價值。「他們按較高的價格出賣他們的剩餘產品，僅僅是由於他們對加入他們收入的（奢侈）物品所支付的高於這些物品的價值。」（第三分冊第46頁）既然第二類資本家不創造剩餘產品，他們實現的剩餘價值也僅限於他們從第一類資本家所實現的剩餘產品中分享的那一部分。因此，A類資本家會由

於這種不合算的交易而寧肯把剩餘價值轉化為累積，從而減少對奢侈品的需求。但是這樣做的結果，勢必反過來影響對生活必需品的需求，使生活必需品的價格下降，A 類資本家的利潤因此減少，這又進一步導致奢侈品生產以更大比例縮小。

可見，在馬爾薩斯看來，資本累積會由於商品缺乏有效需求而導致生產過剩。因為由累積引起的產品的增長，歸根到底依賴於個人消費，而消費品的生產者又必須採取商品加價的辦法才能獲得利潤。這樣，「整個生產（特別是生產的增長）之所以能持續不斷，全靠**生活必需品的漲價**，而同奢侈品的實際產量成反比的奢侈品價格，又應和這種漲價相適應。」（第三分冊第 47 頁）但是，正如馬克思指出的：「交換雙方按同樣比率互相貴賣商品，在同樣程度上互相欺騙，利潤究竟怎麼會由此產生，這是難以理解的。」（第三分冊第 47 頁）

為了解決這一困難，唯一的辦法是出現第三類買者，他們只買不賣，而不兼賣者的買者，只能是不兼生產者的消費者，「這種非生產消費者必須同時是有支付能力的消費者，必須形成實際的需求，並且，他們所擁有的每年支出的價值額，必須不僅足以支付他們購買和消費的商品的生產價值，而且除此以外還足以支付一個名義上的利潤附加額、剩餘價值、出售價值和生產價值之間的差額」。（第三分冊第 48 頁）「這一類買者在社會上代表為消費而消費，正像資本家階級代表為生產而生產一樣，前者代表『揮霍的熱情』，後者代表『累積的熱情』。」（第三分冊第 48 頁）這就是馬爾薩斯為防止生產過剩危機開出的「靈丹妙藥」。

[（12）馬爾薩斯同李嘉圖論戰的社會實質。馬爾薩斯歪曲西斯蒙第關於資產階級生產的矛盾的觀點。馬爾薩斯對普遍生產過剩可能性的原理所做的解釋的辯護實質]

一、馬爾薩斯同李嘉圖關於非生產消費的論戰的社會實質

馬克思首先指出，馬爾薩斯關於非生產消費者的必要性的結論，十分明顯地符合他為英國現狀辯護，為大地主所有制和一切寄生階級辯護的目的。19 世紀 20 年代前後的英國，社會矛盾的焦點是新興的工業資產階級同土地貴族之間的鬥爭。工業資產階級的經濟勢力隨產業革命趨於完成而日益強大，土地貴族的勢力日益受到排擠。馬爾薩斯的理論就是站在土地貴族立場上為維護

君主專制制度的社會基礎提供理論依據。儘管馬爾薩斯也願意資產階級生產盡可能自由地發展，但是，他認為這種生產同時應該適應土地貴族和各種寄生階級消費的需要，應該滿足代表舊制度利益的人的「過時要求」。李嘉圖學派則相反，他們「恰好把這一切當做對資產階級生產的無益的、陳腐的障礙，當做累贅來加以反對」。（第三分冊第 50 頁）李嘉圖關心的是盡可能無限制地發展生產力。為了達到這一目的，「他不考慮生產承擔者的命運，不管生產承擔者是資本家還是工人」。（第三分冊第 50 頁）對李嘉圖來說，只要有利於生產力的進一步發展，不管犧牲哪個階級的利益也都在所不惜。可見，馬爾薩斯和李嘉圖雖然都維護資產階級生產，但各自的出發點和目的是不同的。李嘉圖之所以維護資產階級生產，代表資產階級的利益和要求，是因為在他看來，「正是這種生產的一定形式同以前的各種生產形式相比能給生產力以自由發展的天地」。（第三分冊第 54 頁）而馬爾薩斯維護資產階級生產卻是有限度的，「只要這一生產不是革命的，只要這一生產不形成歷史發展的因素，而只是為『舊』社會造成更廣闊、更方便的物質基礎」。（第三分冊第 50 頁）

二、馬爾薩斯強調普遍生產過剩的可能性，其論點是從西斯蒙第那裡剽竊來的，實質是為寄生階級辯護

馬爾薩斯在《政治經濟學原理》一書的第二卷第一章，有一節標題為「為了保證財富的不斷增長，生產能力與分配手段必須結合」。① 書中說：「一國的**財富**，部分地取決於靠本國的勞動所獲得的**產品的數量**，部分地取決於這個數量與現有人口的需要和購買力的適應，這種適應要使它能具有**價值**。」（轉引自第三分冊第 52 頁）換句話說，一國的財富取決於生產的使用價值數量和現有人口對所生產的產品的有效需求形成的價值量。因此，為了保證財富的增長，馬爾薩斯認為除了要有生產力以外，還要有實現充分有效需求的分配手段。馬克思指出：「這是西斯蒙第式的和反對李嘉圖的。」（第三分冊第 52 頁）

李嘉圖認為財富和價值在本質上是不同的，「因為價值不取決於充裕程度，而取決於生產的困難或容易程度。財富並不取決於價值。一個人的貧富取決於他所能支配的生活必需品和奢侈品的充裕程度」（轉引自第三分冊第 53 頁）。這實際上是說，財富上是由使用價值構成的，從而把資產階級生產看作

---

① 馬爾薩斯. 政治經濟學原理 [M]. 廈門大學經濟系翻譯組，譯. 北京：商務印書館，1962：298.

單純為使用價值而進行的生產。李嘉圖抽去了資產階級財富所特有的社會形式,把交換價值看成和財富內容無關的表面的東西。這樣,「他也就否認了在危機中爆發出來的資產階級生產的矛盾」。(第三分冊第 53 頁) 李嘉圖的這一觀點是和他把資產階級生產看作生產的絕對形式相聯繫的,他認為,資產階級的生產關係在任何地方都不會和生產財富的目的發生矛盾。所以,他接受薩伊的所謂「供給創造需求」的說法,從而否認普遍生產過剩的可能性。

西斯蒙第不僅確認經濟危機存在的現實,而且指出在資本主義制度下,危機是不可避免的,他把危機的原因歸結為消費不足,而消費不足來源於收入不足。他寫道:「薩伊先生和李嘉圖先生……宣稱,所有生產出來的財富永遠會找到消費者,他們鼓勵生產者造成市場壅塞,現在這種壅塞正在使文明世界遭受災難,可是他們都應該預先告訴生產者只應指望有收入的消費者。」① 西斯蒙第認為收入不足又是因為資本主義生產的目的是財富而不是人的需要,資本家為了增加財富而犧牲勞動者的利益,從而造成分配制度的不公平,形成社會階級的兩極分化。在再版《政治經濟學新原理》一書的序言中,西斯蒙第寫道:「在這部再度問世的著作中,我要闡明的是:財富既然是人的一切物質享受的標誌,我們就應該使它給所有的人帶來幸福,為此,財富的增長就必須和人口的增長相適應,並且財富在這些人之間的分配必須按照一定的比例進行,它的破壞不能不招致極大的危害。」② 他還強調寫作《政治經濟學新原理》的目的是為了研究收入的分配。不難看出,馬爾薩斯關於生產力必須和分配手段相結合的論點來自西斯蒙第的《政治經濟學新原理》。

但是,正如馬克思指出的:「如果說馬爾薩斯攻擊李嘉圖的是李嘉圖著作中對舊社會說來是革命的資本主義生產傾向,那麼他憑著永無謬誤的牧師本能,從西斯蒙第的著作中抄來的,卻只是對資本主義生產、對現代資產階級社會來說是反動的東西。」(第三分冊第 52 頁) 因為儘管李嘉圖對資本主義生產缺乏歷史感,然而,「無論如何,沒有一個人比李嘉圖本人更好地、更明確地闡明了:資產階級生產並不是為**生產者**(他不止一次地這樣稱呼工人) 生產財富,因此資產階級財富的生產完全不是為『充裕』而生產,不是為生產生活必需品和奢侈品的人生產生活必需品和奢侈品」(第三分冊第 53~54 頁)。在

---

① 參見西斯蒙第:《政治經濟學新原理》。轉引自《資產階級古典政治經濟學選輯》,1962 年,第 408 頁。

② 參見西斯蒙第:《政治經濟學新原理》。轉引自《資產階級古典政治經濟學選輯》,1962 年,第 407 頁。

李嘉圖看來，資本的使命是為生產而生產，工人同機器、牲口或其他商品一樣，只是生產財富的手段。這對於他生活的那個時代來說，是完全正確的。馬爾薩斯完全不同。雖然他也為了生產而把工人貶低到牲口的地位，甚至使工人餓死，在他看來也是應該的，但當發展生產的要求同地主貴族或其他食利者的利益發生矛盾時，他就毫不猶豫地犧牲前者而維護後者的利益。所以，馬爾薩斯鼓吹生產和消費、供給和需求的矛盾，強調普遍生產過剩的可能性，既不是表明他比李嘉圖高明，也不表明他像西斯蒙第那樣深刻地認識到資本主義生產的內在矛盾和對資本主義制度持批判態度，雖然西斯蒙第是站在過時的小生產方式的立場上批判資本主義。馬爾薩斯有意識地歪曲了西斯蒙第關於資產階級生產矛盾的分析，來為地主貴族的利益效勞。這從他反對李嘉圖否認普遍生產過剩的可能性所持的論點可以說明。

馬爾薩斯解釋生產和消費、供給和需求的關係，是從他反動的人口論和庸俗的價值論出發的。他認為供給由商品的數量決定，需求由商品的價值決定。「供給必須始終同**數量**成比例，而需求必須始終同**價值**成比例。」（轉引自第三分冊第 57 頁）所以，供給不等於需求。他認為由於人口規律的作用，現有工人階級人數同所生產的生活資料相比始終是過剩的。而工人階級的消費不足則是利潤存在的必要條件。他說：「由生產工人本身造成的需求，絕不會是一種**足夠**的需求，因為這種需求不會達到**同工人所生產的東西一樣多的程度，如果達到這種程度，那就不會有什麼利潤**，從而也就不會有使用工人的勞動的動機。」（第三分冊 56 頁）他還認為，「**生活必需品的缺乏**，是刺激工人階級生產奢侈品的主要原因，如果這個刺激消除或者大大削弱，以致花費很少勞動就能夠獲得生活必需品，那麼我們就有充分理由認為，用來生產舒適品的時間將不會更多，而只會更少。」（轉引自第三分冊第 56 頁）因為據馬爾薩斯說，好逸惡勞是人的普遍習慣，如果工人花費少量勞動就能獲得生活必需品，他就不願投入更多勞動去生產舒適品，因為工人認為「遊手好閒比享用可能通過進一步的勞動取得的那些東西更加快意」。① 既然工人的消費不足是必要的，要實現商品的利潤，就「必須先有一種**超過**生產這種商品的工人的需求**範圍**的需求」。（轉引自第三分冊第 56 頁）按前面的分析，靠資本家之間的交換是不夠的，除非有只買不賣的非生產者的消費，否則普遍生產過剩就是不可避免

---

① 馬爾薩斯. 政治經濟學原理 [M]. 廈門大學經濟系翻譯組，譯. 北京：商務印書館，1962：276.

的。可見,馬爾薩斯強調生產和消費、供給和需求之間存在矛盾,是為了「一方面證明工人階級的貧困是必要的(對這種生產方式來說,他們的貧困確實是必要的),另一方面向資本家證明,為了給他們出賣的商品創造足夠的需求,養得腦滿腸肥的僧侶和官吏是必不可少的」。(第三分冊第56~57頁)

[(13) 李嘉圖學派對馬爾薩斯關於「非生產消費者」觀點的批判]

1821年,一個李嘉圖主義者匿名出版了題為《論馬爾薩斯先生近來提倡的關於需求的性質和消費的必要性的原理》一書,批判馬爾薩斯關於「非生產消費者」的論點。馬克思摘引了該書的幾段話並做了簡要評論。

馬克思主要從兩個方面進行評論:一方面指出,匿名作者正確地認為,按照馬爾薩斯的觀點,「非生產者的消費」是保證一定利潤率的源泉,「馬爾薩斯所要求的這種消費基金,只有犧牲生產才能取得」。(轉引自第三分冊第59頁)同時作者還正確指出,馬爾薩斯的論斷無疑是說,你把購買商品的貨幣白送給別人,再讓別人買你的商品,這是毫無意義的。

另一方面,匿名作者從供給與需求、賣與買的形而上學的統一的觀點出發批判馬爾薩斯,則是不正確的。

首先,作者認為任何產品的生產(供給),同時形成對產品的消費(需求),因而生產出來的商品總量屬於同一基金——既是生產基金又是消費基金,既是供給基金又是需求基金,既是資本基金又是收入基金。並據此否認生產和消費、供給和需求、資本和收入之間存在矛盾,否認它們之間可能出現的因比例失調而造成生產過剩的情況。實際上作者無視生產出來的商品總量要通過分配才能形成各種不同的基金。在資本主義私有制條件下,由生產制約的分配是建立在階級對抗的基礎上的,所以馬克思說,不能認為「這個總基金在這些不同範疇之間怎樣分配是無關緊要的」。(第三分冊第60頁)

其次,匿名作者「不理解,馬爾薩斯所謂的對資本家來說工人的『需求不夠』是指什麼,」(第三分冊第60頁)作者把「來自勞動的需求」和「勞動的供給」等同起來,認為工人的勞動,一方面形成對產品的供給,另一方面形成工人對產品的需求。其實,馬爾薩斯講工人的需求不足,是指「工人由於得到工資而能對商品提出的需求,就是工人作為買者在商品市場上出現時

所擁有的貨幣。關於這種需求，馬爾薩斯還正確地指出，對資本家的商品供給來說，它任何時候也不可能是足夠的。否則，工人就能用自己的工資買回自己的全部產品」。(第三分冊第60頁)

最後，匿名作者還認為，在工人勞動創造的價值中，工資所占的份額越小，資本家的利潤所占的份額就越大；「要是有人說，這會由於消費減少而加劇市場商品充斥，那我只能回答說：市場商品充斥是高額利潤的同義語」。(轉引自第三分冊第60頁)這就是說，工人的消費減少，不會引起對商品的需求不足，因為按照作者的觀點，資本家的利潤增加，投資需求也會增加，供給和需求總是一致的。馬克思評論說，作者認為工人的消費減少會加劇市場商品充斥的說法像是開玩笑，但是「實際上它包含著『市場商品充斥』的根本秘密」。(第三分冊第60頁)

[(14) 馬爾薩斯著作的反動作用和剽竊性質。馬爾薩斯為「上等」階級和「下等」階級的存在辯護]

綜合前面的分析，不難看出，馬爾薩斯的經濟理論和他的人口理論是一脈相承的。在這裡，馬克思進一步概括了馬爾薩斯著作的反動作用和剽竊性質。馬克思指出：「馬爾薩斯的《人口原理》是一本攻擊法國革命和與它同時的英國改革思想(葛德文等)的小冊子。它對工人階級的貧困進行辯解。理論是從唐森等人那裡剽竊來的。」「他的《地租論》是一本維護地主而反對產業資本的小冊子。理論是從安德森那裡剽竊來的。」「他的《政治經濟學原理》是一本維護資本家利益而反對工人，維護貴族、教會、食稅者、諂媚者等的利益而反對資本家的小冊子。理論是從亞當·斯密那裡抄襲來的。至於他自己有所發明的地方，真是可憐之至。在進一步闡述理論時，西斯蒙第又成了依據。」(第三分冊第61頁)

馬克思接著摘引了馬爾薩斯在《人口原理》一書中發表的露骨地仇視勞動人民的見解，即他反對向英國茅舍貧農贈送乳牛的計劃，他說：「現在大多數有乳牛的人，是用他們自己勞動所得購買乳牛的。所以，更正確地說，是勞動使他們得到乳牛，而不是乳牛使他們產生了對勞動的興趣。」(轉引自第三分冊第62頁)換言之，資本家和地主之所以富裕，是因為他們勤勞，不是因為他們佔有生產資料，勞動人民貧困是因為他們懶惰，而不是因為他們不佔有

生產資料。為了進一步論證貧困是對懶惰的懲罰，富裕是對地主和資本家的獎賞，馬爾薩斯竭力鼓吹上等階級和下等階級的存在是絕對必要和非常有益的，社會上不可能所有的人都屬於中等階級。他說：「如果在社會上人們不能指望上升，也不害怕下降，如果勞動沒有獎賞，懶惰不受懲罰，人們就無法看到為改善自己的處境而表現出的那種勤奮和熱情，而這是社會幸福的極重要的動力。」（轉引自第三分冊第 62 頁）馬克思一針見血地指出：「上述一切最多不過是歸結為：有的工人可以指望有朝一日也能剝削工人。」（第三分冊第 63 頁）

[（15）匿名著作《政治經濟學大綱》對馬爾薩斯的經濟理論原理的闡述]

馬克思在這裡摘要評述了匿名作者（即約翰·卡澤諾夫）為闡述馬爾薩斯原理出版的《政治經濟學大綱。略論財富的生產、分配和消費的規律》一書中的若干論點。

從馬克思的評論可以看出，卡澤諾夫在闡述馬爾薩斯的論點時也包含了某些正確的思想。

卡澤諾夫一開始就道出了馬爾薩斯反對勞動價值論的實際動機，是「因為它不幸給一些人提供了把柄，他們可以斷言一切財產都屬於工人階級，別人所得的部分仿佛都是從工人階級那裡搶來和騙來的」。（轉引自第三分冊第 63~64 頁）作者把資本的價值歸結為「資本價值的勞動量或者說所能支配的勞動量，總是大於耗費在資本上的勞動量，這個差額就構成利潤，或者說資本所有者的報酬」。（轉引自第三分冊第 64 頁）馬克思評論說，作者的話更明顯地表現出把商品的價值和商品作為資本的價值增值混為一談，但在後一意義上，它正確地表達了剩餘價值的起源。馬克思還指出，作者正確地說明了馬爾薩斯為什麼把利潤列入生產費用，作者認為對於資本來說，如果得不到利潤，就沒有生產商品的足夠動機，所以，利潤同預付資本一樣構成資本主義商品的供給條件，從而成為生產費用的一個組成部分。

馬克思還評論了作者對利潤來源的如下看法：「一個人的利潤，不是取決於他對別人的勞動**產品**的支配，而是取決於他對這種**勞動本身**的支配。……**在工人的工資不變的情況下**，如果他（在貨幣價值降低的情況下）能以較高的價格出售他的商品，顯然他就會從中獲得利益，……他只要用他的產品的較小

部分，就足以推動這種勞動，因而更大部分的產品就留給他自己了。」（轉引自第三分冊第 64 頁）馬克思指出，作者的話「一方面包含著資本的利潤直接產生於資本同勞動的交換這一正確思想，另一方面也闡述了馬爾薩斯關於**在售賣**中創造利潤的學說」（第三分冊第 64 頁）。作者沒有注意到，如果資本家採用了新機器，生產商品的個別價值低於社會價值，工人雖然不是直接為資本家勞動更長的時間，實際上卻是「用他的比過去更大的一部分直接勞動來換取他所得到的物化勞動」。（第三分冊第 65 頁）因為在再生產過程中，工人只要用他的產品的較小部分，就足以推動這種勞動。馬克思補充這一點，是為了進一步說明利潤來源於工人在生產過程中創造的剩餘價值，而不是來源於商品的買和賣。

作者還依據馬爾薩斯的供求理論，反駁詹姆斯·穆勒關於供給和需求等同的論點。

最後，馬克思較為詳細地摘引和評述了作者關於機器和勞動的關係的論點。作者認為，當商品由於更合理的分工而增多時，無須增加需求，就可以維持先前使用的全部勞動。而當採用機器時，如果需求不增加，部分工人就會失業。馬克思評論說，無論是更合理的分工還是使用機器，都會由於生產更多的商品而使供給增加，從而必須擴大需求，所不同的是，「『更合理的分工』可能需要同以前一樣多的甚至更多的工人，而採用機器，在任何情況下都會減少用在直接勞動上的那部分資本」（第三分冊第 66 頁）。

作者舉例證明採用機器必然會排擠部分工人，減少對勞動的需求。他說：假定原來雇傭 100 個工人，每個工人工資 10 鎊。生產的商品價值為 1,200 鎊，其中工資為 1,000 鎊，利潤為 200 鎊，利潤率為 20%。現在假定採用機器，價值為 500 鎊，所需工人減為 50 個，機器年磨損價值相當於 10 個工人的工資。這樣，他每年支出的，就是用於維修機器的 100 鎊和用於工資的 500 鎊，共 600 鎊，利潤 200 鎊（其中 100 鎊是預付工資 500 鎊的利潤，100 鎊是購買機器 500 鎊的利潤），每年生產的商品價值為 800 鎊。利潤和利潤率按總資本計算仍然不變。作者進一步指出：「從前為商品支付 1,200 鎊的人，現在可以節省 400 鎊……如果這筆錢花在直接勞動的**產品上**，只能給 33.4 個工人提供就業機會，但因採用機器而失業的工人是 40 名。」（轉引自第三分冊第 66～67 頁）因為 400 鎊是花在作為直接勞動的產品上，400 鎊價值中包含預付資本的利潤，因而用於支付工資的資本少於 400 鎊，按照 20% 的利潤率計算，工資約

為334鎊，雇傭工人人數相當於33.4個。可見，因採用機器而節約下來的400鎊，雖然消費者可用於對其他商品的需求，但資本雇傭的勞動還是減少了。馬克思肯定了作者的這一論點並指出：「李嘉圖完全以同樣的方式證明：即使機器的貨幣價格同它所代替的直接勞動的價格一樣高，機器在任何時候都不可能是同樣多的勞動的產品。」（第三分冊第67頁）

作者進一步假定，400鎊所增加的消費需求也是用機器生產出來的商品，「那麼這筆錢只能給30個工人提供就業機會」。（轉引自第三分冊第67頁）因為價值800鎊的商品需雇傭60個工人，價值400鎊的商品則只需要30個工人。作者最後得出結論：「資本家除非累積更多資本，否則在採用機器後他便不能使用和以前一樣多的勞動。但是，這種物品的消費者在物品的價格下降後所積蓄的收入，將會增加他們對這種或其他某種物品的消費，從而能造成對一部分被機器排擠的勞動的需求，雖然不是對全部這種勞動的需求。」（轉引自第三分冊第68頁）作者據此駁斥李嘉圖主義者麥克庫洛赫否認使用機器會造成部分工人失業的論斷。麥克庫洛赫在他1825年出版的《政治經濟學原理》一書中提出：「一個生產部門採用機器，必然會在其他某一生產部門造成同樣大的或更大的**對被解雇的工人**的需求。」（轉引自第三分冊第183頁）理由是原來用於支付工資的資本將用於製造機器，使製造機器的工人增加，同時由於使用機器使產品價格下降，消費者將會增加對其他產品的需求，從而增加就業人數，而使用機器的部門每年的折舊費還可以作為資本使用，以支付生產其他產品的工人的工資。所以，他認為使用機器絕對不會導致對勞動需求的減少。關於麥克庫洛赫的觀點，馬克思在本冊第二十章將有專門評論。在這裡，馬克思只是指出，機器被更新以前，每年提取的折舊金可以作為累積基金，但是這樣造成的勞動需求，無論如何也比全部投入機器的資本所產生的勞動需求少得多。馬克思認為這裡值得注意的只是「說出了折舊基金本身就是累積基金這個思想」。（第三分冊第69頁）

[第二十章] 李嘉圖學派的解體

　　關於李嘉圖學派的解體，恩格斯在《資本論》第二卷序言中曾做過扼要的論述。恩格斯在那裡指出了導致李嘉圖學派解體的兩個矛盾，以及馬克思在解決這些矛盾上所做的科學貢獻。這段重要論述對我們研讀本章具有直接的指導意義。

　　恩格斯寫道：「1830 年左右，李嘉圖學派在剩餘價值問題上碰壁了。他們解決不了的問題，他們的追隨者，庸俗經濟學，當然更不能解決。使李嘉圖學派破產的，有以下兩點：

　　「第一，勞動是價值的尺度。但是，活勞動在和資本進行交換時，它的價值小於所交換的物化勞動。工資，一定量活勞動的價值，總是小於同量活勞動所生產的產品的價值或體現同量活勞動的產品的價值。這個問題這樣來理解，實際上是無法解決的。它由馬克思正確地提出，因而得到瞭解答。不是勞動有價值。勞動作為創造價值的活動，不能有特殊的價值，正像重量不能有特殊的重量，熱不能有特殊的溫度，電不能有特殊的電流強度一樣。作為商品買賣的，不是勞動，而是勞動**力**。一旦勞動力成為商品，它的價值就決定於它作為社會產品所體現的勞動，就等於它的生產和再生產所需要的社會必要的勞動。因此，勞動力按照它的這種價值來買賣，是和經濟學的價值規律決不矛盾的。

　　「第二，按照李嘉圖的價值規律，假定其他一切條件相同，兩個資本使用等量的、有同樣報酬的活勞動，在相同的時間內會生產價值相等的產品，也會生產相等的剩餘價值或利潤。但是，如果這兩個資本所使用的活勞動的量不相等，那麼，它們就不能生產相等的剩餘價值或如李嘉圖派所說的利潤。但是情況恰恰相反。實際上，等額的資本，不論它們使用多少活勞動，總會在相同時間內生產平均的相等的利潤。因此，這就和價值規律發生了矛盾。李嘉圖已經

發現了這個矛盾，但是他的學派同樣沒有能夠解決這個矛盾。……馬克思在《批判》手稿中，已經解決了這個矛盾；按照《資本論》的計劃，這個問題要在第三卷來解決。」①

正確地提出上述第一個矛盾並給予科學地解答，是馬克思在剩餘價值理論方面所實現的革命變革的重要成果之一。這裡的關鍵是區分勞動和勞動力這兩個不同的概念。馬克思在 1857—1858 年的經濟學手稿中首次明確提出，工人出賣給資本家的不是勞動，而是「勞動能力」，② 而後在《剩餘價值理論》（1861—1863 年）手稿中重申了這一區分，③ 從而在價值規律基礎上闡明了剩餘價值的產生。後來，馬克思在《資本論》第一卷（1867 年出版）中明確地使用了「勞動力」這一概念，更嚴密地論證了剩餘價值的來源，最終地解決了導致李嘉圖學派解體的第一個矛盾。

馬克思對於上述第二個矛盾也是早已發現並且「搞清楚了」。他在 1858 年 3 月 11 日致拉薩爾的信中說：「你自己在研究經濟問題的時候大概已經發現，李嘉圖闡述利潤問題的同時卻與自己（正確的）價值定義發生了矛盾；這種矛盾使他的學派完全放棄了基礎，並成為最討厭的折中主義。我認為我已經搞清楚了這一問題。無論如何，經濟學家們在進一步觀察時將會發現，總起來說，這是個難題。」④

馬克思在《剩餘價值理論》手稿中解決了這個難題。我們已經看到，在《剩餘價值理論》第二冊評述洛貝爾圖斯和李嘉圖理論的各章節中，⑤ 馬克思對這個難題進行了反覆的深入細緻的分析。他指出並克服了李嘉圖等人理論上的缺陷，不斷探索並最終解決了導致李嘉圖學派解體的第二個矛盾。

難題既已解決，剩下的任務該是考察李嘉圖學派的歷史過程了。這個過程表現為從 19 世紀 20 年代到 30 年代圍繞李嘉圖的價值論和利潤論所展開的激烈論戰。這場論戰，在李嘉圖生前即已開始，在他死後，仍在他的反對者和追隨者之間持續了很久。按照時間順序評析導致李嘉圖學派解體的那些主要人物及其著作，就是本章的任務。

論敵的攻擊是促使李嘉圖學派解體的一個重要的外部條件，這些批評者和

---

① 參見《馬克思恩格斯全集》第 24 卷，第 24~25 頁。
② 參見《馬克思恩格新全集》第 46 卷（上），第 459、461 頁；（下）第 93、511 頁等。
③ 參見《馬克思恩格斯全集》第 26 卷第 1 分冊，第 334 頁等。
④ 馬克思致拉薩爾的信（1858 年 3 月 11 日）。
⑤ 參見《馬克思恩格斯全集》第 26 卷第 2 分冊，第 8、10、16 章。

反對派站在庸俗經濟學立場上，企圖利用李嘉圖理論體系與資本主義表面關係的矛盾來推翻李嘉圖的勞動價值原理，為資本主義制度進行辯護。屬於這一陣營的主要有托倫斯、《評政治經濟學上若干用語的爭論》的匿名作者和貝利等人。

比論敵的攻擊更厲害得多地毀壞了李嘉圖理論體系之基礎的，是被視為李嘉圖學說的追隨者和擁護者的一批庸俗經濟學家。這些人口頭上堅持勞動價值論以及李嘉圖關於利潤和工資對立的理論，實際上用詭辯手法篡改了李嘉圖的科學原理，最終也得出了有利於資本利益的結論。屬於這一陣營的首先是詹姆斯‧穆勒和麥克庫洛赫，此外還有德‧昆西和約翰‧穆勒等人。

[（1） 羅‧托倫斯]

羅伯特‧托倫斯（1780—1864）在1817年9月即李嘉圖的《政治經濟學及賦稅原理》初版問世不久，就著文批評這本著作。1818年2月，托倫斯和李嘉圖就價值問題做過一次長談，但彼此都沒能說服對方。後來，托倫斯在其文章（1818年10月）和主要著作《論財富的生產》（1821年）中，重申了他對李嘉圖價值論的批評意見。可以說，托倫斯是最早批評李嘉圖理論（主要是勞動價值論）的一位經濟學家。

但是，嚴格說來，托倫斯並不屬於李嘉圖理論的反對派。他批評李嘉圖的勞動價值原理，卻局部地回到亞當‧斯密的觀點，認為價值決定於勞動的觀點只適用於所謂「原始狀態社會」；資本出現之後，價值便決定於資本支出額了。但是他又不完全贊同斯密關於在「現代社會」中價值決定於包括利潤在內的三種收入的觀點，不認為利潤也加入價值的構成，而認為價值由生產費用即資本支出構成。至於利潤，他認為是商品超過價值售賣的結果，從而是流通領域的產物。這樣，他就在利潤問題上倒退到重商主義那裡去了。托倫斯批評李嘉圖理論時所持的這一與眾不同的立場，正是馬克思在本節所要著重分析的。不過，馬克思先是回顧了亞當‧斯密和李嘉圖在平均利潤率和價值規律關係問題上的觀點與做法，然後才轉向分析托倫斯的觀點。

[（a） 斯密和李嘉圖論平均利潤率和價值規律的關係]

關於斯密和李嘉圖的生產價格理論以及他們對平均利潤率和價值規律的關係的看法，馬克思在前面（《剩餘價值理論》第二冊第十章）已經做了詳盡的

分析。在這一小節中，馬克思對前已說過的一切做了一個扼要的回顧，可以看作展開研究李嘉圖學派解體問題的一個引言。

基於這種認識，我們在這裡也只限於提出要點，而建議欲知其詳的讀者參閱本書第二冊第十章。

馬克思指出，亞當·斯密記錄了平均利潤率這個事實。但是，「關於這個事實同他提出的價值理論如何聯繫的問題，並沒有引起他絲毫的內心不安」（第三分冊第 70 頁）。除了勞動價值論外，斯密還提出了其他一些說法。我們已經知道，「三種收入決定價值」的說法就是用來解釋資本累積和土地私有制條件下的價格決定問題的。斯密是否感覺到了他原先提出的價值理論同平均利潤率這個事實難以聯繫和統一起來，且不去深究，可以肯定的一點是，他用這種辦法繞開了價值規律和平均利潤率的關係問題。「在斯密那裡沒有決定**平均利潤**和平均利潤量本身的內在規律。他只限於說，競爭使這個 X 縮小。」（第三分冊第 70 頁）

馬克思強調指出，是李嘉圖「第一個一般地考慮到商品的**價值規定**同等量資本提供等量利潤這一現象的關係。……而且，李嘉圖第一個注意到，同量資本絕非具有相同的有機構成」。（第三分冊第 71 頁）

但是，李嘉圖從一開始就把生產價格和價值等同起來，也就是說，他是以資本和一般利潤率的存在為前提去研究價值的，「而沒有看到，這個前提一開始就同價值規律乍看起來是矛盾的」。（第三分冊第 71 頁）由於這種等同，他必然把影響生產價格的若干因素誤認為影響價值決定的因素，實際上認為在資本構成不一和資本週轉速度不一的條件下，商品價值決定於勞動的法則會發生很大變更。

同時，李嘉圖只有從亞當·斯密承襲下來的固定資本與流動資本的概念，而沒有不變資本與可變資本的概念，從而也沒有資本有機構成的概念。他對問題的提法和結論是，不同行業所使用的固定資本的耐久性（他也稱之為消耗速度或商品在送入市場以前必須經過的時間）可能彼此不一致；維持勞動的資本和投在工具、機器、廠房上的資本的比例也會有各不相同的配合方式；在這些條件下，商品價值決定原理在相當大的程度上改變了在幾乎完全只用勞動來生產的情形下普遍適用的一條原則，即商品價值只用其中所包含的勞動量來決定。

李嘉圖還認為，上述因素還引起了另一個影響商品價值變動的原因，即

「勞動價值」的漲落。在這裡，他又把影響生產價格的一個原因——工資的漲落，看作影響商品價值的因素。他的推論和結論是，工資影響利潤（率），而後者又會影響到加入資本中的利潤累積，因此，當勞動量沒有任何改變而僅僅是勞動價值（實即工資）上漲時，生產時運用了固定資本的商品的**交換價值**也會跌落，而且固定資本量愈大，跌落的程度也愈大。

李嘉圖就是這樣根據包含著主要矛盾和基本困難的前提考察了個別的情況，實際上得出了有機構成不同的資本具有相同的利潤率這一事實同價值規律是矛盾的結論。「**堅持**」勞動價值論的李嘉圖宣布這是價值規律的例外，從而為論敵留下了一個方便的口實。

「同樣，資本的週轉時間的區別……對於利潤的均等也毫無影響。這又和價值規律相矛盾，——照李嘉圖說來，這又是價值規律的**例外**。」（第三分冊第 72 頁）

馬克思說：「可見，李嘉圖把問題闡述得非常片面。……但是，李嘉圖仍然有很大的功績：他覺察到價值和費用價格（指生產價格——註釋者註）之間存在差別，並在一定的場合表述了（儘管只是作為規律的**例外**）這個矛盾。」（第三分冊第 72 頁）

[（b）托倫斯在價值由勞動決定和利潤源泉這兩個問題上的混亂。局部地回到亞當·斯密那裡和回到「讓渡利潤」的見解]

馬克思對托倫斯有關論點的評述，可以歸納為以下幾點：

第一，馬克思指出，托倫斯再次未加解釋地「記錄了競爭中暴露出來的現象」。（第三分冊第 73 頁）這個現象，用托倫斯的話來說，就是在「普通利潤率」的條件下，「如果所使用的是量相同而耐久程度不同的資本，那麼，**一個生產部門**生產的商品**連同資本餘額**，跟**另一個生產部門**生產的產品和資本餘額，在交換價值上將是相等的」。（轉引自第三分冊第 73 頁）在這裡，托倫斯「只是**假定了**一個『**普通利潤率**』，而沒有解釋它從哪裡來，甚至也沒有覺察到必須加以解釋」。（第三分冊第 74 頁）

第二，馬克思指出，托倫斯對矛盾本身做了清楚的表述，這是他的一個功績。我們已經看到，在李嘉圖那裡，矛盾本身沒有表達清楚，即沒有以一般的形式來表達，而以一種獨特的形式出現：在某些情況下，工資的變動會影響商品的生產價格（李嘉圖認為影響了價值）。托倫斯則以一般形式做了表述。他

指出,「**等量資本**,或者換句話說,**等量累積勞動,往往推動不等量的直接勞動**;但是這絲毫不改變事情的本質」,(轉引自第三分冊第 74 頁)即不改變下述情況:產品的價值加上沒有被消費的資本餘額提供相等的價值或提供相等的利潤。在這裡,托倫斯把資本之間的差別確定為等量資本推動不等量的活勞動,又明確指出,具有這種差別的資本卻提供相等的價值或利潤。「他由此做出了什麼結論呢?結論是,在這裡,在資本主義生產中,價值規律發生了一個突變,就是說,由資本主義生產中抽象出來的價值規律同資本主義生產的現象相矛盾。」(第三分冊第 74 頁)但這仍只是限於記錄和確認了價值規律同一般利潤率這一事實之間的矛盾,雖然是以更適當的形式來表述的。

第三,托倫斯認為:「在社會發展的初期,商品的相對價值是由**花費在商品生產上的勞動(累積勞動和直接勞動)的總量**決定的。但是一旦有了**資本累積**,並且有了**資本家階級**和**工人階級**的區別,……商品的交換價值就由花費在生產上的資本量,或者說**累積勞動量**決定了。」(轉引自第三分冊第 74 頁)對此,馬克思指出:「李嘉圖試圖證明,資本和雇傭勞動的分離絲毫沒有改變——除了某些例外——商品的價值規定,托倫斯以李嘉圖的例外為依據否定了規律本身。」(第三分冊第 75 頁)托倫斯實際上部分地回到了亞當·斯密那裡,因為斯密也認為在所謂社會發展初期,商品價值決定於生產商品所花費的勞動量,但是資本和土地所有權一形成,就不是這樣了。托倫斯斷言,這時候,就只由累積勞動量決定商品價值了。對此,馬克思指出兩點:①把累積勞動和直接勞動截然分開是不對的。在這裡,「累積勞動」一詞不外是物化勞動,而物化勞動又不外是物化在一個對象中,一個產品中,一個有用物中的直接勞動。當一個生產過程結束時,花費在產品上的直接勞動也就轉化為累積勞動即物化勞動了。②「試圖用資本的價值決定商品的價值,實際上是一個很妙的循環論證,因為資本的價值等於構成資本的那些商品的價值。」(第三分冊第 77 頁)

既然在資本主義條件下,商品價值(在托倫斯看來)取決於資本量,或累積勞動量,而托倫斯也沒有說,工人加在原料等上面的「直接勞動」會比工資所代表的累積勞動要多,那麼,利潤從何而來呢?既然不是從生產過程本身產生,就只能從交換,從流通過程產生了。托倫斯前後一貫地得出了這種類似於馬爾薩斯和重商主義的「讓渡利潤」觀念。在他看來,利潤包含在市場價格之中,而且是由消費者支付的。不過,他不像馬爾薩斯那樣把利潤同時也

包括在生產費用之中：「**自然價格**由**生產費用**構成，或者換句話說，由生產或製造商品時的**資本支出**構成，它不可能包括利潤率。」（轉引自第三分冊第 79 頁）他也不像馬爾薩斯那樣求助於假定存在一種只買不賣的第三者，而是認定「有效需求」只由供給產生，並隨供給增長而增長。「在這裡，絕對無法理解，雙方都既作為賣者又作為買者怎麼能同樣地相互詐欺。」（第三分冊第 79 頁）但托倫斯堅持認為，「有效的需求在於，**消費者**能夠和願意通過直接的或間接的交換付給商品的**部分**，**大於**生產商品時所耗費的資本的一切組成部分」。（轉引自第三分冊第 79 頁）

在另一場合，托倫斯曾把利潤歸結為生產過程的結果，但他指的是使用價值數量的增加：「一個租地農場主支出了 100 誇特穀物，而收回 120 誇特，這 20 誇特就是利潤。」（轉引自第三分冊第 79 頁）馬克思評論道：「托倫斯是根據一個同利潤即同產品價值超過預付資本價值的餘額毫無關係的例子得出關於利潤的結論的。即使從生理方面，從使用價值的觀點看，他的例子也是錯誤的，因為實際上在他那裡，作為剩餘產品出現的 20 誇特穀物已經以這種或那種方式（雖然是以另外的形式）存在於生產過程本身了。」（第三分冊第 81 頁）

[（c）托倫斯和生產費用的概念]

馬克思在指出「托倫斯一般地提出了什麼是**生產費用**這個爭論問題，這是他的功績」之後，著重分析了「**生產費用**這個概念的含混是由資本主義生產的性質本身引起的」。（第三分冊第 81 頁）

我們知道，資本主義生產的性質是剩餘價值生產，是購置生產資料和勞動力的資本家無償佔有雇傭勞動者所創造的剩餘價值的生產。由此也就引起了兩種不同含義的生產費用。

如馬克思所指出的：「**第一**，對於資本家來說，他所生產的商品的**費用**，自然是**他**為商品所**花費**的東西。除了**預付資本**的價值以外，商品沒有花費他任何東西。」（第三分冊第 81 頁）托倫斯就是從這個意義上來理解生產費用的。李嘉圖也是從預付的意義上使用生產費用這個概念的。這是資本主義生產費用，即 C+V。

馬克思接著指出：「但是，資本家為生產商品所**花費**的東西和**商品生產本身所花費**的東西是完全不同的兩回事。……**商品生產本身的費用**是由商品生產過程中消費的資本的價值，也就是由進入商品的物化勞動量加花費在商品生產

上的**直接勞動量**構成的。……在現實的勞動過程的技術條件不變時，……**商品的生產費用**等於商品的**價值**。……商品的價值……超過預付資本的價值的餘額**形成利潤，因而，利潤的產生不是由於商品高於它的價值出賣，而是由於商品高於資本家所支付的預付資本的價值出賣**。」（第三分冊第 82~83 頁）馬克思的這些分析，最終廓清了托倫斯和馬爾薩斯等人在價值（從而利潤）與生產費用關係上的混亂，此處「生產費用」是指同商品價值一致的內在的生產費用，即 C+V+M。

不過，馬克思又說，每一個別行業或個別生產部門的資本家絕不是按照本行業或本部門的產品本身所包含的價值出賣商品的，因為資本家所能實現的剩餘價值，只是和這種商品作為社會資本一定部分的產品所分攤到的剩餘價值相等，即只能得到平均利潤，而包含平均利潤的生產費用也就是費用價格（指生產價格）。所以，馬克思說，費用價格是本來意義上的（資本主義意義上的）生產費用，即預付資本的價值（C+V）加平均利潤的價值。這是第三種含義，它是從第二種含義中引申出來的。

往下，馬克思從三方面揭示了本來意義的生產費用（即生產價格）同價值規律的關係：①個別商品的生產價格都是由社會資本的總產品的價值決定的。個別商品偏離商品價值出售，只改變了剩餘價值在資本家之間的分配，不會改變價值決定。②生產價格總是隨著商品價值而變動的。③一部分利潤始終必須代表剩餘價值，代表物化在這個商品本身中的無酬勞動。利潤總額等於價值總額。馬克思的結論是，不僅生產價格（生產費用）由商品價值決定，並同價值規律相符合，而且，甚至生產費用和生產價格的存在本身，也只有在價值和價值規律的基礎上才能理解。托倫斯等人斷言在資本累積條件下，價值就不再由勞動決定，而由資本決定，表明他不理解生產費用（生產價格）同價值規律之間的仲介過程，不理解生產價格是價值規律在資本主義條件下的轉化形式。馬克思的這些光輝思想在後來的《資本論》第三卷中再次得到深刻而充分的發揮。

[（2） 詹姆斯·穆勒解決李嘉圖體系的矛盾的不成功的嘗試]

在具體評述穆勒的著作之前，馬克思先對穆勒在學說史上的地位及其著作

的特徵做了一個總的說明。馬克思指出：「穆勒是第一個系統地闡述李嘉圖理論的人……。他力求做到的，是形式上的邏輯一貫性。『因此』，從他這裡也就開始了李嘉圖學派的**解體**。」（第三分冊第 87 頁）關於穆勒著作的動因和結局，馬克思說，「一部分是**新理論的反對者們的理論上的不同意見**，一部分是**這種理論同現實的往往是奇特的關係**，促使他去進行把不同意見**駁倒**，把這種關係**解釋掉**的嘗試。在進行這種嘗試時，他自己也陷入了矛盾，並且以他想解決這些矛盾的嘗試表明，他教條式地維護的**理論**正在開始**解體**」。（第三分冊第 87 頁）馬克思還指出了穆勒對待資產階級生產形式和李嘉圖理論上的形而上學的觀點。這實際上就是穆勒使得他想維護的學說體系歸於解體的認識上的根源。最後，馬克思指出，穆勒在某些觀點上比李嘉圖前進了一步，例如，從李嘉圖的地租論出發，穆勒做出了反對土地私有權的結論。

詹姆斯·穆勒（1773—1836）是 19 世紀初期英國著名的經濟學家、哲學家、歷史學家和政論家。他出身於鞋匠之家。1798 年畢業於愛丁堡大學神學院，當過牧師。之後放棄僧職，投身於反對宗教上和政治上各種偏見的激進主義運動。1808 年，穆勒發表了《為貿易辯護》的小冊子，反駁了那種認為貿易是危機根源的說法，提出了後來為薩伊所承襲的有名的信條：普遍的生產過剩是不可能的，因為在市場上似乎存在著買與賣之間的形而上學的平衡。1817 年，他的三卷本《印度史》問世，使他揚名科學界，又引起東印度公司首領對他的器重，兩年後他被聘請任職於東印度公司。他還著有《人類意識之分析》一書（1829 年），闡發了邊沁的學說。穆勒是李嘉圖的密友，又是李嘉圖經濟學說的忠實追隨者和維護者。他的主要經濟學著作是 1821 年出版的《經濟學要義》。馬克思在這裡分析的，正是標誌著李嘉圖學派解體之開始的這部著作。

[（a）把剩餘價值同利潤混淆起來。利潤率平均化問題上的繁瑣哲學。把對立的統一歸結為對立的直接等同]

穆勒正確地指出，「時間本身」（不是勞動時間，而是單純時間）不生產任何東西，因此也不生產「價值」。在這種情況下，穆勒提出疑問，為什麼必須較長久地停留在生產過程（但不再經歷勞動過程）中的資本應該得到不能使他的資本增值的那段時間的補償呢？比如，窖藏的葡萄酒的價格為什麼比新酒的高呢？

馬克思就此指出，穆勒和他的老師李嘉圖一樣，也只是抓住了一個非常個別的情況。其實，「在這裡，迫使某一特殊生產領域的資本放棄在其他領域可能生產**更多剩餘價值**的條件的一切，都是**補償理由**」。穆勒所說的窖藏葡萄酒的例子只涉及其中的一種情況。

馬克思進而指出，「在說明不同生產領域的資本之間的**補償理由**時，問題並不涉及剩餘價值的生產，卻涉及**剩餘價值在不同類別的資本家之間的分配**。……只要理解剩餘價值和利潤的關係，其次理解利潤平均化為一般利潤率，這種現象是十分簡單的」。（第三分冊第 89~90 頁）可是，穆勒同李嘉圖一樣，混淆了剩餘價值和利潤，不理解利潤是剩餘價值的一種進一步發展了的、發生了特殊變化的形式。他也不理解在自由競爭條件下，剩餘價值如何轉化為平均利潤，剩餘價值率如何轉化為平均利潤率。穆勒沒有（也想不到）經過仲介過程，就直接根據價值規律去解釋上述現象，就是說，根據個別資本所生產的商品中包含的剩餘價值來解釋該資本的利潤。這當然不可能解決問題，「而只能口頭上詭辯地把困難辯解掉，就是說，只能是繁瑣哲學。穆勒開了這個頭」。（第三分冊第 90 頁）

穆勒明白問題之所在：「如果同等數量的勞動在同一個季節中生產了一桶葡萄酒和 20 袋麵粉，二者在季節終了時將彼此交換；但是如果葡萄酒的所有人把葡萄酒藏在他的酒窖中，保存兩年，那它就會比 20 袋麵粉所值更多，因為兩年的資本利潤必須加在原來的價格上。這裡是價值的增加。」①

且不說這裡把價格的增加歸結為價值的增加是錯誤的。問題在於，為什麼葡萄酒僅僅由於保藏（勞動不增加）就獲得了更大的利潤呢？

穆勒回答道：「說利潤必須支付，並不能解答問題，因為這只是給我們帶來了另一個問題，為什麼利潤必須支付？對這個問題，只有一個答覆：它是勞動的報酬，不是對直接使用在我們所研究的商品上面的勞動，而是對通過其他商品——勞動的產品——的媒介所用在它上面的勞動。」② 按照假定，在葡萄酒窖藏期間，用手直接去做的勞動停止了，但是，穆勒試圖證明，用手所生產的工具間接去做的勞動卻是存在的，利潤就是對這種間接勞動支付的報酬。至於這種間接勞動（穆勒又稱為積蓄勞動）怎樣在勞動，如何能創造價值和利潤，穆勒沒有正面回答，卻讓讀者從他列舉的機器逐年消耗的例子中去體會，

---

① 轉引自季陶達. 資產階級庸俗政治經濟學選輯 [M]. 北京：商務印書館，1963：162.
② 轉引自季陶達. 資產階級庸俗政治經濟學選輯 [M]. 北京：商務印書館，1963：164.

似乎機器逐年消耗就意味著蓄積勞動在逐年起作用。照這樣說來，窖藏葡萄酒的價格（價值）增值是由於蓄積勞動（穆勒沒有明說，是蓄積在葡萄酒中的勞動？還是蓄積在協助窖藏的機器或土地上的勞動？）的結果。穆勒以為這樣解釋是堅持了勞動價值論。

馬克思評論道：「在這裡，一般規律同進一步發展了的具體關係之間的矛盾，不是想用尋找仲介環節的辦法來解決，而是想用把具體的東西直接引入抽象的東西，使具體的東西直接適應抽象的東西的辦法來解決。而且是想靠**捏造用語**，靠改變事物的正確名稱來達到這一點。⋯⋯這種手法在穆勒那裡還只是處於萌芽狀態，它比反對者的一切攻擊更嚴重得多地破壞了李嘉圖理論的整個基礎。」（第三分冊第91頁）

不過，馬克思指出，「穆勒只是在他絕對找不到其他出路的時候，才求助於這種方法。但是，他的基本方法與此不同」。（第三分冊第91頁）他的基本方法就是在經濟關係包含著矛盾統一的地方，強調統一，而否定對立，把對立的統一歸結為對立的直接等同。

例如，穆勒把買和賣的對立統一說成買與賣的直接等同，從而把商品流通變成直接的物物交換，一筆抹殺了由於在時間上、空間上的分離以及在其他交易條件上的差異所造成的買和賣的分離。穆勒據此斷言不可能出現普遍生產過剩的現象。這個論點早在1808年的《為貿易辯護》小冊子中已經提出，後在《政治經濟學要義》中又加以重申。

又如，穆勒在貨幣理論中也採取了類似的態度。他想證明貨幣的價值決定於「一國中存在的貨幣總量」，為此，他先是把應當證明的東西統統假定好了，即假定流通中商品的數量和交換價值不變，流通速度不變，貴金屬價值也不變等。這樣的假定是不合理的，因為實際情況並不是這樣。如果做此假定，充其量只能說明，貨幣價值取決於一國現存貨幣總量是一個適用範圍很有限的結論，但穆勒卻把它作為普遍的定理提出來。不僅如此，為了證明他的上述論點，他接著又把商品與貨幣直接聯繫起來。他承認，一國的商品總量並非一下子同貨幣總量相交換，而是分成不同部分在不同時期同貨幣相交換。他也看到了一國中現存的貨幣一部分在流通，另一部分停留不動這個事實。但是，對於前者，他卻假定它不存在，對於後者，則借助於一種十分可笑的平均計算假定一國中存在的全部貨幣實際上都在流通。於是就把一國中存在的商品總量和貨幣總量直接聯繫起來，又借助於商品數量和交換價值不變的假定，很方便地證

明了他想證明的結論。在這裡，再次表現出穆勒研究方法上的特點，即用商品與貨幣的統一（形而上學的等同和聯繫）代替了兩者的矛盾和對立的統一。

[（b）穆勒使資本和勞動的交換同價值規律相符合的徒勞嘗試。局部地回到供求論]

馬克思接著考察了穆勒如何解釋李嘉圖學說體系的另一個矛盾：價值規律與勞動和資本相交換的關係。這裡的困難在於，既然商品的價值決定於生產該商品所耗費的勞動時間，那麼在構成資本主義生產基礎的、一切交換中最大的交換——勞動與資本交換中，為什麼價值規律不適用了呢？為什麼在這裡表現出的現象是以較少的「蓄積勞動」交換較多的「直接勞動」呢？

馬克思在引述了穆勒關於工資的論點以後指出，「他解決困難的方法是把包含著物化勞動和直接勞動的對立的、資本家和雇傭工人之間的交易，說成物化勞動的所有者之間、商品所有者之間的普通交易」。（第三分冊第93頁）在穆勒看來，雇傭工人在他即將生產出來的產品中佔有一定的份額，他把這個份額出賣給資本家。而資本家為了方便起見，則以預付的方式把工人的份額付給工人，當工人以工資的形式完全得到了產品中他應得的份額時，這些產品便完全歸資本家所有了，因為資本家已經用工資購買了工人的份額。按照這種解釋，勞資交換就不再是不等價的，而是如同普通商品交換一樣的等價交換了。

馬克思從各個角度透徹地剖析了這種謬論。他指出，穆勒這樣做，並沒有給自己減少困難，反而增加了困難。如果工人果真是和其他任何商品所有者一樣的商品出賣者，那麼，他就應當從資本家那裡取回代表他所加入的勞動，從而屬於他的「份額」的全部價值。例如，他生產6碼麻布，其中2碼代表的價值等於他所加入的勞動，其餘4碼代表從生產資料轉移的舊價值，按穆勒所說，這2碼是他的「份額」，他把它們賣給資本家。但是，如果資本家真的支付了這2碼的全部價值，而不僅僅是其中代表勞動力價值的那一部分，資本家的剩餘價值就沒有著落了，李嘉圖體系也就被推翻了。因為這樣一來，我們就不得不退回到「讓渡利潤」的觀念上去。

或者事情是這樣，資本家是按商品（這裡指的是麻布）價值出賣的，但工人則以低於它的價值出賣。穆勒似乎想以工資是以「預付」方式支付的這一點來說明這種低於價值出賣的必要性。但無論如何，價值規律是被破壞了，李嘉圖學說體系的基礎（勞動價值論）被推翻了，而穆勒想要逃避的正是這

一點。馬克思指出:「穆勒為解決李嘉圖的矛盾之一而做的這第二個嘗試,實際上毀掉了李嘉圖體系的整個基礎,特別是毀掉了這個體系的優點:把資本和雇傭勞動的關係看作累積勞動和直接勞動之間的直接交換,即從這種關係的特定性質去考察它。」(第三分冊第96頁)

至於穆勒所謂資本家「預付」了工人在他自己產品中所占「份額」,馬克思指出,那只是一種表面現象,而且是以僅僅考察資本家和工人之間的單獨交易為基礎的。如果考察連續的再生產過程,如果注意的是這個過程的實際內容,而不是它的表現形式,那麼,就應看到,資本家作為工資預付給工人的,或者更確切地說,他付給工人的報酬,是工人已經生產出來而且已經轉化為貨幣的產品的一部分。「資本家所佔有的、從工人那裡**奪來的**工人產品,有一部分以工資形式,作為對新產品的預付——如果願意用這個名稱的話——流回到工人手裡。」(第三分冊第97頁)

問題還在於,「預付」「份額」之類的說法並不能使穆勒避開他想避開的問題。這是因為,當他進而提出「產品按什麼比例在工人和資本家之間進行分配,或者,工資水準按什麼比例調節」的問題時,他又不得不面對勞資交換中的價值決定問題了,用穆勒的話來說,就是如何確定工人和資本家的份額。他的論點是,「確定工人和資本家的份額,是他們之間的商業交易的對象,討價還價的對象。一切自由的商業交易都由競爭來調節,**討價還價**的條件隨著**供求關係**的變化而變化。」(轉引自第三分冊第98頁)

對此,馬克思首先指出,穆勒關於付給工人的是工人在產品中所占的份額這種說法,是他為了把工人在同資本家的關係中變成一個普通的商品所有者,為了掩蓋這種關係的特殊性質。因為這種說法造成一種錯覺,似乎工人在產品中所占的份額就是他自己的產品,而且是他自己所創造的全部產品。但實際上不是如此。工人取得的是他自己創造的產品的一部分(價值),另一部分(價值)則被資本家所佔有。其次,工人所取得的這一部分價值或份額的多少決定於勞動力的價值,而不是勞動力的價值反過來決定於他在產品中所占的份額。換句話說,工資的多少不決定於他在產品中所占的份額,倒是他在產品中所占的份額決定於他的工資量。最後,至於勞動力的價值即工資的確定,同其他商品價值的決定一樣,亦應依照勞動價值論予以闡明。就是說,勞動力的價值是由工人本身的再生產所需要的勞動時間決定的。正是這個已經固定的量決定了工人在產品中應占的份額。總之,勞動力的價值決定著工人所占的份額或

工資。勞動力的供求關係只能影響工資水準圍繞勞動力價值上下波動，卻不能決定工資水準本身。穆勒用供求關係說明工資的決定，顯然離開了他本想維護的李嘉圖的勞動價值原理，況且由於工人不可能事先就把他尚未生產出來的產品拿去出賣，而使穆勒的供求論陷於窘境。

[（c） 穆勒不理解工業利潤的調節作用]

穆勒認為，「農業的利潤率調節其他利潤率」。（轉引自第三分冊第104頁）在這裡，「穆勒把李嘉圖實際上為闡明自己的地租理論而假定的東西，作為一條基本規律提出來」。（第三分冊第104頁）

李嘉圖認為，「在任何國家，在任何時候，利潤都取決於在不提供地租的土地上或者用不提供地租的資本生產工人必需品所需要的勞動量。」（轉引自第三分冊第二分冊第532頁）這就是說，最壞土地上的利潤，調節一般利潤率。

馬克思在《剩餘價值理論》第二分冊第十六章分析過李嘉圖這一觀點的錯誤。現在，在評析穆勒同樣的觀點時，馬克思重申了前面已指出的意見。

馬克思指出，這種觀點無論是從歷史上看還是從理論上看，都是錯誤的。從歷史上看，資本主義生產是在工業中開始的，而不是在農業中開始的，而且是逐漸支配農業的。平均利潤率從而生產價格首先在工業中形成，然後才擴展到農業中。而當平均利潤率在工業和農業中普遍化時，也不是農業利潤起調節作用，而是這兩種利潤（工業利潤和農業利潤）相互發生作用。從理論上看，李嘉圖和穆勒的說法都是基於價值與生產價格的等同這一錯誤前提。他們不理解，農業中土地所有權的存在，使農業產品的價值不可能依照工業中的平均利潤率而轉化為生產價格，從而使農產品的價值同生產價格的分離有了現實的條件。如果農產品的價值因此高於生產價格（它是農業從工業獲得的前提），則兩者的差額（價值超過生產價格的差額）就形成絕對地租。認可農業利潤調節其他利潤，顯然無視土地所有權的存在，也抹殺了農產品價值與生產價格的區別。

李嘉圖在說明地租的形成時，實際上是以相反的情況，即是以工業利潤調節農業利潤為前提的。李嘉圖的說明如下：穀物價格上漲，引起工業利潤率下降，從而使只得到較低利潤率的資本轉向用於較壞土地。如果利潤率不變，情況就不會是這樣。而且，只是由於工業利潤下降對較壞土地上的農業利潤的這種反作用，整個農業利潤才下降，較好土地上的一部分農業利潤才以地租形式

從利潤中分出來。按照這種說明，是工業利潤調節農業利潤。

但是，李嘉圖在說明利潤的決定同生產條件的關係時，又認為最壞土地上的利潤調節一般利潤率。他的推論是，最壞土地的產品按其價值出賣，而且不會帶來地租。因此，這裡看得很清楚，在扣除了作為工資等價物的那部分產品之後，留給資本家的剩餘價值究竟有多少，這種剩餘就是利潤。穆勒作為一條基本規律而提出來的原理，就是李嘉圖為闡明地租論而假定的上述原理。

[（d）需求、供給、生產過剩（直接把需求和供給等同起來的形而上學觀點）]

前已指出，穆勒曾以市場上買和賣之間所謂的形而上學的均衡來論證普遍生產過剩之不可能性。他後來在《政治經濟學要義》中把這個觀點推廣到一國的全部供給和全部需求的關係上，力圖證明年產品總額必然等同於年需求總額。馬克思對穆勒的論證做了細緻的批判。

穆勒認為，每個人的供給和需求必然是相等的，因為每個人的需求正好等於他希望脫手（即他生產出來但不準備自己消費）的那一部分年產品，還因為每個人的供給也完全與此相同。所以，穆勒認為由每人的供求構成的一國全部的供求也是相等的。

馬克思的分析著重表明，穆勒觀點的特點在於抹殺供給和需求的區別與對立，把這兩者的對立的統一變成了沒有對立的統一和等同。

（1）供給和需求的對象不同。我供給的是某種使用價值，需求的是它的價值，既然我供給了某一價值（在某一使用價值上），那麼我需求的就是價值的實現。因此，我的供給和需求是不同的。不能說每個人的需求等於他希望脫手的那一部分**產品**，而只能說等於這部分產品的**價值**，這裡還應有一個條件，就是這個價值得到了實現。

（2）供給的量和它的價值，絕不是互成比例的，因為數量不同的供給量可以表現同量的交換價值。例如，同樣是3鎊價值，可能表現在1噸鐵上，也可能表現在5噸鐵上等。因此，不能認為一種商品按照自己的價值出賣的能力和所供給的商品量是成比例的。

（3）對買者來說，他所需要的是商品的使用價值，是一定量的商品。他對這種商品的需求既不決定於我所生產的這種商品的量，也不決定於我想要實現的價值，而決定於買者按照一定價格需要購買的數量。

[(e) 普雷沃放棄李嘉圖和詹姆斯・穆勒的某些結論，試圖證明利潤的不斷減少不是不可避免的]

馬克思在這裡評述了普雷沃對李嘉圖體系的某些反對意見。普雷沃是把穆勒對李嘉圖體系的說明作為他評論的依據的。

(1) 普雷沃認為：「對李嘉圖擁護者關於較壞土地的影響的主張，應該考慮到不同肥力的土地的**相對數量**而加以修正。」（轉引自第三分冊第 111 頁）在論證這一觀點時，普雷沃先是引述了穆勒的一段話（即「假設某一國家的全部耕地質量相同，並且對投入土地的各資本提供同樣多的產品，只有 1 英畝例外，它提供的產品 6 倍於其他任何土地」），從穆勒所設想的情況中，實際上得出了地租（級差地租）會由於最優等土地的出現而增加的結論。然後，他又做了一個相反的假設，得出了最劣等土地並不一定影響價格的結論。普雷沃說：「我們假設全部土地具有相同的質量，只有 1 英畝較壞土地除外。在這唯一的 1 英畝土地上，所花費的資本的利潤只等於其他任何 1 英畝土地的利潤的六分之一。能不能設想，千百萬英畝土地的利潤會因此而降低到普通利潤的六分之一呢？這唯一的 1 英畝土地想必根本不會對價格發生絲毫作用，因為，任何進入市場的產品（特別是穀物）不會由於如此**微不足道**的數量的競爭而受到顯著的影響。」（轉引自第三分冊第 111 頁）。普雷沃的這個意見顯然是有道理的。

從普雷沃引用的穆勒所設想的情況中，馬克思著重引申的思想是：級差地租之所以產生，也可以因為追加的需求通過向較好土地而不是李嘉圖所斷定的向較壞土地推移，即按「上升序引」運動而得到滿足。在這種條件下，我們所看到的是在利潤率不降低和農產品價格不提高的條件下的級差地租。

(2) 普雷沃說，「我們承認，總的說來，農業利潤率決定工業利潤率。但是，我們同時應該注意到，後者必然也對前者發生反作用。如果穀物的價格達到一定的高度，工業資本就會流入農業，不可避免地使農業利潤降低」。（轉引自第三分冊第 112 頁）。馬克思認為，「反駁是正確的，但是提得十分狹隘」。（第三分冊第 112 頁）

(3) 普雷沃說：「如果資本的需求的增長使工人的價格即**工資**提高，那麼，認為這些資本的供給的增長會使資本的價格即利潤降低，難道是不對的嗎？」（轉引自第三分冊第 113 頁）這種反駁對李嘉圖學派來說不無道理，因為後者認為，只有工資增長，利潤才會下降，而這種工資的增長只是隨著人口

增長較壞土地投入耕作，以致使生活必需品價格提高的結果。但普雷沃沒有看到，李嘉圖本人還承認，當資本增加得比人口快的時候，也就是當資本相互競爭使工資提高的時候，利潤也會下降。所以，對李嘉圖本人來說，上述反駁是無的放矢。

（4）馬克思著重詳述了普雷沃試圖證明利潤的不斷減少不是不可避免的觀點。

馬克思首先指出，普雷沃的論證是以李嘉圖的下述錯誤觀點為依據的，即認為利潤的降低只能由於剩餘價值減少，或者說剩餘勞動減少，或者說工人生活必需品價格上升。李嘉圖把價值與生產價格相混同，把剩餘價值與利潤相混同了。普雷沃則接受了這種錯誤觀點。

然後馬克思評述了普雷沃為證明利潤的不斷減少不是不可避免的論點所提出的兩個論據。

第一，普雷沃指出，由於繁榮，人口增長，增加的人口形成對現有的生存資料的壓力，因而使農產品價格上漲，結果是農業利潤提高。馬克思就此指出，令人不解的是，「如果農業利潤的這種提高是經常性的，地租為什麼在租佃期滿後不會提高，這種農業上的超額利潤為什麼不會甚至在較壞土地投入耕種之前就以地租形式被人佔有」。（第三分冊第114頁）普雷沃不會看不到促使農業利潤提高的農產品價格上漲所帶來的後果，那就是它會使一切工業部門的工資提高，因而引起工業利潤的下降，並在工業中形成一個降低了的利潤率。普雷沃說：「其他資本流入農業，但是因為土地面積有限，所以這種競爭也有限度，最終結果是耕種較壞土地仍然獲得**比商業或工業更高的利潤**。」（轉引自第三分冊第113頁）也就是說，由於工業利潤下降，促使資本投向農業，即使質量較壞土地只提供和工業中一樣的比過去降低了的利潤率，資本也會投入較壞土地。只要還沒有足夠的資本轉投入農業，這些被吸引來的資本甚至還能提供比已經降低的工業利潤更高的利潤。普雷沃還看到，一旦追加供給足夠了，在較壞土地有足夠數量的前提下，農業利潤便不能不由較壞土地決定，這時的農產品市場價格下降，較壞土地的農業利潤也只能等於普通的工業利潤，而較好土地的產品所提供的超過這種利潤的東西，就轉化為地租，此時，較好土地的利潤也降到因農產品漲價而下降的、較低的工業利潤率。

到此為止，如馬克思所指出的，「這就是李嘉圖的觀點，普雷沃接受了這個觀點的基礎，並且以這個觀點作為自己立論的出發點」。（第三分冊第114

頁）普雷沃自己的論斷在於，利潤會由於耕種新的較壞土地而下降，「但是絕不會降到低於它原來的比率，或者（更確切地說）降低到低於各種不同的情況所決定的平均比率」。（轉引自第三分冊第 113 頁）。這種論斷是令人費解的。馬克思指出：「如果沒有某些其他情況出現並引起變化，利潤為什麼就不會因此降到低於它『原來的比率』」？這就是說，利潤不降到低於它「原來的比率」不是無條件的（如普雷沃所認為的那樣），而是有條件的。這些條件是「依照假定，農業利潤在農產品漲價後都要提高到工業利潤以上的假定」，但是，如果這時工人消費的生活必需品中由工業生產的那一部分由於生產力的發展而降價，以致工人的工資（即使它依照它的平均價值支付）因農產品漲價而提高的程度，沒有達到不存在這種起抵銷作用的情況時所應達到的高度；同時，如果同樣由於生產力的發展，採掘工業所提供的產品的價格以及不加入食物的農產原料的價格也降低了（固然，這種假定未必是現實的），那麼，工業利潤就可能不下降，儘管它還會低於農業利潤。這時，因資本轉移到農業中以及因形成地租而引起的農業利潤的下降，只會使利潤率恢復原來的水準。（第三分冊第 114～115 頁）

第二，普雷沃提出的另一個論據，是借助於李嘉圖所接受的「人口規律」，說明利潤並不是必定不斷下降的。普雷沃指出，農產品的高價會成為全體居民或多或少的負擔，使工業人口和其他居民陷於貧困。普遍貧困加上人口過多造成的死亡率的提高，引起雇傭工人人數減少，並因而造成工資的提高和農業利潤下降。此後，便發生相反方向的變動：資本從較壞土地抽出，又流回工業。但是，人口規律很快又發生作用；一旦貧困消失，工人人數就增加，工資就下降，因而利潤就提高。馬克思認為，儘管普雷沃「敘述的方式非常混亂，但是從『人口規律』來看，這是正確的」。（第三分冊第 115 頁）普雷沃的這些論斷之所以重要，是由於它們表明，李嘉圖的觀點以及李嘉圖所接受的馬爾薩斯的觀點（即借助於「人口規律」說明問題）雖然能夠解釋利潤率的波動，但是不能解釋利潤率為什麼不斷下降。

[(3) 論戰著作]

馬克思開頭的一段話，對這場論戰做了一個概括，「從 1820 年到 1830 年這個時期是英國政治經濟學史上形而上學方面最重要的時期。當時進行了一場

擁護和反對李嘉圖理論的理論鬥爭，出版了一系列匿名的論戰著作，這裡引用了其中一些最重要的著作，特別是只涉及那些和我們論題有關的論點的著作。不過，同時這些論戰著作的特點也是，它們事實上都只是圍繞價值概念的確定和價值對資本的關係進行論戰的」。（第三分冊第116頁）

[（a）《評政治經濟學上若干用語的爭論》：政治經濟學上的懷疑論；把理論的爭論歸結為用語的爭論]

馬克思在這裡評述的著作，是一位匿名作者於1821年發表的《評政治經濟學上若干用語的爭論》。馬克思指出：「這部著作不無一定的尖銳性。……它部分是反對斯密、馬爾薩斯的，但是也反對李嘉圖。」（第三分冊第117頁）該書的基本思想是，把當時圍繞李嘉圖學說體系展開的爭論歸結為用語的爭論。馬克思就此指出：「這種懷疑論總是某種理論解體的預兆，也是某種無思想、無原則的適合家庭需要的折中主義的先驅。」（第三分冊第117頁）

這位匿名作者對李嘉圖價值論提出的反駁，以及馬克思就此所做的評論，是應當著重予以注意的。匿名作者指出：「假設當我們談到價值……的時候，我們指的是**勞動**，那就會出現一個明顯的困難，因為我們常常要談到**勞動本身的價值或價格**。如果我們把作為某物的實際價格的勞動理解為**生產**該物的勞動，那麼就產生了另一個困難，因為我們常常要談到**土地的價值或價格**；但是土地不是由勞動生產出來的。因此，這個規定只適用於**商品**。」（轉引自第三分冊第117頁）馬克思說：「談到勞動，這裡對李嘉圖的反駁是正確的。」（第三分冊第117頁）因為李嘉圖認為資本直接購買勞動。而談論勞動本身的價值由勞動決定，顯然是荒謬的。不過，匿名作者只是強調矛盾沒有解決，並沒有解決矛盾。馬克思還指出，匿名作者發現不能（不應）從勞動價值概念引出土地的價值（因為土地不是由勞動生產出來的），「這也是完全正確的」。（第三分冊第117頁）但是，用這句話來反對李嘉圖是沒有意義的。因為李嘉圖在其地租理論中，已經「闡明了怎樣在資本主義生產的基礎上形成土地的名義價值，以及土地的名義價值和價值規定並不矛盾。土地的價值不過是支付資本化的地租的價格」。（第三分冊第117~118頁）

匿名作者對李嘉圖價值論提出的第二個反駁，是認為李嘉圖把價值由某種相對的東西變為某種絕對的東西。這個論點成為後來另一部由貝利撰寫的著作攻擊李嘉圖整個體系的出發點。馬克思把這個觀點放在後面論述貝利的著作時

一併加以評判。

　　除上述內容以外，馬克思還評述了匿名作者的其他一些觀點。

　　（1）「關於支付勞動的資本產生的源泉，作者在一個順便做出的評論中做了中肯的表述，但是他是不自覺的。」（第三分冊第118頁）這個表述是：「**已經增長的勞動供給就是已經增長的用來購買勞動的東西的供給。**」（轉引自第三分冊第118頁）

　　（2）馬克思似乎首先轉述了匿名作者對李嘉圖論點的如下論述：「如果不從勞動的平均價格即勞動的價值出發，理論就不可能進一步展開；這就像不從一般商品**價值**出發，理論也不可能展開一樣。只有那樣，才能理解價格波動的實際現象。」（第三分冊第118頁）然後直接引用匿名作者的話說：「這並不是說，他（李嘉圖）主張，如果兩類不同商品中分別取出的**兩件商品**，例如，一頂帽子和一雙鞋，是由等量勞動生產的，那麼，這兩件商品就能互相交換。這裡所說的**「商品」**，應該理解為**「一類商品」**，而不是單獨一頂帽子、一雙鞋等。……在我看來，這一點從一開始以及在李嘉圖學說的一般闡述中都沒有表示出來。」（轉引自第三分冊第118～119頁）馬克思認為，在這個評論中有些正確的東西。馬克思指出，商品既是資本主義生產的基礎和前提，又是其最簡單的元素，這是我們分析的出發點。然而，這裡所說的作為分析出發點的商品，並不是單個的孤立的商品，而是指商品所代表的一定經濟關係，即一定範圍的商品流通和貨幣流通，也就是說相當發達的貿易，這些是資本形成和資本主義生產的前提和起點。另外，商品又是資本主義生產的產物和結果。「作為過程的結果表現出來的，不是個別商品，而是商品總量，其中總資本的價值被再生產出來並加上了剩餘價值。所生產的總價值除以產品數，決定個別產品的價值，而且個別產品只有作為總價值的這種相應部分才成為商品。」（第三分冊第120頁）

　　（3）匿名作者在談到「勞動」商品不同於一般商品的特點時指出：「勞動只有當它被帶到市場上去的那一瞬間才**被創造出來**，或者不如說，勞動是在它被創造出來以前被帶到市場上去的。」（轉引自第三分冊第120～121頁）馬克思就此指出：工人賣給資本家的不是他的勞動，而是對他自身作為勞動力的暫時使用權。工資形式（計件或計時工資）並不改變問題的性質。除此以外，我們可以看到，匿名作者還是敏銳覺察到了「勞動」商品和一般商品的區別。

　　（4）關於匿名作者對李嘉圖有關資本累積的快慢取決於勞動生產力，以

及「一般說來，存在著大量肥沃土地的地方，勞動生產力最大」的觀點的評論。馬克思指出：a. 匿名作者承認，「從資本家的觀點來看，『勞動生產力是指每一產品中屬於親手生產該產品的人的那一部分很小』。這句話非常好」。b. 匿名作者認為，「在土地最肥沃的地方，大多不會有這種情況」。在這裡，「這種情況」指的是資本主義情況，即李嘉圖所說的在土地肥沃地方，勞動生產力最大的情況。馬克思指出，作者的這個反駁是愚蠢的。因為李嘉圖是以資本主義生產為前提的，而「在資本主義存在的地方，資本主義生產在土地最肥沃的地方生產率最高。勞動的自然生產力，……和勞動的社會生產力一樣，表現為資本的生產力」。（第三分冊第 122 頁）c. 匿名作者認為，「從**另一種**意義來說，在有許多肥沃土地的地方，勞動生產力確實最大，——這裡是指人（只要他願意）生產出與他所完成的總勞動相比是大量的**原產品**的能力。**人能生產出超過維持現有人口生活所必需的最低限度的食物**，這實際上是**自然的賜予**」。（轉引自第三分冊第 123 頁）馬克思對此指出，「這是**重農學派**學說的基礎」。（第三分冊第 123 頁）d. 匿名作者認為，「剩餘產品」是指一種由人的協議確定而不是由自然規定的關係。馬克思說，如果這句話有什麼意義，「那就是，資本主義意義上的『剩餘產品』應該同勞動生產率本身嚴格區別開來。勞動生產率只有當它對資本家來說作為利潤實現時，才引起資本家的關心。這正是資本主義生產的局限性，資本主義生產的界限」。（第三分冊第 124 頁）

（5）馬克思在引用了匿名作者關於在怎樣的條件下，某個行業就會得到超額利潤以及地租同這種超額利潤的關係的論述後指出，「這裡要注意的只是，在這一著作中地租第一次被看作固定的**超額利潤**的一般形式」。（第三分冊第 124 頁）

[（b）《論馬爾薩斯先生近來提倡的關於需求的性質和消費的必要性的原理》匿名作者的資產階級的局限性。他對李嘉圖的累積理論的解釋。不理解引起危機的資本主義生產的矛盾]

馬克思對這部著作的總的評論是：「李嘉圖學派的著作，對馬爾薩斯駁斥得好，表現出這些人的無限局限性。這裡暴露出，當他們考察的不是土地所有權而是資本的時候，他們的敏銳性就變為無限的局限性了。雖然如此，這部著作還是上面提到的 10 年內最好的論戰著作之一。」（第三分冊第 125 頁）

匿名作者認為：「如果用於刀的生產的資本增加 1%，並且只能按同樣的

比例增加刀的生產，那麼，假定其他物品的生產不增加，刀的生產者支配一般物品的可能性，**將按較小的比例增加**，……但是，如果**其他所有行業的資本同時**也增加1％，並且**產品同樣增加**，那麼結果就不同了」。（轉引自第三分冊第125頁）馬克思分別分析了這裡提出的兩個假定的潛在的真實的含義後指出，按照第一個假定，每一個別行業的生產及生產的增加，都不是直接由社會需要來調節和控制，而是由各個資本家離開社會需要而支配的生產力調節，因而，這裡假定的是資本主義生產。但是，按照第二個假定，「生產卻是這樣**按比例地**進行，好像資本直接由社會根據其需要使用於各個不同的行業。按照這個自相矛盾的假定，即假定資本主義生產完全是社會主義的生產，那麼，實際上就不會發生生產過剩。」（第三分冊第126頁）馬克思還指出了匿名作者在資本累積問題上的其他錯誤。例如，資本在不同行業按相等的比例累積，就是一個不妥當的假定。又如，即使資本在不同行業按相等的比例累積，也不能認為產品會按相應的比例增加，因為不同行業的生產力（即所使用價值量和所使用的勞動之比）是不同的。匿名作者在此忽視了使用價值與交換價值的區別。與此相聯繫，馬克思再次批判了「薩伊的偉大發現——商品只能用商品購買」。（第三分冊第127頁）

馬克思接著評述了匿名作者對李嘉圖累積理論的解釋。從馬克思的評述可以看出，匿名作者對李嘉圖下述論斷的註釋是正確的。李嘉圖認為，生產品受需求限制，除非工資提高，從而影響利潤和累積，「否則累積的資本不論多少，都不可能不生產地加以使用」。匿名作者說：「我認為，這是指『為所有者帶來利潤』。」（轉引自第三分冊第128頁）

關於經濟危機問題。馬克思認為，匿名作者的這段話指出了市場商品充斥的隱密基礎：「他們（工人對工作的）需求的增加不過是表明他們甘願自己拿走產品中更小的份額，而把其中更大的份額留給他們的雇主；要是有人說，這會由於消費減少而加劇市場商品充斥，那我只能回答說：市場商品充斥是高額利潤的同義語。」（轉引自第三分冊第129頁）匿名作者效法李嘉圖正確地承認了由商業途徑的突然變化引起的危機，他也認為信用制度是危機的原因，而沒有看到危機的內在根源。馬克思就此指出：「在生產過剩、信用制度等上，資本主義生產力圖突破它本身的界限，超過自己的**限度**進行生產。一方面，它有這種衝動；另一方面，它只能忍受與有利潤地使用現有資本相適應的生產。由此就產生了危機，它同時不斷驅使資本主義生產突破自己的界限，迫使資本

主義生產飛速地達到——就生產力的發展來說——它在自己的界限內只能非常緩慢地達到的水準。」（第三分冊第 130 頁）

[（c） 托馬斯·德·昆西無法克服李嘉圖觀點的真正缺陷]

托馬斯·德·昆西（1785—1859）是英國作家和經濟學家。從馬克思在這裡對他的著作的簡要評論中可以知道，他試圖反駁一切對李嘉圖的攻擊；他知道問題之所在；他在《三位法學家關於政治經濟學的對話》（1824 年）中常常尖銳地揭露李嘉圖觀點的不充分；李嘉圖由於強制地和直接地使比較具體的關係去適應簡單的價值關係而產生的真正困難，在德·昆西的著作中並沒有真正解決，甚至沒有覺察到；馬克思還指出，「德·昆西尖銳地表述了李嘉圖觀點和前人觀點的不同之處，並且沒有像後來人們所做的那樣，企圖通過重新解釋來削弱或拋棄問題中所有獨特的東西，只在文句上加以保留，從而為悠閒的無原則的折中主義敞開大門。」（第三分冊第 133 頁）

[（d） 塞米爾·貝利]

塞米爾·貝利（1791—1870）是英國資產階級經濟學家和哲學家，[①] 在李嘉圖學派的反對派中，他佔有重要的地位。他從庸俗經濟學的立場出發，對李嘉圖的價值論和利潤論進行了全面的攻擊，同時也正確地指出了李嘉圖的經濟學說中的一些矛盾。

貝利的主要著作是《對價值的本質、尺度和原因的批判研究；主要是論李嘉圖先生及其信徒的著作》（1825 年）。對於這本著作，馬克思有如下總的評論：「這是反對李嘉圖的主要著作（也反對馬爾薩斯）。試圖推翻學說的基礎——**價值**。除了**「價值尺度」**的定義，或者更確切地說，具有這一職能的貨幣的定義以外，從積極方面來看，沒有什麼價值。」（第三分冊第 133~134 頁）

在前面評論匿名作者的那本《評政治經濟學上若干用語的爭論》時，馬克思曾經指出，該匿名作者對李嘉圖價值理論提出的「第二個反駁——說李嘉圖把價值由某種**相對的東西**變為某種**絕對的東西**——在後來出版的另一部論戰著作（塞米爾·貝利著）中，成了攻擊李嘉圖整個體系的出發點」。（第三

---

① 貝利的主要哲學著作有《論意見的形成和發表》（1821 年）以及《關於人類思想的哲學的通信》（1855—1863 年）。此外，他還發表過教育、戲劇、議會改革等方面的文章。

分冊第 118 頁）這裡所說的另一部論戰著作，就是馬克思現在要詳細評述的貝利的書。「貝利這部著作的基本思想是贊同《評政治經濟學上若干用語的爭論》的，所以這裡還要回頭去談後一著作並引用其中有關的地方。」（第三分冊第 134 頁）

馬克思對貝利的著作的評論，大體可分為三部分：①關於價值的本質，這是主要的部分。②關於資本利潤與價值理論。③關於生產價格和價值。貝利企圖從各個角度推翻勞動價值學說，馬克思對他的評論也圍繞著價值理論這個中心。

[（α）《評政治經濟學上若干用語的爭論》的作者和貝利在解釋價值範疇中的膚淺的相對論。等價物問題。否認勞動價值論是政治經濟學的基礎]

在這一小節，圍繞著商品價值範疇的定義及其性質問題，馬克思首先對《評政治經濟學上若干用語的爭論》進行了詳細的評論。馬克思的評論可分為以下四個段落，其中第一個段落是最主要的。

第一，《評政治經濟學上若干用語的爭論》的匿名作者責備李嘉圖，說他把價值由商品在其相互關係中的相對屬性變成某種絕對的東西。馬克思指出：「在這方面，李嘉圖應該受責備的只是，他在闡述價值概念時沒有把不同的因素，即沒有把在商品交換過程中**出現**或者說**表現出來的**商品交換價值和商品作為**價值**的存在（這種存在與商品作為物、產品、使用價值的存在不同）嚴格區分開來。」（第三分冊第 134 頁）

從馬克思的引語可以看出，這位匿名作者看出並利用了李嘉圖未將交換價值與價值嚴格加以區分的缺陷，指責李嘉圖「離開了他對價值這個詞的最初用法，**使價值成為某種絕對的東西而不是相對的東西**」。（轉引自第三分冊第 135 頁）此處所謂最初用法，是指李嘉圖把價值又稱為相對價值或交換價值的用法。

究竟應該怎樣理解價值範疇的相對性呢？李嘉圖有時想（雖然不曾嚴格地）把交換價值與價值區分開來，是否就應受到責備呢？這就涉及商品的交換價值與價值的相互關係這個重要問題了。

馬克思首先指出，一個商品的價值是在其他使用價值同這一商品相交換時顯現出來的，因而，當這個商品和其他商品的生產率的變動不一致時，該商品

同其他商品的交換比例就會發生變動。「但是請注意，按照假定，它每次都是**按它的價值**進行交換，因而是同**等價物**相交換。」（第三分冊第 136 頁）這就顯示出，「商品作為使用價值相互交換的量的比例，誠然是商品價值的**表現**，是商品**的實現了的**價值，但不是商品價值本身。」（第三分冊第 136 頁）

馬克思進而指出，如果不同的使用價值按照它們代表等量勞動時間的那種比例進行交換，這就表明，在這些不同的使用價值中，含有某種質上同一因而量上可以比較的統一體或同一要素。這種統一體或者同一要素，就是商品作為物化勞動時間的存在，作為物化勞動時間的產物。價值正是商品作為這個同一要素的表現。

以上思想在《資本論》中得到了更系統更嚴密的論證。

匿名作者利用李嘉圖未嚴格區分交換價值與價值，從而在用詞表述上的遊移不定，企圖以交換價值的相對比例的變動來反駁勞動價值原理，不過是「自作聰明」，是膚淺的相對論。他沒有看到（更確切地說，不可能看到）在商品交換比例相對變動的背後，存在著與交換價值不同，而且使不同的交換比例得以成立的「同一的共同的統一體」——價值。

第二，匿名作者認為：「A 物的價值的提高，只是指用 B、C 等物**衡量的價值**，即同 B、C 等物交換時的價值。」（轉引自第三分冊第 138 頁）

馬克思在此著重指出，為使 A 的價值可以用 B、C 等物來衡量，首先，A、B、C 三者作為價值必須是與它們作為具體的使用價值（例如作為書、煤和葡萄酒）的存在不同的東西；否則，它們之間就不能衡量。其次，A 本身必須具有不以 B、C 對這種價值的衡量為轉移的價值，並且三者在質上都必須等於表現在三者上的第三物；否則，B、C 就不能衡量 A 的價值。

但是，匿名作者的上述說法卻隱含著這樣的思想，即商品的價值只是指交換價值，不存在交換價值以外的價值。這就不僅忽視了 A、B、C 等使用價值中包含有某種共同物和同一要素，而且，似乎 A 本身是由 B、C 等物衡量才具有價值的。顯然，匿名作者把價值與交換價值混為一談了。

值得注意的是，馬克思在著重指出了商品價值的客觀存在以後，又強調了問題的另一方面，即價值範疇的相對性。他指出：「說商品的價值因此就由某種相對的東西變為某種絕對的東西，是完全錯誤的。正好相反。作為使用價值，商品表現為某種獨立的東西。而作為價值，它僅僅表現為某種設定的東西，某種僅僅由它與社會必要的、同一的、簡單的勞動時間的關係決定的東

西。這是相對的，只要商品再生產所必要的勞動時間發生變動，它的價值也就變動，雖然它實際包含的勞動時間並未變動。」（第三分冊第138頁）這一點在批判匿名作者的下述論點時做了更充分的發揮。

第三，匿名作者認為：「**價值**是**物的屬性**，**財富**是**人**的屬性。從這個意義上說，價值必然包含交換，財富則不然。」（轉引自第三分冊第138頁）馬克思說，這段話最清楚地表明，作者多麼深地陷入了拜物教，以及他怎樣把相對的東西變為某種肯定的東西。

與匿名作者的論斷相反，財富，作為與使用價值等同的東西的財富，它是人們所利用的並表現了對人的需要的關係的物的屬性。這是顯而易見的常識。

然而，馬克思接著指出：「商品作為價值只是代表人們在其生產活動中的關係。價值確實包含交換，但是這種交換是人們之間物的交換，這種交換同物本身是絕對無關的。……『價值』概念的確是以產品的『交換』為前提的。在共同勞動的條件下，人們在其社會生產中的關係就不表現為『物』的『價值』。產品作為商品的交換，是勞動的交換以及每個人的勞動對其他人的勞動的依存性的一定形式，是社會勞動或者說社會生產的一定方式。」（第三分冊第139頁）價值是歷史的相對的範疇。

馬克思在此重申了他在《政治經濟學批判》（1859年）中已經闡明的下述觀點：以私人交換為基礎的勞動的特徵是，勞動的社會性質以歪曲的形式表現為物的屬性，人與人之間的社會關係表現為物與物之間的關係。匿名作者斷言，價值是物的屬性，恰好表明他把這個假象看成真實的東西，從而陷入了拜物教。

這表明，正是這位匿名作者，把價值變為「物的屬性」、變為某種絕對的東西了。馬克思指出，李嘉圖的錯誤在於，他只考察了價值量，因而只注意不同商品所包含的勞動；而商品中包含的勞動必須表現為同一的社會勞動即貨幣，這種情況被李嘉圖忽視了。這也就是說，李嘉圖忽視了問題的質的方面。馬克思在《資本論》等著作中曾指出，這是有其深刻的世界觀和方法論上的根源的。

李嘉圖沒有闡述商品交換價值向貨幣（或價格）的轉化，這當然是他的勞動價值原理的重大缺陷，表明他不理解價值這個範疇的歷史性和相對性。但是，李嘉圖有時想把價值和交換價值加以區分，把價值和價格加以區分，表明他至少還是覺察到了價值與其表現形式之間的區別。匿名作者則完全不同了，

他把價值的表現形式等同於價值本身，並且用前者代替後者，甚至把價值歸結為物的屬性，這就把價值這個原本是社會的、相對的範疇變成物的絕對的東西了。

馬克思深刻地指出，「價值」不是絕對的東西，不能把它看成某種獨立存在的東西。價值的社會性必然使其發展到具有貨幣這一獨立的表現形式。商品交換價值在貨幣形式上的獨立化，在一定歷史條件下又進而成為資本發展的前提，並且採取資本的形式。正如馬克思所說：「作為生產的先決條件的價值和由生產中產生的價值二者之間的關係，——而作為先決條件的價值的資本是同利潤相對立的資本，——構成整個資本主義生產過程的包羅一切的和決定性的因素。這裡不僅是像貨幣形式那樣的價值的獨立表現，而且是處於運動過程中的價值，也就是在使用價值經歷極不相同的形式的過程中保存下來的價值。因此，價值在資本上的獨立化程度比在貨幣上要高得多。」（第三分冊第141頁）由此可見，匿名作者把價值的獨立化看成是空洞的詞句和經院式的虛構，只能表明他的淺薄。他既把價值歸結為交換價值，當然也就不會理解諸如「佔有價值」「轉移價值的一部分」以及「價值總額或總和」是什麼意思了。

第四，匿名作者認為：「『兩物的**相對**價值』可能有兩種含義：指兩物**互相**交換或將要**互相**交換的比例，或者指各自交換或將要交換的**第三物**的相對量。」（轉引自第三分冊第142頁）馬克思批判了這種把相對價值歸結為交換比例的錯誤定義，指出「不是兩種商品互相交換的比例決定它們的價值，而是它們的價值決定它們互相交換的比例」。（第三分冊第142頁）馬克思又指出，相對價值或是指價值量或是指一種商品表現在另一種商品的使用價值上的價值。前者當然不是指價值這種質，後者也只不過是價值的相對表現。「價值的絕對表現就是價值**在勞動時間上的**表現，通過這種絕對表現，價值就會表現為某種相對的東西，然而是在那種使價值**成為**價值的絕對關係中表現的。」（第三分冊第143頁）這就是說，生產商品所花費的社會必要勞動時間既是商品價值的質，又決定著價值的量，而且價值量必然隨這種勞動時間的增減而變動，因此價值就表現為某種相對的東西。然而這種相對的東西是在一種商品和其他所有商品的無限系列的交換等式上表現出來的，正是這種無限系列的等式、這種「絕對的關係」才使價值成為價值。

在評論了匿名作者的上述觀點之後，馬克思轉而談到貝利，論述中心仍是商品價值範疇的定義及其性質問題。

第一，關於價值尺度問題。馬克思指出：「貝利的著作有一些貢獻，因為他通過自己的反駁，揭露了表現為貨幣——一種與其他商品並列的商品——的『價值尺度』同價值的內在尺度和實體的混淆。」（第三分冊第 148 頁）他又說：「他的著作只有一個積極的貢獻：他最早比較正確地闡明了**價值尺度**，實際上就是闡明了貨幣的一種職能，或者說，闡明了具有特殊的形式規定性的貨幣。為了衡量商品的**價值**——為了確定**外在的**價值尺度——不一定要使衡量其他商品的商品的價值不變。……這樣，就把尋求『不變的價值尺度』的問題排除了。」（第三分冊第 143 頁）

但是，馬克思又指出，貝利和上面評論的匿名作者一樣，並不懂得商品價值和貨幣的本質，不懂得價值獨立化（轉化）為貨幣，是商品生產和商品交換發展的必然產物，是由商品價值的本質所決定的。當然他們更不懂得價值獨立化（轉化）為資本的必然性了。貝利只把貨幣作為價值的量的尺度來看待，而沒有作為價值的質的轉化來分析，所以他也就不可能對價值做出正確的分析。

貝利排除了尋求「不變的價值尺度」的問題，這固然是正確的，但是他看不出這個問題隱藏著一個深刻得多和重要得多的問題，即馬克思在這裡指出的以下各點：①李嘉圖等人尋求不變的價值尺度，實際上一開始就假定，這個價值尺度只指某種商品，某種表現其他商品價值的商品。他們企圖找出一種**價值不變**的商品當然是徒勞的，但是他們在商品（金、銀、穀物）上去找，而不是在商品以外的東西上去找，畢竟是有可取之處的。②既然想用某種商品來表現其他一切商品的價值，那麼，也就意味著承認，他們都有價值，承認在他們之中，存在著某種共同的東西。「因此，『不變的價值尺度』的問題，實際上只是為探索**價值**本身的概念、性質、價值規定……所做的錯誤表達。」（第三分冊第 144～145 頁）馬克思指出，實際上，作為商品中的統一體的東西，就是勞動時間。為了用商品中包含的勞動量衡量商品，不同種類的勞動必須還原為相同的簡單勞動、平均勞動、普通的非熟練勞動。這種勞動時間還必須是社會必要的勞動時間。在這裡，私人勞動應該直接表現為社會勞動，個人勞動表現為抽象的一般勞動。總之，價值獨立化為貨幣，絕不像貝利等人斷定的那

樣，是什麼經院式的虛構，而是商品生產的矛盾和價值本身的性質所決定的必然產物。

另外，李嘉圖雖然不恰當地企圖尋求不變的價值尺度，「但是在李嘉圖的著作中還是可以找到個別段落，在那裡他直接強調，商品中包含的勞動量所以是衡量它們的價值**量**。它們的價值**量的差別**的內在尺度，只是因為勞動是使不同的商品成為**相同**的東西，是它們的統一體，它們的實體，它們的價值的內在基礎。他只是忘掉去研究，勞動在什麼樣的一定形式上才是這種東西」。（第三分冊第148頁）此外，李嘉圖對表現在使用價值上的勞動（具體勞動）和表現在交換價值上的勞動（抽象勞動）也沒有加以應有的區別。

馬克思對李嘉圖在價值尺度問題上的觀點做了全面的恰如其分的分析和評價；在肯定貝利在這個問題上的功績的同時，著重指出了他的膚淺和不足。

第二，關於價值。馬克思指出：「貝利緊緊抓住作為商品的交換價值賴以體現、表現的形式。」（第三分冊第149頁）貨幣價格是商品交換價值的一般形式，穀物價格、麻布價格等是其特殊的形式。「貝利就是緊緊抓住了這種現象。交換價值表現為商品進行交換的**量的關係**這種最表面的形式，在貝利看來，**就是**商品的價值。從表面進入深處，是不允許的。」（第三分冊第150頁）商品A和商品B必須既不是A也不是B，而是二者共同的同時又跟二者作為具體的商品不同的東西。「這是為什麼呢？貝利沒有回答這個問題。他沒有這樣做，而是把政治經濟學的所有範疇逐一論述，以便不斷重複千篇一律的老調：價值是商品的交換比例，因而不是別的什麼東西。」（第三分冊第150頁）在別的場合，貝利還把價值等同於價格。

馬克思在批判貝利的觀點時反覆指出，商品之間交換比例的存在，價格的存在，都以不同的商品中存在著同一的共同物為前提，這個共同物就是勞動時間，就是由勞動時間構成的商品的價值。交換價值和交換比例都不過是價值的表現形式。價格也是價值的貨幣表現。因此，把價值等同於交換比例和價格，不過是以表面現象代替本質。

貝利喋喋不休地重複著《評政治經濟學上若干用語的爭論》同樣的意思，反反覆覆地宣稱，「價值除了僅僅表示兩個物品作為**可交換的商品**相互間的**比例**之外，不表示任何肯定的或內在的東西」。（轉引自第三分冊第150頁）「價值絕不是內在的和絕對的東西。」「除了通過**一定量的另一種商品**，就無法**表示**或**表現**一種商品的**價值**。」（轉引自第三分冊第157頁）至於不同的使用價

值何以能夠按照一定的比例進行交換，一種商品的價值何以能夠在另一種不同的使用價值上表現出來，一句話，價值概念所以會形成，貝利並沒有回答。為了給自己的論斷尋找論據，貝利實際上只提出了以下兩方面的理由，馬克思對這些所謂理由進行了批駁。

理由之一可以說是哲學上的。貝利認為，「**如果某物沒有另一物同它存在距離的關係**，我們就無法談**某物的距離**，同樣，如果某種商品沒有另一種商品同它相比較，我們也就無法談某種商品的價值。一物如果不同另一物發生關係，其**本身**就不能**有距離**，同樣，一物如果不同另一物發生關係，其本身就不能有價值。」（轉引自第三分冊第 154 頁）馬克思就此著重指出如下幾點：

（1）「兩物之間的距離的確是這兩物之間的關係，但是距離同時又是跟兩物之間的這種關係不同的東西。這是空間的一維，一定的長度，它除了能夠表示我們的例子中兩物的距離外，同樣能夠表示其他兩物的距離。」（第三分冊第 154 頁）

（2）更重要的是，「當我們說距離是兩物之間的關係時，我們是以物本身的某種『內在的』東西，某種能使物互相存在距離的『屬性』為前提的。……當我們說兩物的距離時，我們說的是它們空間位置的差異。因此，我們假定，它們二者都存在於空間，是空間的兩個點，也就是說，我們把它們統一為一個範疇，都作為空間的存在物，並且只有在空間的觀點上把它們統一以後，才能把它們作為空間的不同點加以區別。它們同屬於空間，這是它們的統一體」。（第三分冊第 154 頁）

（3）貝利說兩物有距離時，他並不是比較它們，而是在空間上區別它們，表示它們不是佔有同一個空間，這在實質上就是承認它們是空間的，而且作為空間的物而在距離上有區別（不在一個空間點上）。「可見，他已預先把它們統一為一個範疇，使它們有了同一的統一體。」（第三分冊第 154 頁註）既然談論兩物之間的距離時，實際上（貝利並沒有意識到這一點）預先把它們統一為一個範疇，納入空間這一統一範疇中，那麼，談論兩物之間的交換比例時，就沒有理由拒絕把相互交換的物品同樣地納入一個統一範疇，這個統一範疇必然既是存在於不同的交換物品中的同一的共同體，又是同它們各自的使用價值不同的東西。正如馬克思所說：「為了使這些不同的東西相等，每一個都必須獨自表現同一的統一體。」（第三分冊第 155 頁註）馬克思不無嘲諷地指出，如果幾何學，像貝利先生的政治經濟學一樣，只滿足於說，三角形和平行

四邊形相等是指三角形表現在平行四邊形上，平行四邊形表現在三角形上，而不承認兩者相等是由於它們都具有其面積等於長與寬乘積之半這一屬性，不承認正是兩者的這個數值相等才使它們得以相等，那幾何學就不可能有什麼成就了。貝利的「哲學的深奧」恰恰證明了他的經濟學（在這裡是價值論）的淺薄。

貝利為排除價值概念所提出的另一個理由涉及研究方法與貨幣問題。他說：「**當我們談兩種商品之間的比例時，經常同其他商品或同貨幣比較**，這就產生了**關於價值是某種內在的和絕對的東西的觀念**。」（轉引自第三分冊第157頁）這就是說，如果談的只是兩種商品的偶然的交換，那麼就會發現價值的所謂純粹相對性，似乎就用不著像在千萬種商品相互交換時那樣，說明它們的同一性在什麼地方。而價值概念之所以會形成，在貝利看來，也只是因為在商品之外存在著貨幣，使我們習慣於不是從商品的相互的直接關係來考察商品的價值，而是把價值看成和某種第三物的關係。貝利更得意的是，他既然已經證明，貨幣作為外在的價值尺度雖然具有可變的價值（也就是說，商品的價值在貨幣上的表現並不排除貨幣價值的變動），卻照樣執行它的職能，這就表明貨幣不受商品價值量的可變性的影響，所以也就根本用不著再去考慮價值是什麼了。

其實，第一，即使只分析兩種商品之間的比例關係，也迴避不了探求存在於兩者之中某種內在的東西這個問題；偶然的簡單的交換並不能排除價值概念，只是在這種條件下，價值表現形式處於萌芽和低級階段而已。第二，認為貨幣的存在導致了價值概念的虛構，表明貝利根本不懂得正是產品作為價值的社會規定性導致了貨幣的形成，並表現為貨幣。他完全顛倒了貨幣與商品價值概念形成之間的實際關係。第三，貨幣本身價值的變動雖然不妨礙它執行價值尺度的職能，但這無論如何也不能證明在貨幣和商品之間不存在某種內在的共同體，否則就不能解釋，為什麼貨幣價值變動會引起貨幣與商品交換比例的變動（假定其他商品價值不變或發生與貨幣不一致的變動），更不能迴避這個問題，即為什麼在貨幣與其他一切商品之間能夠建立一定的比例關係，為什麼貨幣能夠充當價值尺度。

[(β) **勞動價值和資本家利潤問題上的混亂。貝利把內在的價值尺度同價值在商品或貨幣上的表現混淆起來**]

馬克思在這裡首先著重揭露了貝利在「勞動價值」和資本家利潤問題上

的混亂。這種混亂主要是在貝利企圖否認李嘉圖關於工資和利潤成反比的規律時反應出來的。

貝利說：「對於利潤和勞動的價值同時增長的學說，如果有人反駁說，**生產出來的商品是資本家和工人能夠取得他們的報酬的唯一源泉**，從而一方得到的必然是另一方失掉的，那麼，對這種反駁的回答是明確的。當產品量保持不變時，這種反駁不可否認是正確的，但是同樣不可否認，如果產品增加一倍，即使**一方所得的比例減少而另一方所得的比例增加**，歸雙方所得的產品份額也**可能都增加**。……而正是歸工人所得的產品**份額**的增加，形成工人勞動**價值**的增長，然而，正是歸資本家所得的**比例**的增加，形成資本家的利潤的增長……（由此）可以十分明確地得出結論說，關於**二者同時增加**的假定一點也沒有矛盾的地方。」（轉引自第三分冊第 165～166 頁）

關於貝利最後得出的這個結論，馬克思說：「這個針對李嘉圖的荒謬論斷完全沒有擊中目標，因為李嘉圖只是斷言，兩個份額的價值的提高和下降必定成反比。」（第三分冊第 166 頁）李嘉圖根據他的勞動價值原理，正確地指出，工人的新加勞動所物化的勞動產品（或其價值），一部分償還工人的工資，另一部分歸資本家所有，構成資本利潤。因為工資和利潤來自同一源泉（也是唯一源泉），所以雙方所占的**比例**不可能同時增加；一方的增加必定意味著另一方的減少。這是顯而易見的，如果工資在新加勞動所生產的產品中的比例不從（比方說）60%下降到40%，資本利潤的比例何以能夠從40%增加到60%呢？

貝利說，如果（由於勞動生產率提高）產品增加一倍，即使一方所得的比例減少而另一方所得的比例增加，雙方所得的份額也可能都增加。這並不錯。然而，這正好是李嘉圖所說的。比方說，工人新加勞動所生產的實物單位量從 100 增加到 200，工人所得的比例即使從 60%減少到 40%，他所得的份額也會增加 20（80-60），即增加了 33%。資本家的份額不消說增加得更多，因為在產量增加一倍時，他的所得的比例也從 40%增加到 60%，也就是說，增加了 80（120-40），即增加了兩倍。

事實就是這樣。雙方的比例不能同時增加，即使在一定條件下，雙方所得的份額同時增加，它們也不能按同一比例增加，因為不然的話，份額和比例就成了一回事了。

但是，貝利卻要據此推翻工資與利潤的份額的價值成反比的原理。為此，貝利提出了荒謬的雙重價值尺度。他把工人所得的**份額**叫作「工人勞動的價

值」。這裡所說的價值是指一定的物品，而把資本家所得的**比例**實際上叫作利潤的價值（雖然他不得不迴避這種說法），這裡所說的價值又是指不按物品量而按所花費的勞動來估量的同一些物品。這就是「荒謬的雙重尺度：一次是物品，另一次是同一些物品的價值」。（第三分冊第 166 頁）

貝利陷入自相矛盾的境地。按照他的定義，價值是指兩個物品相交換的比例，一物的價值就是表現在另一物上的使用價值量。如果說他關於「勞動價值」的說明還算符合這個定義的話，那麼，他關於資本利潤的價值的說明就離開這個定義了，因為他沒有把利潤歸結為物品交換的比例，或者同某一物品相交換的物品量。事實上也不可能這樣做，因為在資本利潤的場合，談的是資本的**價值**同產品**價值**的比較，而不是兩個**物品**、兩個**使用價值**的交換。「於是他就尋找一條出路：他在這裡把價值理解為物品表現在勞動上的價值。」（第三分冊第 166 頁）就像貝利自己闡述的那樣：「勞動是一種可交換的物，即在交換中支配其他物的物；『利潤』這一用語卻只意味著**商品**的份額或**比例**，而**不是一種可以同其他物品相交換的物品**。我們問工資是否提高了，我們的意思是：一定量的勞動是否換得比以前更多的其他物，但是我們問利潤是否提高了，我們指的是……資本家的收入對所使用的資本是否有更大的比例。」（轉引自第三分冊第 163 頁）「歸資本家所得的比例的這種增加，就是**表現在勞動上的利潤的價值**的增長。」（轉引自第三分冊第 164 頁）

貝利以為提出這樣荒謬的自相矛盾的價值尺度，可以推翻工資和利潤成反比的原理。這不僅是因為，如上前述，在生產率提高的條件下，工人所得**份額**和資本家所得**比例**可能同時增加，而且，如馬克思所指出的：「如果我按使用價值來計量工資，而按交換價值來計量利潤，那就很明顯，在二者之間既不存在反比，也根本不存在任何比例，因為在這種情況下，我是拿兩個不能相比的量，兩個沒有共同基礎的物來互相比較了。」（第三分冊第 161 頁）這其實也就是前已述及的馬爾薩斯所提出的那種妙論。（見第十九章）

馬克思戳穿了貝利玩弄所謂雙重價值尺度的把戲，也就推翻了貝利的整個論斷。

但貝利的雙重尺度給他帶來的混亂還不止於此。

馬克思說，如果像貝利那樣，把資本利潤表現為價值，表現在勞動上（雖然他為了逃脫困境而不得不這樣做），那麼，「為什麼萬能的貝利不許李嘉圖把工人得到的產品份額，也像資本家得到的產品份額那樣表現在勞動上，並

且把表現在勞動上的這兩份產品的價值互相比較呢」？（第三分冊第 164 頁）

同時，如果按照貝利關於商品價值的定義，資本利潤就不意味著價值，因為他承認利潤不意味著它是一種可以同其他物品相交換的物品。既然如此，「貝利怎麼能說**利潤的價值**和利潤的價值的增長呢」？（第三分冊第 164 頁）

馬克思還分析了貝利關於一般價值和「勞動價值」的觀點所包含的謬誤。

如果一種商品的價值，像勞動價值一樣，無非是同它交換的其他物品的一定量，那麼，正如馬克思所指出的，「任何價值概念都消失了。剩下的只是一個沒有解釋也無法解釋的事實：若干量商品 A 和若干量商品 B 按照隨便什麼樣的比例相交換。不管這個比例怎樣，它總是表示等價物」。（第三分冊第 161～162 頁）在貝利看來，例如，20 磅棉紗，不管它們在不同條件下花費的勞動多麼不同，只要都能以 1 鎊換得，這 1 鎊的價值就是同一的。這顯然違背事實。馬克思接著說：「這樣，連貝利關於『表現在商品 B 上的商品 A 的價值』這一說法本身，也失掉了任何意義。」（第三分冊第 162 頁）因為這一說法是以 A 本身具有價值為前提的，否則它就不可能在 B 上表現出來。可是在貝利看來，除了這種表現以外，A 和 B 都沒有價值。而且，在貝利看來，表現在 B 上的 A 的價值和表現在 C 上的 A 的價值，必定是完全不同的，因為 B 和 C 是不同的物品。既然這樣，「我們在這裡看到的，不是在兩種表現上等同的同一價值，而是 A 的兩種比例，這兩種比例彼此沒有任何共同之處，而且要說它們是等價表現，那是荒謬的」。（第三分冊第 162 頁）

貝利認為，商品 A 只能和「同時存在」的商品相交換，並且只有和其他商品相交換這一事實才使 A 成為價值。就是說，只有現實的交換比例形成價值，而現實的交換比例當然只有對同一個時間的同一個 A 才能發生。據此，貝利宣稱，把不同時期的商品的價值加以比較，是荒謬的。如果貝利把他的這一觀點堅持到底，他應該說，談論價值的提高或降低也是荒謬的。然而，這個在他看來本應是荒謬的結論卻由他自己得出來了。他說「勞動價值的提高或降低，意味著用以交換勞動的商品量的增加或減少」。（轉引自第三分冊第 162 頁）這是貝利的又一自相矛盾之處。

在「勞動價值」問題上，貝利有一個地方是可取的。他指出，如果堅持李嘉圖的勞動價值原理，就會得出「勞動的價值取決於在勞動的生產中所使用的勞動量」這個荒謬的結論。馬克思就此評論說：「貝利的看法，對李嘉圖關於資本直接和勞動相交換而不是和勞動能力相交換的錯誤觀念來說，是正確

的。這也就是我們以前在別的形式下聽到的那種指責。僅此而已。」（第三分冊第 159 頁）

××　　　　　××　　　　　××

馬克思接著指出和批判了貝利混淆內在的價值尺度和外在的價值尺度的錯誤。這種混淆，是在貝利無意中摸索到了對李嘉圖價值論的正確反駁時表現出來的。

李嘉圖錯誤地將價值與生產價格相混同，將剩餘價值與利潤相混同，結果使其勞動價值原理在平均利潤率的現實面前碰了壁。貝利當然不會放過利用這個難題來反駁李嘉圖的機會。可是，由於貝利根本不懂得勞動量和「勞動價值」的差別，反而將兩者混為一談，結果，他只是「無意中摸索到對李嘉圖的正確反駁」，而這個反駁的表述卻是不正確的，包含著馬克思在這裡詳細批判的錯誤，即將外在價值尺度和內在價值尺度混淆起來了。

貝利說：「請不要以為我不是主張商品價值相互之比等於生產這些商品所必要的**勞動量**之比，就是主張商品價值相互之比等於**勞動價值**之比。我只是主張：如果前一種說法是正確的，後一種說法也就不會是錯誤的。」（轉引自第三分冊第 167 頁）這就是說，他認為，前後兩種說法是一致的。

貝利在另一處正面表述了他的上述觀點，並且將這一觀點同反駁李嘉圖價值原理聯繫起來。他說：「如果商品相互之比等於生產它們的勞動量之比，它們相互之比也必定等於這種勞動的價值之比，因為否則就必然含有這樣的意想：兩種商品 A 和 B 可能在價值上相等，雖然在一種商品上所耗費的勞動的價值比另一種商品上所耗費的勞動的價值大或小，或者說，商品 A 和 B 在價值上可能不等，雖然它們各自耗費的勞動在價值上是相等的。但是，**由價值相等的勞動生產出來的兩種商品在價值上的**這個**差別**，就會和**公認的利潤的均等**相矛盾，而利潤的均等是**李嘉圖先生和其他作者一致承認**的。」（轉引自第三分冊第 172 頁）

馬克思指出：「這個反駁的正確表述就是：如果商品按自己的**價值**出賣，它們就提供**不同的利潤**，因為這時利潤等於商品本身包含的剩餘價值。這個反駁是正確的。但是它不是反對價值理論，而是反對李嘉圖在應用這個理論方面的錯誤。」（第三分冊第 172 頁）

但是，在貝利那裡，到處都把「勞動量」和「勞動的價值」混淆起來了。在他看來，無論以勞動量還是勞動價值作為價值尺度，涉及的都是一回事。其

實，在後一種情況下，價值已經作為前提，問題是要找到衡量這些價值的外在尺度。在前一種情況下，研究的是價值本身的發生和內在性質。在後一種情況下，研究的是商品到貨幣的發展或價值在交換過程中取得的形式。在前一種情況下，研究的對象是價值，它不以這種表現為轉移，相反地，它是這種表現的前提。總起來說，在後一種情況下，研究的是商品價值的表現形式和外在尺度，而在前一種情況下，研究的是價值本身的性質和內在尺度。貝利錯誤地認為，價值不過是商品交換的比例，於是，他就把價值決定問題歸結為交換比例的決定問題。而交換比例不外是表示一物能夠交換多少另一物，所以，在貝利看來，決定商品價值就是指找到能夠表現這種比例的尺度。他發現，這個尺度就是現成的貨幣，而且表明，貨幣作為價值尺度，其本身的價值是可變的；但它在同一時間內對其他商品來說總是不變的，所以不妨礙它發揮價值尺度的職能。在貝利看來，發現並確認了貨幣是價值尺度，交換比例（從而商品價值）的決定問題也就解決了，根本用不著再去研究價值的貨幣表現為什麼是可能的，它是怎麼決定的，它在事實上表示什麼這類問題了。顯然，貝利實際上取消了對價值內在尺度的研究。

在清除了貝利的上述混淆以後，馬克思指出，在一定的假設條件下，可以說「各商品相互之比等於**它們包含的有酬勞動時間**之比，或者說，等於它們包含的勞動的價值之比。但是在這種情況下，**勞動價值**並不是像貝利所希望的那樣來決定，而是它本身由（商品中包含的）勞動時間決定」。(第三分冊第171頁) 這裡的假設條件是：一切商品中有酬勞動時間對無酬勞動時間之比是相同的。馬克思接著補充道，這個假設條件是不符合實際情況的。即使假定各生產部門工人的剩餘勞動時間是相同的，各生產部門中有酬勞動時間對所耗費的勞動時間之比也是不同的，因為耗費的直接勞動對耗費的累積勞動之比（也就是資本有機構成）不同。「比如有兩筆資本：50V+50C 和 10V+90C。假定在這兩種情況下無酬勞動都等於有酬直接勞動的 1/10。這樣，在第一種商品中包含的價值是 105，在第二種商品中是 101。有酬勞動時間在第一種情況下占預付勞動的 1/2，在第二種情況下只占 1/10。」(第三分冊第 171~172 頁)

[(γ) 把價值同價格混淆起來。貝利的主觀主義觀點。關於費用價格和價值的差額問題]

這一小節的主要內容可以歸納為標題所示的三個方面。

第一，馬克思繼續批判了貝利把價值同價格混淆起來的觀點。貝利的這個觀點在前面分析的段落中已有暴露，但在以下這段話中得到了更明確和充分的表述。貝利說：「在對價值進行計量的過程中，必要條件是使被計量的商品具有**共同的名稱**，這在任何時候都可以同樣輕而易舉地做到；或者更確切地說，這是現成的，因為這就是記錄下來的商品價格，或者說商品對貨幣的價值比例。……**決定**價值也就是**表現**價值。」（轉引自第三分冊第174頁）馬克思的分析表明，貝利的錯誤在於，把價值決定和價值表現混為一談了。他不懂得價值的表現並非價值本身，價值的表現是以價值本身的存在為前提的。這個價值就是商品的共同的統一體。只有離開一種商品在另一種商品上的表現才能找到這個共同的質。找出了這種共同物，才能說明商品的交換比例和貨幣價格。貝利把價值等同於價格，實際上是以交換中的表面現象抹殺了交換的基礎和實質。

第二，馬克思批判了貝利關於價值原因的主觀主義觀點。貝利認為：「一切在商品交換中間接或直接對人的意識起決定性影響的……情況，都可以看作價值的原因。」（轉引自第三分冊第177頁）

馬克思指出，實際上，作為這個貌似哲理的詞句的基礎的情況，無非是指：①影響供求關係從而影響市場價格的不同情況；②在商品價值轉化為生產價格時要考慮到作為「補償理由」（諸如有機構成不同、資本流通時間不同等）的不同情況。馬克思強調指出了這些情況的客觀性質，指出「產品的生產者被置於決定他們的意識的條件下，而他們自己卻不一定知道」。（第三分冊第177頁）指出這些情況是由商品生產和資本主義生產本身的性質產生的，而不是由買者和賣者的主觀理解產生的。但是，這些影響買者和賣者的意識，但是獨立於意識之外的情況，在貝利那裡，卻被說成影響交換者的意識而本身又存在於交換者的意識中，這樣，就根本不能進一步認識它。

馬克思指出：「貝利不說，他自己所理解的『價值』（或『價值的原因』）是什麼，而對我們說，這是買者和賣者在交換活動中所想像的東西。」（第三分冊第177頁）這就是價值論上典型的主觀主義。馬克思認為，「貝利之所以把問題轉入意識領域，是因為他在理論上走進了死胡同」。（第三分冊第177頁）

第三，關於價值和生產價格的差異。馬克思在這裡集中評述了貝利利用這種差異來反駁李嘉圖的各個論點，並且論述了產生這種差異的原因及意義。

「貝利和他的前輩一樣，抓住李嘉圖把價值和費用價格混淆起來這一點來證明，價值不是由勞動決定的，因為費用價格同價值相偏離。」（第三分冊第178頁）在這方面，貝利提出的反駁意見是：①「試舉任何兩種價值相等的商品Ａ和Ｂ為例：一種是用固定資本生產的，另一種是不用機器由勞動生產的，並且假定，在固定資本或勞動量沒有任何變動的情況下，勞動價值提高了。按李嘉圖先生自己的論據，Ａ和Ｂ之間的價值比例馬上會發生變化，就是說，它們的價值將變得不等了。」（轉引自第三分冊第180頁）②除此之外，「我們還可以加上**時間**對價值的**影響**。如果生產一種商品比生產另一種商品需要的時間多，那麼，**即使它不需要較多的資本和勞動**，它的價值也較大」。（轉引自第三分冊第180頁）

如馬克思所指出的，上述的第一條反駁意見不過是引證了李嘉圖本人已經談到的商品相對價值由於勞動價值提高而變動的論點，第二條也是引證了已經引起李嘉圖注意和穆勒疑問的同一情況。因此，他只是重複了李嘉圖和穆勒等人已經注意到的這個矛盾的個別表現形式，而沒有看到真正的普遍的矛盾，沒有在一般形式上提出這一矛盾，即雖然資本構成不同、資本週轉時間不同等，但都存在著一般利潤率。「因此，他在這裡不過是一個應聲蟲：他沒有使批判前進一步。」（第三分冊第178頁）

貝利無視複雜勞動可以化為倍加的簡單勞動這一事實，認為「如果在估量兩種不同勞動時，所耗費的時間不決定勞動量之間的比例，那麼這種比例就必然始終是不確定的和無法確定的」。（轉引自第三分冊第180頁）這種意見可以歸結為：「例如，簡單勞動日如果有其他勞動日作為複雜勞動日與之相比，就不是價值尺度。」（第三分冊第179頁）對此，馬克思指出：「這屬於對**工資**問題的說明，這歸根到底就是**勞動能力本身的價值的差別**，即勞動能力的生產費用（由勞動時間決定）的差別。」（第三分冊第179頁）

貝利主張「大部分商品的價值是由用在商品上的資本決定的」。他還舉出壟斷條件下的價格由資本量而不由勞動量決定的情況反駁李嘉圖。就此，馬克思說，對價格來說，「這個意見是正確的。但是壟斷在這裡和我們沒有關係，因為我們所涉及的只是兩個範疇，即**價值**和**費用價格**」。（第三分冊第181頁）而就價值和生產價格的差額來說，它是由雙重原因產生的：一方面是那些構成新商品生產過程的前提的商品的生產價格和價值之間的差額，另一方面是實際加到生產費用上的剩餘價值和按預付資本計算的利潤之間的差額。

最後，馬克思強調指出：「費用價格對價值的這種有重要意義的偏離——這種偏離是由資本主義生產決定的——絲毫沒有改變費用價格照舊是由價值決定這個事實。」（第三分冊第182頁）我們在別處已經看到了馬克思對此所做的詳細分析。

[（4）麥克庫洛赫]

本節一開頭，馬克思就一針見血地指出：「麥克庫洛赫是李嘉圖經濟理論的庸俗化者，同時又是使這個經濟理論解體的最可悲的樣板。」「他不僅是李嘉圖的庸俗化者，而且是詹姆斯·穆勒的庸俗化者。」「而且，他在一切方面都是庸俗經濟學家，是現狀的辯護士。使他擔心到可笑地步的唯一事情，就是利潤下降的趨勢，他對工人的狀況是完全滿意的。總而言之，他對沉重地壓在工人階級身上的資產階級經濟的一切矛盾都是滿意的。」（第三分冊第182~183頁）

約翰·雷姆賽·麥克庫洛赫1789年出生於蘇格蘭的威格頓郡。最初在愛丁堡大學學法律，不久改學政治經濟學。畢業後，於1818—1819年任愛丁堡的《蘇格蘭人報》編輯。從1818年起，他又任《愛丁堡評論》編輯，歷20年之久。1818年6月他在該雜誌上發表了《關於李嘉圖的政治經濟學原理》一文，反駁托倫斯等人對李嘉圖理論的非難，因而博得了李嘉圖維護者的名聲。1820年，麥克庫洛赫到倫敦講授政治經濟學。時值論戰高潮，相繼出現了一批論戰著作。1823年李嘉圖去世後，麥克庫洛赫以其教學和著述繼續「維護」李嘉圖學說。他於1824年講授李嘉圖學說，於1825年發表他的主要著作《政治經濟學原理》。正是這本書，標誌著李嘉圖理論的解體。1828年麥克庫洛赫編輯出版了亞當·斯密的《國富論》，這個版本的第四卷包括麥克庫洛赫所寫的「註釋和論述」。① 此後他又編輯出版了《李嘉圖著作集》。1828—1832年，麥克庫洛赫在倫敦大學講授政治經濟學。1838年起任英國皇家印刷所的主計官，直到1864年去世。在任公職期間，麥克庫洛赫還編訂了有關貨幣、賦稅等問題的論文集，並為《大英百科全書》第八版寫了一篇

---

① 關於這個「註釋和論述」，馬克思曾做了如下分析：「其中一部分是為了增加篇幅把他從前發表過的、與問題毫無關係的蹩腳文章，例如關於『長子繼承制』等文章，重新刊印出來；另一部分幾乎逐字逐句重複了他的政治經濟學史講義，或者像他自己所說的，『有許多是從其中借來的』；還有一部分則竭力把穆勒以及李嘉圖的反對者在這段時間裡提出的新東西按照自己的方式加以同化。」（第三分冊第187頁）

「租稅」。

馬克思對麥克庫洛赫的人品有如下評價:「**麥克庫洛赫純粹是一個想利用李嘉圖的經濟理論來發財的人**,而他確實令人吃驚地做到了這一點。……因為庫洛赫起先是靠李嘉圖的經濟理論在倫敦登上教授的席位,所以他最初勢必以李嘉圖主義者的身分出現,特別是還要參加反對土地所有者的鬥爭。一旦他站住了腳,並踏著李嘉圖的肩膀獲得了一定的地位,他就主要致力於在輝格主義範圍內講述政治經濟學,特別是李嘉圖的政治經濟學,而把其中使輝格黨人討厭的一切結論全部剔除。他的最後論貨幣、稅收等的著作,不過是為當時的輝格黨內閣做的辯護詞而已。此人由此謀得了一個肥缺。他的統計著作純粹是騙錢的東西。在這裡,對理論的淺薄無知的糟蹋和庸俗化,也暴露出此人本身就是一個『庸夫俗子』」。(第三分冊第 186~187 頁)

本節的中心內容是,考察麥克庫洛赫怎樣使李嘉圖理論體系徹底瓦解,其中兩小節分別涉及李嘉圖理論的兩個難題。

[(a) 在徹底發展李嘉圖理論的外表下使李嘉圖理論庸俗化和完全解體。肆無忌憚地為資本主義生產辯護。無恥的折中主義]

李嘉圖體系的第一個困難是,資本和勞動的交換如何同價值規律(勞動價值論原理)相符合。本小節的主要內容,就是揭露和批判麥克庫洛赫在「解決」這個困難時,如何在徹底發展李嘉圖理論的外表下破壞這個理論,使其庸俗化和完全解體的。馬克思把麥克庫洛赫的論述同李嘉圖的理論相對照,又同馬爾薩斯的觀點相對照,無情地揭露了麥克庫洛赫「這個蘇格蘭大騙子」怎樣拋棄了李嘉圖,無恥地投奔到馬爾薩斯那裡去了。馬克思的分析表明,麥克庫洛赫所用的手法是折中主義。

麥克庫洛赫說:「必須把商品或產品的**交換價值**和**實際價值**(即**費用價值**)區別開來。**前者**,即商品或產品的交換價值,是指它們交換其他商品**或**勞動的能力或可能性;**後者**,即商品的實際價值或費用價值,是指為生產或佔有商品所必需的勞動量,更確切地說,是指在所考察的時間內生產或佔有同種商品所必需的勞動量。」[①](轉引自第三分冊第 188 頁)

---

① 馬克思在整個這一節所引證的麥克庫洛赫的話,大部分引自麥克庫洛赫《為斯密〈國富論〉寫的註釋和論述》(1828 年)。庫洛赫在其《政治經濟學原理》第二版(1830 年)中逐字逐句重複了這些話。參見《政治經濟學原理》中譯本第三章第一節、第六節等。

馬克思指出，馬爾薩斯、貝利等人的爭論，迫使麥克庫洛赫把實際價值和交換價值即相對價值區別開來。但是他所做的這個區別實際上就是他在李嘉圖那裡發現的區別。李嘉圖對這種區別以及實際價值和交換價值的關係所做的正確論述，麥克庫洛赫都加以確認，像鸚鵡學舌那樣正確地加以重複。

但是，在解釋相對價值時，麥克庫洛赫走過了頭。他把相對價值規定為「商品交換其他商品或勞動的能力」，這就把馬爾薩斯關於交換價值是商品交換或支配的雇傭勞動量的庸俗觀點拉了進來。這是對李嘉圖觀點的背離。「李嘉圖在其著作一開頭就特別強調指出：商品價值決定於商品中包含的勞動時間，和商品價值決定於商品可以買到的勞動量，這兩者是根本不同的。」（第三分冊第184頁）李嘉圖在考察相對價值時，也始終只談勞動以外的商品，而排除了商品同勞動的交換。正確的本能使他看到，商品同勞動相交換並不是等量勞動相交換。李嘉圖沒能說明利潤如何同價值概念相符合，而把勞動與資本的交換理解為價值原則的例外。事實上這根本不是例外，只是由於他不能區分勞動和勞動力而把它理解為例外。爭論由此而起。馬爾薩斯宣稱，勞動與資本的交換並不違背價值規律，因為商品價值本來就是由商品所能交換或支配的勞動量決定的。他以此否定耗費勞動決定價值的論點。麥克庫洛赫則認為，商品價值分為兩種，實際價值雖指耗費勞動，但相對價值卻指交換來的勞動。這已經暗含了這樣的意思：按耗費勞動交換符合價值規律，按交換勞動交換也不違背價值規律。麥克庫洛赫的如下論述就把這個意思挑明了。

他說：「用一定量勞動生產的**商品**（在商品的供給和有效的需求相等的情況下），始終將交換或者說購買用同樣多的勞動生產的其他任何商品。但是，它絕不會交換或者說購買和生產它所用的勞動正好同樣多的勞動，但是，儘管它不會這樣做，它交換或者說購買的勞動量，**總是**像其他任何在相同條件下（即用和它本身相同的勞動量）生產出來的商品交換或者說購買的一樣多。」（轉引自第三分冊第188頁）第二個「但是」以後的這句話，其實是一句廢話，與這裡談論的問題無關。而他前半段話的意思，無非是說，無論是商品同商品相交換，還是商品同勞動相交換，這些交換比例都同樣是商品的相對價值，儘管包含一定量勞動的商品，「絕不會交換或買到和生產它所用的勞動相等的勞動」，也不破壞價值規律，這是因為，如前所述，作為商品價值之一種的相對價值，本來就是指商品所能交換的商品**或勞動**的，而不管交換來的勞動

量比該商品所包含的勞動量是多是少。這等於說，等量勞動的交換和不等量勞動的交換，都符合「價值規律」。這顯然是對李嘉圖勞動價值原理的踐踏。

但問題還沒有完結。儘管通過採納馬爾薩斯的價值規定而「消除了」李嘉圖的價值原理同勞資交換的矛盾，但還沒有說明利潤究竟從何而來。馬克思指出：「問題是要解釋，如果商品（勞動或其他商品）都按照它們的價值進行交換，利潤怎麼可能產生。麥克庫洛赫的解釋是：如果是等價物進行交換，利潤就不可能產生。」（第三分冊第 188~189 頁）麥克庫洛赫的謬論是在他對上面一段引語所加的一個註解中提出來的。麥克庫洛赫在指出「商品絕不會交換同它本身包含的勞動同樣多的勞動」之後補充道，「事實上，它（商品）換得的總是更多，**而且正是這個餘額構成利潤**。資本家不會有任何**動機**去用一定的已完成的勞動量的產品交換相同的**待完成的勞動量**的產品。這就等於**貸款**而不收任何利息」。（轉引自第三分冊第 188 頁）

這就是說，利潤是「讓渡利潤」。馬爾薩斯直截了當地做出了這個結論。麥克庫洛赫認為這個結論是不言自明的，並且妄稱這是對李嘉圖體系的發展。這也就是說，利潤產生的原因，並不在於它符合價值規律，即不在於商品中包含「無酬」勞動，而在於買者和賣者據說都沒有按照價值規律進行交換的動機。「這就是麥克的第一個『卓越的』發現，這在力圖闡明價值規律如何不顧買者和賣者的『動機』而為自己開闢道路的李嘉圖體系中真是個絕妙的發現。」（第三分冊第 190 頁）馬克思還指出：「為了解釋利潤，說資本家如果沒有利潤，他就沒有『任何利息』，在這裡，問題本身的提法就是錯誤的。」（第三分冊第 189 頁）因為勞動與資本的交換無論就其內容和結果來看都是同貸款行為大不相同的。

馬克思最後指出：「可見，矛盾在麥克那裡是這樣解決的：如果李嘉圖的價值規律發生作用，就不可能有利潤，也就是說，不可能有資本和資本主義生產。這正是李嘉圖的反對者的論斷。而麥克也正是用這一點來回答他們，反駁他們。在這裡，他完全沒有覺察到，對於同勞動（相交換）的交換價值的解釋——**價值就是同某種非價值的交換**——是多麼妙不可言。」（第三分冊第 191~192 頁）

[（b）通過把勞動的概念擴展到自然過程而對勞動的概念進行歪曲。把交換價值和使用價值等同起來。把利潤解釋為「累積勞動的工資」的辯護性觀點]

在「解決」李嘉圖體系的第一個困難時，麥克庫洛赫採納了「交換來的勞動決定價值」的庸俗見解，從而「拋棄了李嘉圖政治經濟學的基礎」——以耗費勞動決定價值的原理為基礎的分配原理。而在他「解決」李嘉圖體系的第二個困難時，「還更進一步，破壞了這個基礎的基礎」。（第三分冊第192頁）——「就是他，把勞動的概念本身都丟掉了。」（第三分冊第198頁）從而完全丟掉了勞動價值原理。

馬克思說，李嘉圖體系的「第二個困難是，**等量資本**，無論它們的有機構成如何，都提供**相等的利潤**，或者說，提供**一般利潤率**。實際上這是一個沒有被意識到的問題：價值如何轉化為費用價格」。（第三分冊第192頁）

馬克思指出，這裡之所以出現困難，是因為利潤同資本而不同無酬勞動成比例。這就同李嘉圖把勞動看作「商品價值的基礎」或「價值尺度」發生了抵觸。如果剩餘價值（利潤無非是按總預付資本的價值計算的剩餘價值）「**是某種別的東西而不是勞動（無酬的），那麼，勞動也就根本不是商品價值的「基礎的尺度」**」。（第三分冊第192頁）

馬克思又從另一個角度分析了上述困難。他指出，以商品的形式作為材料或工具進入生產過程的那部分資本（即不變資本），經過生產過程，它們本身具有的價值被轉移到新產品中，而且被轉移的價值始終不會大於它在生產過程開始前所具有的價值。「因此，這一部分資本作為價值，原封不動地進入生產過程，又原封不動地從生產過程出來。如果說它畢竟實際進入生產過程並且發生了變動，那麼，這是它的**使用價值**所經受的變動，是它本身作為**使用價值**所經受的變動。……交換價值在這個變動中保持不變。」（第三分冊第194頁）但是，同勞動能力交換的那部分資本（即可變資本），則不是這樣。「勞動能力的使用價值，是**勞動**，是創造交換價值的要素。」（第三分冊第194頁）因為勞動能力在生產過程中所完成的勞動，比勞動能力本身的再生產所需要的勞動多，所以，資本家得以佔有剩餘勞動以及相應的剩餘價值。因此，在剝削率相同的條件下，兩個等量資本中推動較少的活勞動的那個資本，創造較少的剩餘價值，並且一般說來創造價值較小的商品。「在這種條件下，創造出來的**價值怎麼還會相等**，而剩餘價值怎麼還會同預付資本成比例呢？」（第三分冊第

194頁）這正是困難所在。

馬克思在分析麥克庫洛赫解決這個困難的論點之前，回顧了他以前的一些經濟學家在論戰中提出的各種見解。這個回顧，對於確定麥克庫洛赫觀點的性質是很有幫助的。

首先是李嘉圖本人。他已經發現了上述困難（儘管不是在一般的形式上），但是由於他把剩餘價值等同於利潤，把價值等同於生產價格，不理解一般利潤率的起源，因而也不理解價值怎樣轉化為和它迥然不同的費用價格（生產價格）。結果，卻把利潤不同勞動而同資本成比例這一現象當做價值規律的例外。

馬爾薩斯斷言，李嘉圖所說的例外是通例，而李嘉圖所說的價值規律倒成了稀少的例外。因而他竭力主張把這些例外連同價值規律一起拋棄。

「也同李嘉圖論戰的托倫斯，至少在某種程度上表述了這個問題，說**等量資本雖然推動不等量的勞動，但是仍然生產出「價值」相等的商品，因此，價值不是由勞動決定的。貝利**等人**也是這樣**。」（第三分冊第193頁）

至於詹姆斯·穆勒，他承認李嘉圖所確認的例外是例外。不過，他發現只有一個造成利潤率平均化的理由是和價值規律相矛盾的。這就是有名的窖藏葡萄酒的例子所顯示的情形：似乎某些商品經受自然過程的作用的時間也被算作勞動時間，儘管在這段時間中，沒有在它們上面花費任何勞動。「**穆勒可以說是這樣「擺脫了」困境：他說，**例如**葡萄酒**置於窖內的**時間**，可以算作它吸收勞動的時間，**儘管**根據假定，實際上並非如此。」（第三分冊第193頁）

麥克庫洛赫怎樣解決這個困難呢？他的解決導致了怎樣的後果呢？馬克思對此做了如下精闢的分析和概括：

「庫洛赫附和穆勒的這種胡說，更確切些說，他以其慣用的、矯揉造作的剽竊手法，以一般的形式重複了這種胡說，在這種形式下，隱蔽的荒謬思想就暴露出來了，李嘉圖體系的以及整個經濟思想的最後殘餘也就被順利地拋棄了。」（第三分冊第193頁）

「麥克依靠穆勒的荒謬的『遁詞』排除了困難。排除困難的方法是，用空洞的詞句避開了困難所產生的具有特徵的區別。」（第三分冊第195頁）這個區別是，勞動力的使用價值就是勞動，因此它也創造價值。而其他商品的使用價值則不具有這種能力，這種使用價值所經受的任何變動，都不影響商品的價值。「排除困難的方法是，把商品的使用價值稱為交換價值，而把這些商品作

為使用價值所經歷的各種操作，把它們作為使用價值在生產中提供的各種服務，稱為**勞動**。」（第三分冊第 195 頁）

麥克庫洛赫的謬論集中體現在下面這句話中：「有充分理由可以把勞動下定義為任何一種旨在引起某一合乎願望的結果的作用或操作，而不管它是由人，由動物，由機器還是由自然力完成的。」（轉引自第三分冊第 195 頁）

通過把勞動的概念擴展到自然過程，麥克庫洛赫終於把隱藏在穆勒的論述中的思想直截了當地暴露出來了。既然除了人以外，一切進入生產過程的商品（按照麥克的邏輯，在工具以外還應加上原料）都在勞動，都通過自身的勞動而增加了價值，那麼，等量資本提供相等的利潤，或者說一般利潤率，同價值規律還有什麼矛盾呢？

然而，實質上，麥克庫洛赫的觀點不過是薩伊的資本或土地的「生產性服務」的改頭換面。薩伊把價值歸結為效用或使用價值，進而把資本和土地在使用價值形成過程中的作用歸結為價值形成的要素，宣稱它們統統提供了「生產性服務」。麥克庫洛赫口頭上反對薩伊的這種觀點，但實際上卻接受了這個謬論，所不同的是，他把薩伊的「生產性服務」乾脆稱為「勞動」，因而比薩伊更荒謬。

馬克思指出，李嘉圖在同薩伊的論戰中，堅決地駁斥了後者企圖證明自然因素賦予了商品的價值的謬論，強調指出了勞動是人的活動而且是社會規定的人的活動，是價值的唯一源泉。這是李嘉圖的、也是古典經濟學的一個科學貢獻。而現在，聲稱堅持李嘉圖勞動價值原理、反對薩伊謬論的麥克，竟然力圖把這兩種截然對立的觀點折中主義地混在一起加以利用，「把作為人的活動而且是社會規定的人的活動的**勞動本身**，與作為**使用價值**、作為物的商品所具有的物理等的作用**等同起來**！就是他！把勞動的概念本身都丟掉了」！（第三分冊第 198 頁）

麥克庫洛赫怎樣解釋利潤呢？這是不難推知的。既然資本在生產中也進行了「勞動」，自然也應得到工資。但這種「勞動」與「人的直接勞動」不同，它是「累積的勞動」，所以它們的工資是累積勞動的工資，也就是利潤。正如麥克庫洛赫所說：「資本的利潤只是累積勞動的工資的別名。」（轉引自第三分冊第 202 頁）馬克思不無嘲諷地解釋道：「也就是對商品作為使用價值在生產中提供服務而付給商品的工資的別名。」（第三分冊第 202 頁）人們不會忘記，薩伊正是把利潤和地租稱為資本和土地的「生產性服務」的報酬的。

馬克思總結道:「在這樣一些把李嘉圖的觀點庸俗化的言論中,我們看到了對李嘉圖理論的最徹底、最無知的敗壞。」(第三分冊第 198 頁)

然而,事情到此還沒有完結。由於麥克庫洛赫竭力表示和薩伊的不同,所以,馬克思接著又對他的有關言論進行了剖析。

麥克庫洛赫認為,創造價值的不是薩伊所謂的一般自然力,而只是被獨占的自然力或經由勞動而產生的自然力。前者例如土地。在他看來,土地由於被獨占,因而具有價值,從而地租就可以像重農學派那樣用土地的生產力來解釋。馬克思說,在這裡,「一方面,他抄襲了李嘉圖的只有在李嘉圖提出的前提基礎上才有意義的論點,(土地壟斷使農業勞動在較優土地上所創造的超額利潤得以轉化為級差地租——註釋者註),另一方面,他又接受了別人的直接否定這些前提的東西(把地租歸結為土地生產力的產物——註釋者註)」。(第三分冊第 200 頁)在麥克庫諾赫這種折中主義觀點的背後,是對李嘉圖的科學地租原理的拋棄。

至於經由勞動而產生的自然能力的作用究竟何指,最好還是看麥克庫洛赫下面的例證:「風的**勞動**對船產生了合乎願望的作用,使船發生了一定的變化。但是這種變化的**價值**不會由於有關的自然力的作用或者說勞動而增大,它根本不取決於它們,而取決於參與生產這一結果的**資本量**或者說**過去勞動的產品**,這正像小麥的**磨粉費用**不取決於推動磨的風或水的作用,而取決於在這種操作中所耗費的資本量一樣。」(轉引自第三分冊第 200~201 頁)這段同他的前述關於勞動的論點顯然矛盾的論述表明,他竭力給自己的背離李嘉圖理論的論點披上李嘉圖式的外衣。因為這裡,磨粉之所以增加小麥的價值,忽然又不是由於風和水的「勞動」,不是因為磨盤的「勞動」,而只是在「耗費」磨盤的時候,也「耗費」了它所包含的價值,即物化在其中的勞動。麥克庫洛赫說:「在有關**價值**的一切討論中……勞動一詞表示……人的直接勞動或人所生產的**資本的勞動**,或兼指兩者。」(轉引自第三分冊第 201 頁)

總起來說,在麥克庫洛赫看來,勞動首先應理解為人的勞動,其次應理解為人的累積的勞動,最後應理解為使用價值的有益作用,即使用價值在生產中表現出來的物理等屬性。這三種理解在麥克庫洛赫那裡是一致的,因為按照他的觀點,它們都是「旨在引起某一合乎願望的結果的作用或操作」。這就是說,他把價值理解成為使用價值。但是,使用價值是各不相同的,什麼是我們能夠用來把它們加以比較的統一依據即尺度呢?馬克思指出:在麥克庫洛赫看

來,「這個統一依據是由一個共同的詞『勞動』來造成的,在把勞動本身歸結為『操作』或『作用』這些詞之後,就用這個詞暗中替換了使用價值的這些完全不同的表現。可見,對李嘉圖觀點的這種庸俗化的結果,就是把使用價值和交換價值等同起來,因此,我們必須把這種庸俗化看成是這個學派作為一個學派解體的最後的最醜惡的表現」。(第三分冊第 201~202 頁)

[(5) 威克菲爾德在勞動價值和地租問題上對李嘉圖理論的局部反駁]

愛德華·吉本·威克菲爾德(1796—1862)是英國國務活動家和經濟學家,曾提出資產階級殖民理論。[①] 在殖民理論方面,他的主要著作有旨在闡述如何在澳大利亞建立殖民地的《創建公司的計劃》(1831 年)、《英國和美國》(1833)、《關於殖民方式的通訊》(1849 年)。他的經濟學觀點主要體現在他在他於 1835 年出版的亞當·斯密《國富論》上所加的註釋和評論中,馬克思在這裡所評論的,就是威克菲爾德在這個註釋和評論中的兩段話。

威克菲爾德的第一段話是對李嘉圖等人的「勞動價值」的反駁,並且表明了他對這個問題的觀點。威克菲爾德說:「如果把勞動看成一種商品,而把資本、勞動的產品看成另一種商品,並且假定這兩種商品的價值是由相同的勞動量來決定的,那麼,在任何情況下,一定量的勞動就都會和同量勞動所生產的資本量相交換;**過去的勞動**就總會和同量的**現在的勞動**相交換。但是,勞動的價值同其他商品相比,至少在工資取決於(產品在資本家和工人之間的)分配的情況下,不是由同量勞動決定,而是由供給和需求的關係決定。」(轉引自第三分冊第 205 頁)

李嘉圖沒有區分勞動和勞動力,在考察勞動和資本的交換中,他把勞動本身同商品相對立,把一定量直接勞動本身同一定量物化勞動相對立,因而無法用價值規律去解釋勞資交換或資本利潤的產生。這是李嘉圖理論的一大弱點。威克菲爾德的反駁正是針對這個弱點而發的,因為他看出,如果勞動的價值被支付了,利潤就無法解釋。這個反駁無疑是對的。然而,他主張用供求關係、用競爭來解釋工資,表明他仍然站在庸俗經濟學的立場上。他對「勞動價值」

[①] 馬克思在《資本論》第 1 卷第 25 章《現代殖民理論》中詳細批判分析過威克菲爾德的殖民理論。

的反駁，不過重複了其他人（《評政治經濟學上若干用語的爭論》的匿名作者、貝利等）早已提出的論點。

威克菲爾德的第二段話是對李嘉圖地租理論的反駁。威克菲爾德說：「剩餘產品總是形成地租。**但不是由剩餘產品構成的地租也還是可能被支付的。**」「貧困的佃戶所交出的，都被土地所有者佔有。所以，**土地耕種者生活水準的下降是剩餘產品的另一原因**……當工資降低時，它對剩餘產品的影響和生活水準下降所起的影響是一樣的：總產品不變，剩餘部分增大了；生產者得到的更少，土地所有者得到的更多。」（轉引自第三分冊第205頁）

威克菲爾德所說的「剩餘產品」，是指產品中「補償資本和資本利潤」後餘下的部分，這個概念顯然是不正確的，從工人階級的觀點來看，資本利潤也應包含在剩餘產品之內。但我們可以撇開這一點。威克菲爾德從其資產階級眼光出發把資本利潤排除在外，而僅僅把歸土地所有者佔有的部分稱為「剩餘產品」，這是可以理解的。

威克菲爾德認為，土地所有者所佔有的產品會由於「土地耕種者生活水準的下降」而增加，也不失為對愛爾蘭當時實情的正確反應。但是，他把在這種情況下增加的部分稱為「地租」是錯誤的——它不是資本主義性質的地租，而是對資本利潤和勞動工資的扣除。正如馬克思所指出的：「在這種情況下把利潤稱為**地租**，就如同在印度，勞動者用資本家的貸款從事勞動（縱然勞動者在名義上是獨立的），把全部剩餘產品交給資本家時將利潤稱為**利息**一樣。」（第三分冊第206頁）威克菲爾德顯然把資本主義地租和一般的「租金」混淆起來了。他不理解李嘉圖研究地租是以發達的資本主義土地關係為前提的，因而他也不理解李嘉圖所說的地租，確切地說，資本主義級差地租是指劣等地土地產品價值超過非劣等地土地產品價值的餘額。因而，在理論上它並不包括資本平均利潤，更不包括勞動工資，而且想必李嘉圖也不否認支付給土地所有者的「租金」可能還會包含對資本利潤和勞動工資的扣除，所以，威克菲爾德的反駁是不能成立的。

[（6）斯特林用供求關係對資本家的利潤做庸俗解釋]

帕特里克·詹姆斯·斯特林（1809—1891）是英國律師和庸俗經濟學家。他的主要著作有《貿易的哲學。利潤和價格概論，包括對決定穀物、勞動和

通貨的相對價值的原理的解釋》（1846年）、《澳大利亞和加利福尼亞金礦的發現及其可能的後果》（1853年）。

斯特林反對李嘉圖的勞動價值原理以及根據這個原理對資本利潤所做的解釋。他把商品的價值等同於價格，把價值歸結為「生產費用」，又把「生產費用」等同於「勞動的價值」；最後，把利潤歸結為商品的供給小於需求條件下，商品賣價超過「生產費用」或「勞動價值」的餘額。

斯特林說：「如果商品的價值按照它們的生產費用互成比例，這就可以叫作**價值水準**。」「每種商品的量必須這樣調節，也就是使該商品的供給與商品的需求之比小於勞動的供給與勞動的需求之比。商品的價值或價格，同耗費在商品上的勞動的價格或價值之間的差額形成**利潤**或**餘額**，這種利潤或餘額是李嘉圖根據他的理論所不能解釋的。」（轉引自第三分冊第206頁）

馬克思指出：「斯特林先生把這叫作對餘額現象的解釋，其實這不過是對必須解釋的現象的另一種表達。」（第三分冊第207頁）馬克思分析了商品的和勞動的供求關係同「餘額」之間僅有的三種情況：①勞動的供求相等，勞動的價格等於勞動的價值。「這時，商品必須**高於**它的價值出賣，就是說必須設法使商品的供給低於商品的需求。這是純粹的『**讓渡利潤**』，不過加上了它得以實現的條件。」②勞動的需求超過供給，勞動的價格高於它的價值。這時，「買者必須付給資本家雙重餘額：第一，資本家起初付給工人的餘額；第二，資本家的利潤。」③勞動的價格低於勞動的價值，勞動的供給超過它的需求。「這時，餘額的產生是由於勞動**低於它的**價值被支付，而（以商品的形式）按照它的**價值**或至少高於它的**價格**被出賣。」（第三分冊第207頁）

馬克思指出，斯特林所說的情況，不過是以上所說的三種情況中的最後一項。而前兩項無非是說，「如果一種商品的需求超過商品的供給，**市場價格**就提高到價值**以上**。這當然不是什麼新的發現，它所解釋的這種『餘額』，無論對李嘉圖還是對其他任何人從來沒有造成絲毫困難。」（第三分冊第207頁）

[（7）約翰·斯圖亞特·穆勒直接從價值理論中得出李嘉圖關於利潤率和工資量成反比的原理的徒勞嘗試]

馬克思在這裡詳細地分析了約翰·穆勒在《略論政治經濟學的某些有待解決的問題》（1844年）一書中，如何對剩餘價值和利潤不加區分，粗暴地試

圖直接從價值理論中得出李嘉圖關於利潤率（關於利潤和工資成反比例）的規律。

穆勒的上述著作是一部論文集，這些論文（共五篇）均寫於1829—1830年。馬克思在本節所分析的是其中的第四篇，題為《論利潤和利息》。穆勒在這一篇中，以李嘉圖理論維護者的姿態，闡述了在他看來是對李嘉圖利潤（和利息）概念的唯一正確的理解，重申了李嘉圖關於利潤和工資成反比例的原理，並且試圖排除對這一原理的各種「誤解」和「困難」。然而，穆勒的努力是徒勞的，因為他沒有克服（甚至沒有察覺到）李嘉圖價值理論的真正缺陷，不可能將勞動價值原理進一步發展為生產價格理論；而且，在這樣做的時候，穆勒反而把一些關於利潤的庸俗見解帶了進來，使其利潤論充滿了自相矛盾和混亂。

[（a）把剩餘價值率同利潤率混淆起來。「讓渡利潤」見解的因素。關於資本家的「預付利潤」的混亂見解]

本小節的主要內容可以歸納為以下幾點。

第一，馬克思指出，穆勒混淆了剩餘價值率和利潤率。這種混淆表現在，穆勒一方面正確地指出，利潤率是產品的價格對花費在產品上的生產資料（包括勞動在內）的價格之比；另一方面卻又想直接從李嘉圖關於「利潤取決於工資，工資下降則利潤提高，工資提高則利潤下降」的規律中得出利潤率的規律。

穆勒寫道：「他（指資本家）為這些生產資料（指勞動和工具原料建築物等）必須支付的價格，同這些生產資料為他所生產的產品之間的比率，就是**利潤率**……利潤率是利潤同資本的比例，是補償了費用以後的剩餘產品同費用的比例。簡言之，如果我們把支付給勞動和工具的價格同這些勞動和工具生產的產品加以比較，通過這些比率即可計算出利潤率。」①

從對利潤率的這個正確解釋中是無論如何也不能得出利潤同工資成反比例的規律的。但穆勒著意要強調和維護的正是這個規律。他是怎樣達到這一點的呢？簡單說來，就是把不變資本分解為工資。

穆勒說：「只有勞動是最初的生產資料，是『最初用於支付任何物品的購

---

① 參見穆勒：《略論政治經濟學的某些有待解決的問題》，英文版，第92頁。

買貨幣』。工具和原料像其他物一樣，最初除勞動外並不花費別的任何東西；它們在市場上具有價值，只因為給它們支付了工資。製造工具和原料所耗費的勞動，加上以後依靠工具加工原料所耗費的勞動，就是生產成品所耗費的勞動總量。因此，歸根到底，勞動是唯一的生產要素。補償資本無非是補償所耗費的勞動的工資，這樣，補償工資以後的全部剩餘就是利潤。由此可以得出結論，勞動的工資同該勞動的產品的比例就是利潤率，同時，我們也就達到了李嘉圖先生的原理：利潤取決於工資，工資下降則利潤提高，工資提高則利潤下降。」①

就這樣通過把工具和原料的價值歸結為勞動工資，把原本包括工具和原料在內的各種生產要素僅僅歸結為勞動這一個要素，穆勒終於把利潤率化成了（等同於）剩餘價值率。

馬克思批判了包含在穆勒上述論述中的種種錯誤。①穆勒認為「補償資本無非是補償所耗費的勞動的工資」，這是錯誤的。因為所耗費的勞動和所支付的工資絕不是等同的。所耗費的勞動等於工資和利潤之和。穆勒在這裡把「所耗費的勞動」和其中由使用該勞動的資本家付酬的那一部分混淆起來了，也就是說，把其中無酬勞動部分排除掉了。②把工具和原料的價值歸結為勞動工資是錯誤的，即使再加上利潤，也是不正確的。這是因為，「儘管不變資本的每個部分都可以歸結為過去勞動，因而可以設想它在某個時候曾經代表利潤或工資，或者代表兩者，但是，這個不變資本一旦形成，它的一部分（例如種子等）就既不可能再歸結為利潤，也不可能再歸結為工資」。（第三分冊第208～209頁）③穆勒混同了利潤率和剩餘價值率。就剩餘價值率（而不是剩餘價值量）來說，說它完全取決於工資，與工資成反比例，這是正確的。因為剩餘價值率就是剩餘價值僅僅同勞動工資相比的比率。利潤率的情況就不同了。「既然利潤率是剩餘價值對預付資本總價值之比，它當然要受到剩餘價值的下降或提高，也就是受到工資的提高或下降的影響，並由這種情況決定，但是，除了由這種情況決定之外，利潤率還包括不取決於工資的提高或下降且不能直接歸結為這種情況的其他因素。」（第三分冊第209～210頁）④在穆勒的上述論述中，利潤看上去和「讓渡利潤」十分相似。為了把利潤歸結為補償工資後的全部餘額，穆勒不適當地把不變資本僅僅歸結為工資，把生產要素僅僅歸結為勞動。這實際上就把預付在成品生產上的全部費用歸結為工資，把預

---

① 參見穆勒：《略論政治經濟學的某些有待解決的問題》，英文版，第94頁。

付資本總價值統統歸結為全部工資的價值，從而從產品價值中排除了不變資本的存在。他由此進而得出結論說，補償資本無非是補償所耗費的勞動的工資。這就把無酬勞動所創造的剩餘價值從資本補償中排除掉了。這樣一來，產品的總價值就只剩下勞動工資了，勞動工資構成了預付資本的總價值，也構成了耗費勞動所創造的全部價值。在這種條件下，利潤似乎成了超過預付資本總價值和超過產品總價值的東西。這就是「讓渡利潤」見解的因素。

第二，馬克思批判分析了穆勒在利潤率問題上的混亂。這種混亂表現在：他開頭（如上所述）把利潤率混同於剩餘價值率，但後來他在與反對李嘉圖派的論戰中，又在利潤率的真正意義上，把利潤率理解為剩餘價值對預付資本總價值（包括不變資本在內）之比。在這種情況下，他卻仍然堅持李嘉圖關於利潤同工資成反比例的規律。

穆勒寫道：「儘管工具、原料和建築物本身（希望能用一個簡潔的名稱來表示這些協同動作的生產要素）都是勞動的產物，然而，它們的價值**總量**畢竟不能歸結為生產它們的工人的工資。一個資本家支付了這些工人的工資，然而他像其他資本家一樣，還必須得到因預付工資而來的利潤；因此，當他出售工具和原料時，他不僅必須從買者那裡得到對他已經支付的工資的補償，而且還要得到一般的利潤率。生產者（成品的生產者）在購買了工具並將它們用於自己的行業之後，再來估算他的收益時，他不僅必須從產品中留出一部分用於補償他自己支付的工資和工具生產者支付的工資，而且還必須留出一部分用於補償工具生產者的利潤，這部分利潤是他從自己的資本中預付給工具生產者的。……利潤不單單代表（成品生產者）在補償費用之後的餘額，它還加入了費用本身。（成品生產者的）資本的一部分用於支付或補償工資，一部分用於支付其他資本家的利潤，這些資本家的協力是取得生產資料所必需的。」①

穆勒似乎忘記了他前面講過的話，即補償資本就是補償工資，他現在把預付利潤也列入應當補償的項目之內，也就是說，最後的資本家的資本不僅分解為工資，而且分解為預付利潤。這種觀點仍然是不正確的，因為，如前所述，不變資本一旦形成，它的一部分（例如種子等）就既不可能再歸結為利潤，也不可能再歸結為工資。不過，同穆勒先前把預付資本僅僅歸結為工資的觀點相比，還是前進了一步。既然最後的資本家預付的資本不僅分解為工資，而且分解為預付利潤，那麼，這就是說，最後的資本家的利潤不僅是超過預付工資

---

① 參見穆勒：《略論政治經濟學的某些有待解決的問題》，英文版，第95—96頁。

的餘額，而且是超過預付利潤的餘額。換句話說，利潤率不僅取決於超過工資的餘額，而且取決於留在最後的資本家手裡的超過工資和利潤的總額的餘額。根據假定，工資和利潤的總額構成全部預付資本。因此，這個利潤率顯然不僅會因工資的提高和降低而變動，而且會因利潤的提高和降低而變動。如馬克思所說，穆勒在這裡弄清楚了利潤率不僅僅決定於工資。

然而，穆勒接著進行了一番令人驚異的例證，最終又回到了他所堅持的李嘉圖的那個錯誤原理：「然而，利潤率的變動和工資的生產費用成反比這一點，仍然是正確的。」（轉引自第三分冊第213頁）這無非是說：「儘管這是錯誤的，『然而……仍然是正確的』。」（第三分冊第213頁）馬克思對穆勒在這方面所做的例證進行了詳盡的分析和批判，還對這些例證所涉及的有關問題進行了深入研究和論述。這些篇幅很長的分析和研究，構成了有關穆勒這一節的基本內容。

為了深入理解馬克思對穆勒所舉例證的評析，讓我們對穆勒的例證做如下較詳細的引述。

「如果某種發明使得構成先前（的資本家的）利潤的那部分費用全部或部分地節省下來，那麼，留做直接生產者的利潤就會更多，如果生產一定量商品所必需的**勞動**量不變，對該勞動所支付的產品量也不變，則勞動的價值和它的產品的比率也會同以前一樣，工資的生產費用相同，比例工資相同，但是，利潤不同了。」

「可以舉例說明這一點。假定1/3產品足夠補償直接參與生產的勞動者的工資，1/3產品補償在生產過程中使用的原料和消耗的固定資本，剩下的1/3產品就是明顯的收益，即50%的利潤。例如，假定有60個農業工人，他們領取60誇特穀物作為工資，他們用去價值也是60誇特的固定資本和種子，他們勞作的產品是180誇特。當我們把這些種子和工具的價格分解為它的各個要素時，我們就會發現，它們必定是40人勞動的產品：因為這40人的工資連同利潤（按照先前的假定是50%）共60誇特。因此，如果產品是180誇特，那就是總共100人勞動的結果，即上面提到的60人，加上生產固定資本和種子的40人。」

「現在假定一種極端的情況。發現了某種方案，使得原來的第二個1/3的產品全被節省下來，就是說，發明了某種方法。同量產品可以在不需要任何固定資本的協助或不需要消耗任何種子和原料的情況下生產出來。不過，我們假

定不把勞動者的人數增加到生產種子和固定資本所需要的程度，上述假定就不可能實現。這樣，節省的僅僅是先前的資本家的利潤。依照上例，就是說，假定要節省價值 60 誇特的固定資本和種子，就必須增加 401 人，每個工人的報酬仍是一誇特穀物。」

「利潤率顯然提高了，從 50% 提高到 80%。以前只有支出 120 誇特才能取得 180 誇特的結果，現在只支出 100 誇特就可以了。」

「可見，利潤無可爭辯地提高了；工資（在上述意義上）降低了沒有呢？沒有。」

「180 誇特穀物仍然是和以前同量的勞動，即 100 個工人勞動的結果。因此，一誇特穀物仍然是一個工人年勞動的 10/18 的產品。每個工人所得到的仍然是和以前一樣的一誇特穀物，因此，每個工人所得到的是一個人年勞動的 10/18 的產品，即得到同樣的生產費用，每人得到他自己勞動產品的 10/18，即得到相同的比例工資；全體勞動者仍然得到相同比例（即 10/18）的總產品。」

「在上述例子中，利潤提高了，然而工資（就工資所包含的產品的勞動量而言）卻沒有任何變動。儘管工資仍是和以前**同量勞動**的產品，然而，它的生產費用卻減少了。因為，除了勞動以外，還有別的因素加入生產費用。」

「我們已經指出，一物的生產費用通常由兩部分構成——所雇傭的勞動的**工資**和在生產的任何先前階段上預付了這些工資的那些人的**利潤**。因此，一物仍和從前一樣可以是同量勞動的產品，但如果最後的生產者補償先前的生產者的利潤的任何一部分能夠節省，那麼，該物的生產費用就會有所節省。」

「在上述例子中，這種節省被假定發生在穀物的生產費用上。穀物的生產耗費減少了，變成了 6/5。從前，生產一定量穀物，不花費 120 誇特生產資料便不能獲得，現在，只需 100 誇特就足夠了。」

「但勞動者仍被假定獲得和從前一樣的穀物量。他的報酬是一誇特。因此，工資的生產費用下降了 1/6。作為一個工人的報酬的一誇特穀物，實際上是和以前同量的勞動的產品；然而，它的生產費用卻減少了。現在一誇特穀物是一個工人勞動的 10/18 的產品，再沒有別的；以前生產一誇特穀物，則需要這一勞動量同補償（先前那個資本家的）利潤的費用結合在一起，即多支出 1/5。」

「如果工資的生產費用仍然和以前一樣，利潤就不可能提高。每個工人曾

經取得一誇特穀物，但是在當時，一誇特穀物是現在 $1\frac{1}{5}$ 誇特的生產費用的結果。因此，為了使每個工人取得和以前一樣多的生產費用，每人就應該有一誇特加 1/5 誇特的穀物。100 人的勞動不可能依照這個價格購得，因為少於 120 誇特；同時，180 誇特產品像開始假定的那樣只能獲得 50% 的收益。」

「可見，利潤率的變動和工資的生產費用成反比這一點是十分正確的。除非工資的生產費用低落，利潤便不能有同樣大的提高；反之，除非前者提高，後者便不會低落。」

……

「假定付給工人的是工人自己生產的產品，那就很明顯，當這種產品的生產費用有了某種節省而工人照舊得到以前的生產費用時，他得到的產品就必然會同資本的生產力的提高成比例地增加。但如果是這樣，資本家的支出和他所得到的產品之間的比例，就會和以前完全一樣，利潤也不會提高。」

「因此，利潤率的變動和工資的生產費用的變動是同時發生的，是不可分割的。如果低工資不僅指作為較小勞動量的產品的工資，而且指用較少的費用（包括勞動和先前的利潤在內）生產的工資，那麼，李嘉圖的原理，即除非工資低落，利潤便不能提高的原理就是完全正確的。」

針對穆勒的上述例證，馬克思說：「穆勒在這方面所做的例證，可以看成是政治經濟學家所特有的例證方法的典範，而且由於這個例證的作者還寫過一本邏輯學的書，這就更加令人驚異了。」（第三分冊第 213 頁）

馬克思首先指出，穆勒在這個例證中假定，穀物不用原料和工具就可以生產出來。這是荒謬的。「在這個荒謬的假定下掩蓋的不外是這樣一個假定：**不用不變資本**，就是說，只靠新加勞動，就可以生產產品。在這種情況下，當然可以證明原來應該證明的東西，即利潤和剩餘價值是等同的，從而利潤率**僅僅**取決於剩餘勞動對必要勞動之比。」（第三分冊第 214 頁）可是，困難正好在於，如何說明與剩餘價值率不同的利潤率的變動規律，而利潤率不僅意味著剩餘價值和可變資本發生比例關係，而且意味著和不變資本發生比例關係。如果假定不變資本等於零，那麼，由於不變資本的存在產生的困難，就被我們用撇開這個不變資本存在的辦法排除了。「換句話說，我們用**假定**困難**不存在**的辦法排除了困難。」（第三分冊第 215 頁）

穆勒的整個例證都貫穿著這個特點，它體現了穆勒的這樣一個意圖：想方設法證明，利潤率和工資成反比例的規律是正確的。馬克思在這一小節對穆勒

例證的分析和批判，正是圍繞著利潤率和工資變動的關係這個中心問題展開的；馬克思的評析大體可分為三部分：第一部分是對穆勒的第一段例證（見第三分冊第 213 頁的引文，參閱前引文中有關段落，下同）的評析；第二部分是對穆勒例證的第二段和第三段前半部分的評析；第三部分是對研究結果的歸納（共有六點，在其中第四點中還包含對穆勒例證最後部分的評析）。

第一部分：對穆勒的第一段例證的評析。

馬克思在這裡把穆勒對問題的例證做了正確的表述，分析了這段例證所涉及的兩個資本家的產品的價值構成以及其中的利潤率和剩餘價值率的對比關係，從而揭露了穆勒的雙重錯誤手法和關於「讓渡利潤」的陳舊謬見。

穆勒的第一個錯誤手法是，在他所列舉的生產成品的資本家（資本 I）的產品價值構成中，存在不變資本（種子和工具），但是，當他「把這些種子和工具的價格分解為它的各個要素時」，即分析生產不變資本的資本家（資本 II）的產品構成時，他卻假定這個資本家本身不需要任何不變資本。「對資本 I 來說應該加以說明的情況，對資本 II 來說**被事先假定**不存在，從而問題本身就消失了。」（第三分冊第 218 頁）馬克思指出：穆勒想用他的這個假定把不變資本帶來的困難排除掉。

不變資本帶來的困難在於剩餘價值同利潤不一致，因為剩餘價值率只是就它對可變資本的關係來考察的，而利潤率則是就剩餘價值對全部資本（包括不變資本）的關係來考察的。在資本 I 的情況下，馬克思分析道，剩餘價值率是 100%，而利潤率只有 50%，就是因為依照穆勒所給的數值，可變資本（60 個工人所得的 60 誇特穀物的工資）只占全部預付資本（可變資本加上 60 誇特的固定資本和種子）的一半。

馬克思繼續分析道：如果依照與資本 I 相同的假定來分析資本 II，即假定在這筆不變資本 60 誇特的生產中，存在不變資本，它同其他生產要素相互間的比例照舊是 1：2，還假定剩餘價值率和利潤率仍分別是 100% 和 50%，則應得出如下結果：

不變資本	可變資本	總產品	利潤
20 誇特	20 誇特 （20 個工人的工資）	60 誇特	20 誇特

這 60 誇特的不變資本總共應是多少工人勞動的產品呢？或者說包含多少工作日呢？從穆勒所給的資本Ⅰ的條件可以看到，加到不變資本上的勞動等於 120 誇特，因為每一誇特是一個工作日的工資，所以一個工作日的新加勞動是兩誇特，60 個工作日（60 個工人）的新加勞動是 120 誇特。由此可見，60 誇特不變資本產品中的新加勞動 40 誇特（工資和利潤各 20 誇特）應是 20 人的產品。另外，根據資本Ⅰ中過去勞動（不變資本）與新加勞動的比例是 1∶2 這個條件，資本Ⅱ的不變資本應是 10 人勞動的產品。「因此，60 誇特的不變資本總共只等於 30 個工人勞動的產品，⋯⋯但是，穆勒先生卻硬說這 60 誇特是 40 個工人勞動的產品。⋯⋯其實，花費在不變資本上的 1/3 產品（60 誇特）具有的價值，即包含的勞動時間，同其他任何一個 1/3 的產品完全一樣。」（第三分冊第 217 頁）

穆勒根據什麼斷定這 60 誇特不變資本是 40 個工人勞動的產品呢？「因為這 40 個工人的工資連同他們的雇主的利潤共 60 誇特。」這表明，穆勒在這裡排除了不變資本，而把 60 誇特不變資本完全分解為工資和利潤了。他做出這種荒謬的假定是為了得出利潤率和工資變動成反比的結果，因為這樣一來利潤和剩餘價值就一致了（但不是穆勒所說的 50%，而是 100%）。但是，即使完全排除掉不變資本，那麼絲毫改變不了其中包含的勞動時間量，60 誇特不變資本仍舊是 30 工作日的產品。事實上，如果是 40 個工人的勞動的產品，那麼，這個不變資本總價值就不是 60 誇特而是 80 誇特了。

穆勒的第二個錯誤手法是，他先假定資本Ⅱ（它構成資本Ⅰ的不變資本）60 誇特的價值中只包含直接勞動，不存在過去勞動，不存在不變資本，即是說 60 誇特全部分解為工資和利潤。這樣一來，利潤率和剩餘價值率就一致了，如上所述，它們都是 100%。可是，穆勒又反過來假定，像在資本Ⅰ的場合一樣，利潤率和剩餘價值率是有區別的，因此利潤也像在資本Ⅰ的場合一樣只占 50%，而不是 100%。

穆勒既把不變資本從資本Ⅱ中排除掉，又認為利潤率同不變資本存在時是一樣的，他陷入了矛盾的境地。如馬克思所說，穆勒「假定在沒有不變資本的情況下，不變資本帶來的剩餘價值和利潤之間的區別仍然繼續存在，儘管這裡沒有任何不變資本」。（第三分冊第 220 頁）

馬克思接著指出：「實際上穆勒所假定的是，占總產品 1/3 的這 60 誇特所包含的勞動時間，比總產品其他的 1/3 包含的多；這 60 誇特是 40 工作日的產

品，而其餘 120 誇特僅僅是 60 工作日的產品。可是，實際上這裡流露出關於『讓渡利潤』的陳舊謬見，這種利潤同產品中包含的勞動時間以及同李嘉圖的價值規定是毫無關係的。」（第三分冊第 219 頁）問題在於，「穆勒認為，資本家對工人的全部工作日付了報酬，但是仍然取得利潤」。（第三分冊第 221 頁）在穆勒看來，一個工人的一個工作日的工資，等於他的一個工作日的產品。「如果 60 誇特總產品有 50%即 20 誇特的利潤，那麼，由此得出結論，40 誇特等於 40 個工人的勞動的產品，因為根據上述假定，40 誇特構成工資，而且一個工人 1 天領取 1 誇特。……這 40 個工人勞動了 40 工作日，因為他們取得了 40 誇特。因而，1 誇特是 1 工作日的產品。40 工作日也就只生產 40 誇特，不會多生產 1 蒲式耳。那麼構成利潤的 20 誇特又是從哪裡來的呢？穆勒的這個例子所依據的，是關於『讓渡利潤』——產品價格超出產品價值之外的純粹名義上的餘額——的陳舊謬見。」（第三分冊第 219 頁）而且，在這裡，應該構成利潤的不是以貨幣表現的名義價值，而是所出賣的產品本身的一部分，所以這種「讓渡利潤」是絕對荒謬的。「可見，穆勒為李嘉圖學說做的第一個辯護，就是他從一開始就推翻了這個學說，也就是說推翻了它的這樣一個根本原理：利潤只是商品價值的一部分，就是說，只是商品所包含的勞動時間中由資本家隨著他的產品出賣但沒有給工人付報酬的那一部分。」（第三分冊第 220~221 頁）

第二部分：對穆勒例證的第二段和第三段前半部分的評析。在這部分例證中，穆勒想要竭力證明：利潤率的變動和工資的生產費用成反比例。

馬克思對這部分例證評析的進程是：首先依照穆勒的假定做出應有的推論和分析，然後把它們同穆勒的推論和分析加以對照，最後指出穆勒上述例證錯誤的根源。

（1）穆勒假定，由於某種發明，最後的資本家（在分析過程中，馬克思有時稱之為資本 II，以之與使用不變資本的資本 I 相對照。但請注意，不要把這個資本 II 同前面提到的資本 II 相混同，後者是指給資本 I 生產不變資本的那個資本）不再需要使用不變資本。馬克思分析道，根據這個假定，他本應指出，由於資本 II 的不變資本等於零，因而他只需支出 60 誇特工資。1 誇特是 1 個工作日的工資，1 個工作日的產品是 2 誇特，所以，60 工作日的產品是 120 誇特。在這種條件下，剩餘價值率和利潤率相等，都是 100%。而在使用不變資本的場合（即資本 I），剩餘價值率仍是 100%，但利潤率只有 50%。可是，穆勒卻假定，資本 II 雖不使用不變資本了，但須增雇 40 個工人，於是 100 個

工人生產 180 誇特。這樣，資本 II 現在的利潤率是 80%，剩餘價值率也是 80%。也就是說，利潤率比資本 I 提高了 30%，而剩餘價值率降低了 20%。

（2）關於工資的實際價值即其中所包含的勞動時間與利潤率的關係。穆勒認為，在資本 I 的場合，生產 1 誇特穀物（一個工人的工資）需花費 6/9 誇特穀物（60 誇特不變資本加 60 誇特可變資本，生產出 180 誇特穀物），而在資本 II 的場合，生產 1 誇特穀物僅僅花費 5/9 誇特（100 誇特可變資本生產出 180 誇特穀物），就是說，資本 II 的每個工人「工資的生產費用」比資本 I 低 1/9 誇特。換句話說，資本 I 的這些「工資的生產費用」比資本 II 的多 1/5（20%）。可是，馬克思指出，實際情況正好相反。資本 I 的 1 誇特穀物等於 1/2 工作日，即等於一個工人一天勞動的 9/18（90/180，180 誇特穀物是由使用 30 誇特不變資本並獲得 60 誇特工資的勞動生產出來的）。而現在資本 II 的每誇特穀物則等於 10/18 工作日（100 個工人生產 180 誇特穀物，100 個工人的工資是 100 誇特）。換句話說，產品貴了 1/18 工作日，即勞動生產率降低了，工資的實際價值（生產費用）提高了。但是，與此同時，它的利潤率也提高了（如前所述，依照穆勒的計算，從 50% 提高到 80%）。之所以會出現這種情況，就是因為資本 II 雇傭的工人多了，還因為資本 II 的剩餘價值率同利潤率相等（因為不變資本等於零）。

馬克思指出，穆勒「想要證明，利潤率的提高，根據李嘉圖的規律，是**工資的生產費用減少**的結果。我們已經看到，**儘管工資的生產費用已經增加**，利潤率還是提高了；因此，如果把利潤和剩餘價值直接等同起來，而又把利潤率理解為剩餘價值或總利潤（它等於剩餘價值）對全部預付資本總價值之比，那麼李嘉圖的規律就是錯誤的」。（第三分冊第 226 頁）

在逐句指出了穆勒論述中的錯誤之後，馬克思說：「我們在這裡發現一種十足的謬論，所有上述一派胡言都是以隱蔽的形式圍繞著它提出的。穆勒愚弄了自己，首先是因為他假定：如果說 120 誇特是 60 個工作日的產品，並且這項產品在資本家和 60 個工人之間平分，那麼，構成不變資本的那 60 誇特便是 40 個工作日的產品。實際上，不管資本家和生產這 60 誇特的工人按照什麼比例分配產品，它們只能是 30 個工作日的產品。」（第三分冊第 228 頁）然後，馬克思接著指出，不變資本無論怎樣變動，都只是資本家的生產費用的變動，而不會是工資的生產費用（工資）的變動。即使不變資本由於使用機器等原因而有所節省，節省的費用也不會加入工資的生產費用。工資的生產費用或實際價

值指的是構成工資的那部分產品包含的勞動時間，它不會因為不變資本支出的變動而變動。穆勒將資本家的生產費用與工資的生產費用這兩個概念混同起來了。

馬克思把上述分析穆勒例證得出的結果歸納為以下六點（請注意，其中前三點在本節和 b 節，後三點在 c 節）。

第一，與資本 I 相比，資本 II 的利潤率的提高（從 50% 提高到 100%），並不是由於工資的生產費用變動（1 誇特穀物均等於半個工作日），而只是由於假定不變資本等於零。在資本 II 的場合，是 60：60＝100%，而在資本 I 的場合是 60：120＝50%。即使不變資本不是等於零，只要它的價值、從而預付資本總價值減少，也會出現大致相同的結果，即利潤率提高。馬克思指出：「作為利潤率，剩餘價值不僅按實際增加的、創造剩餘價值的那部分資本計算，即不僅按花在工資上的那部分資本計算，而且按僅僅是重新出現在產品中的原料和機器的價值計算，並且，還要按全部機器設備的價值，即不僅按機器設備中確實進入價值形成過程因而其磨損應該得到補償的那部分價值，而且按僅僅進入勞動過程的那部分價值計算。」（第三分冊第 230 頁）

第二，在工資的實際生產費用增加的條件下，利潤率卻提高了。在穆勒的例證中，資本 II 的工資的實際價值是 10/18 工作日（因為這時 180 誇特穀物完全由 100 工人生產出來，它等於 100 工作日），而資本 I 的工資的實際價值是 9/18 工作日（180 誇特由 60 誇特工資加 60 誇特不變資本生產出來）。資本 II 的工資的實際價值的提高，意味著勞動生產率減低，工人所完成的剩餘價值量減少了，雖然如此，它的資本利潤率卻提高了（從 50% 上升到 80%）。「為什麼呢？第一，因為這裡沒有不變資本，利潤率因而等於剩餘價值率。……第二，利潤率提高了，是因為資本家 II 比資本家 I 雇傭的工人多得多，比補償這兩個資本家各自使用的勞動在生產率上的差額所需的工人人數還多得多。」（第三分冊第 231 頁）

第三，如果我們反過來以資本 I 與資本 II 相比，那麼，就會得出如下結論：儘管資本 I 的剩餘價值率提高，勞動生產率增長，因而工資的生產費用下降（從 10/18 降低到 9/18 工作日），但是利潤率還是降低了 60%（從 80% 降低到 50%，即降低了 3/5 或 60%）。

馬克思的結論是：「**在所有這些場合，利潤率的變動不僅不決定於工資生產費用的（方向相反的）變動，反而與它的方向一致**。誠然，必須指出，不能因此認為一個運動是另一運動的**原因**……而只能認為其他情況抵銷了這些變

動的對立作用。但是無論如何，李嘉圖的下述規律是錯誤的：利潤率按照和工資變動相反的方向變動，一方因另一方降低而提高，或者反過來。這個規律只有對剩餘價值率來說才是正確的。」（第三分冊第232頁）

[（b）成品的生產和生產這個成品的不變資本的生產結合在一個資本家手裡會不會影響利潤率]

從前面的論述可以看到，穆勒通過例證想要證明，最後的資本家由於某種發明不再需要向先前的給他提供不變資本的資本家支付利潤，因而得到了較高的利潤率。他把預付利潤的這種節省歸結為工資的生產費用的減少，從而得出利潤率的提高是由於工資的生產費用減少的緣故。馬克思前面的分析已經指出，不變資本上的節省只同資本家的生產費用有關，而與工資的生產費用無關。工資的生產費用或實際價值是指工資產品所包括的勞動時間，而不包括其他。就穆勒的例證來說，工資的生產費用是提高了，而不是降低了，與此同時，利潤率也提高了。這就駁斥了穆勒的錯誤論斷。

然而這只說到了問題的一半。問題的另一半是，如何正確解釋向生產不變資本的資本家支付利潤的節省對利潤率的影響。不能把這種節省歸結為工資的生產費用的減少，但是，「預付利潤」的這種節省是否會影響利潤率還是一個有待說明的問題。穆勒的例證包含了這個問題，但穆勒既沒有正確解釋它，也沒有正確表述它。於是，馬克思在這裡研究了成品的生產和生產這個成品的不變資本的生產結合在一個資本手裡會不會影響利潤率的問題，因為在這種情況下，成品的生產者就不需「預付」利潤給先前的生產者了。

在剔除了穆勒例證中種種荒謬的假定之後，馬克思對資本 I（它現在不再向資本 II 購買不變資本，而是把不變資本的生產和加工也結合到自己的企業中）的產品構成做了如下的計算（第三分冊第234頁）：

不變資本	80個工人所需的可變資本	剩餘價值	總產品
20 誇特 （10個工作日）	60+20=80 誇特 （80個工作日的工資） （=40個工作日）	60+20=80 誇特 （=40個工作日）	180 誇特 （=90個工作日）

和穆勒例證中先前那個需要購置不變資本的資本 I 相比較，現在這個資本 I 中：工資的實際生產費用未變，仍舊是一誇特=1/2個工作日，也就是說，

勞動生產率未變；總產品仍是 180 誇特，並且和以前一樣具有 180 誇特的價值（=90 個工作日）；剩餘價值率仍是 100%（80：80 誇特）；剩餘價值絕對量則從 60 誇特增加到 80 誇特，即增加了 20 誇特；預付資本從 120 誇特（60 誇特不變資本+60 誇特可變資本）減少到 100 誇特（20 誇特不變資本+80 誇特可變資本）；以前的利潤率是 50%（60/120），現在則是 80%（80/100）；利潤量增加了 20 誇特（80-60），這同剩餘價值量的增加額是相同的。

工資的實際生產費用沒有任何變動，然而，資本Ⅰ的利潤率看起來卻提高了。怎樣解釋這個現象呢？馬克思指出，這是由於：①儘管剩餘價值率沒有提高，但是剩餘價值絕對量增加了 1//3 即 20 誇特，它之所以增加，是因為資本家雇傭的工人增加了 20 人，即多剝削 1/3 的活勞動。②預付資本減少了 20 誇特，就是說，儘管其中的可變資本增加了 20 誇特，但不變資本減少了 40 誇特，所以總預付資本還是減少了 20 誇特，即 10 個工作日。不過，馬克思強調說，利潤率的這一變動，僅僅是一種表面現象，只不過是從一本帳簿轉到另一本帳簿上。資本Ⅰ現在多取得了 20 誇特利潤，但是這恰恰是不變資本的生產者以前得到而現在失去的利潤，因為資本Ⅰ自己生產不變資本，不再購買不變資本，從而不再付給不變資本的生產者 20 誇特剩餘價值，而是把它裝進自己的腰包。這就是說，如果不從單個資本，而從整個社會來說，利潤率並沒有改變；變化的只是利潤在資本家之間的分配。因為在不變資本和成品生產分屬於不同的資本家的條件下，不變資本的生產者花費 40 誇特資本，不變資本和可變資本各占一半，得到 20 誇特利潤，成品生產者支出 60 誇特可變資本（依照假定，他不使用不變資本），得到 60 誇特利潤。兩者合計，仍是以 100 誇特資本得到 80 誇特利潤。「對社會來說，這時仍像以前一樣，來自利潤的收入沒有變化，剩餘價值對工資之比，也沒有變化。」（第三分冊第 236 頁）

馬克思接著說，「差別（即從單個資本來看利潤率上的差別）是這樣產生的：當資本家作為買者出現在商品市場上的時候，……他必須支付商品的全部價值，……可是當他作為買者出現在勞動市場上的時候，他實際上買到的勞動就多於他所支付的。由此可見，當他不再購買他所需要的原料和機器，而自己也生產這些東西的時候，他把否則就得向原料和機器的賣者支付的剩餘勞動據為己有了。」（第三分冊第 236 頁）馬克思還指出，只有當資本家為自己建立了相當大的市場，以致能夠以有利可圖的規模生產自己的不變資本的時候，由自己取得這筆資本利潤，而不是把它付給別人這一觀點才會具有決定性意義。

但是，如上所述，這和利潤率沒有任何關係，有關係的只是利潤在資本家之間的分配，就是說，以前是由生產成品的資本家和生產不變資本的資本家佔有，而現在則由一個資本家獨吞。生產費用也不會因而有絲毫節約。「因此，離開勞動時間的節約，從而離開工資的節約，這種先前利潤的節約就不過是一種幻覺。」（第三分冊第 238 頁）馬克思的論斷是非常深刻的。

[（c）關於不變資本價值的變動對剩餘價值、利潤和工資的影響的問題]

在「第四」中，馬克思著重研究了不變資本價值的變動對利潤和工資的影響的問題。

關於不變資本價值變動對利潤的影響。馬克思得出的結論是：「在**剩餘價值率**不變，也就是說，**勞動的價值**不變的條件下，不變資本價值的變動必然引起利潤率的變動，而且可能伴隨著利潤量的變化。」（第三分冊第 240 頁）利潤率是剩餘價值和資本家所花費的資本總價值之間的比例。資本總價值既包括可變資本（工資），又包括不變資本。在工資價值不變的條件下，利潤率必然隨不變資本價值的下降而提高，隨不變資本價值的提高而下降，而且，在一定條件下，即在使用的勞動發生變動的條件下，還會出現利潤量的變化。

關於不變資本價值變動對工資的影響。馬克思得出的結論是，在工資的實際價值（工資中包含的勞動時間）不變條件下，不變資本價值的變動（提高或降低）如果引起工人消費品價格的變動（提高或降低），那麼，原有的工資換得的消費品數量也會變動（減少或增加），即引起工資的使用價值的變動。無論工資的使用價值做何變動，工資的實際價值依照假定仍然未變，而利潤率（如上所述）卻會隨不變資本價值的變動而變動。因此，馬克思強調指出，利潤率由於不變資本價值的降低而提高，這與工資的實際價值的任何變動毫無直接關係。

在這裡，馬克思批判了穆勒關於不變資本價值降低會引起工資生產費用下降，從而引起利潤率提高的錯誤論斷。馬克思指出，在穆勒所說的條件下，利潤率的提高是由於利潤的生產費用減少（由於構成總資本價值的一部分的不變資本價值下降），而工資（剩餘價值）的費用依照假定仍然未變（儘管工資的使用價值增加了）。「剩餘價值的費用，永遠不會大於花在工資上的那部分資本的費用。相反，利潤的費用則等於為創造這個剩餘價值而預付的資本的費

用總額。……穆勒先生把利潤的生產費用和剩餘價值的生產費用混淆起來了，也就是說，他把利潤和剩餘價值混淆起來了。」（第三分冊第242頁）

第五，關於不變資本價值的變動會對剩餘價值產生什麼影響的問題。

上面的分析表明，不變資本價值的變動，即使在不影響工資價值變動（工資價值不變）的條件下，也會引起利潤率的變動。而在我們談到利潤和利潤率時，一般說來，總是假定剩餘價值是既定的，從而假定工人為補償自己的工資而花費的勞動時間即工資價值是既定的。所以，前面的分析已經完全駁斥了穆勒例證所要證明的錯誤論點。研究不變資本價值變動對剩餘價值的影響，是對上述研究的完善和補充，而且，由於這個問題在研究剩餘價值問題本身時已經詳細研究過，所以在這裡只做了扼要的論述。

馬克思指出，這個生產部門（例如紡紗）的工人的必要勞動時間不僅取決於該部門的勞動生產率，而且取決於為該部門生產不變資本產品的其他生產部門（例如棉花、機器等）的勞動生產率，同樣還取決於為該部門生產工人消費品（例如食品等）的部門的勞動生產率。如果加入紡紗產品的原料或機器的價值發生了永久性的（而不是暫時性的）變動，而且由於這種變動，現在要用比以前多（或少）的勞動時間來生產該紡紗產品的各個組成部門，那麼，紡紗品本身就會因而變貴或變賤（假定把原料加工為產品的勞動生產率不變，以及工作日長度不變）。結果，勞動力的價值（生產費用）就會提高或降低。從而，紡紗工人為自己勞動的時間就會增加或減少，也就是說，他為資本家勞動的時間就會減少或增加。在為資本家勞動的時間增加的情況下，資本家的利潤率和利潤量都會增長。所以，馬克思說：「不變資本的價值的變動，僅僅以這種方式影響勞動的價值，影響工資的生產費用，或者說影響工作日在資本家和工人之間的劃分，從而也影響剩餘價值。」（第三分冊第248頁）

第六，馬克思提出，還可以再研究一下，勞動時間延長到正常工作日以上，如何使利潤率發生變動的問題。這種情況會使不變資本的相對價值即不變資本在總產品價值中的比例部分地減少，從而影響不變資本和可變資本之比，影響利潤率。「不過我們把這一點留在第三章裡講，因為這裡所研究的東西，一般說來，大部分是屬於那一章的。」（第三分冊第250頁）馬克思這裡說的第三章，後來成為《資本論》第三卷的相關部分。

在接近結尾的這個部分（從第250頁到第258頁）中，馬克思著重闡述了影響利潤率的各種因素，反駁了穆勒關於利潤率僅僅取決於工資的生產費用的

錯誤觀點。馬克思指出，穆勒的觀點只是在剩餘價值率等於利潤率時才是正確的。不過，這在資本主義生產中幾乎是不可能的。因為除非完全不使用不變資本（原料、機器、建築物等），或者雖使用不變資本各要素，但它們沒有價值（不是勞動的產品），否則利潤率就不能等於剩餘價值率。

馬克思接著展開論述了利潤率的各個方面。①他指出，利潤率這個概念不同於剩餘價值率，剩餘價值率永遠表現為剩餘價值對可變資本之比，而利潤率則是剩餘價值（M）對預付資本總價值（C 或 C+V）之比。（第三分冊第 250 頁）②馬克思分析了決定剩餘價值的因素，指出剩餘價值決定於剩餘價值率與同時進行的工作日數之乘積，還指出了這兩個因數的變化對剩餘價值量的影響。（第三分冊第 251～252 頁）③馬克思指出：利潤率首先決定於剩餘價值率，其次決定於可變資本對全部資本之比（在剩餘價值是既定條件下）。（第三分冊第 252～254 頁）④馬克思著重論述了不變資本的增減對利潤率的影響：「不變資本的增加或減少怎樣影響 V/C+V 這一比例，顯然取決於 C 和 V 在最初構成全部資本 C 或（C+V）的兩個部分時的比例。」（第三分冊第 255 頁）馬克思還分別說明了引起不變資本價值變動的兩種情況，比較了這兩種情況對利潤率的影響。（第三分冊第 255～257 頁）馬克思這裡提出的各個論點，在後來的《資本論》第三卷第一篇中得到了更系統和更全面的發揮。

[（8） 結束語]

馬克思說：「以上關於李嘉圖學派的全部敘述表明，這個學派的解體是在這樣兩點上：

（1）資本和勞動之間按照價值規律交換。

（2）一般利潤率的形成。把剩餘價值和利潤等同起來。不理解價值和費用價格的關係。」（第三分冊第 259 頁）此處費用價格即指生產價格（C+V+平均利潤）。

恩格斯在《資本論》第二卷序言中的一段論述（見本章開頭引文），既是對馬克思的上述結束語，也是對關於李嘉圖學派的解體這一章的最扼要而深刻的闡釋。

[第二十一章] 以李嘉圖理論為依據反對政治經濟學家的無產階級反對派

前兩章馬克思評論了19世紀20年代英國政治經濟學家們圍繞李嘉圖的勞動價值論和利潤理論展開的辯論。在這場爭論中，雙方都是從維護資產階級利益的立場來論證問題的。這場辯論導致了資產階級古典政治經濟學的解體，表現了古典政治經濟學被庸俗化的過程。

這一章馬克思評論了在同一時期出現的，為了無產階級利益而利用李嘉圖理論的空想社會主義者——政治經濟學的無產階級反對派的觀點。根據計劃，馬克思在這裡沒有評論歐文的空想共產主義和聖西門、傅立葉的空想社會主義學說。本章集中評述了英國19世紀20和30年代出現的4位李嘉圖派社會主義者的著作。即在4節中分別評述了匿名小冊子《國民困難的原因及其解決辦法》的作者、萊文斯頓、霍吉斯金和布雷的著作。

（1）小冊子《國民困難的原因及其解決辦法》

1821年英國出版了一本小冊子，書名為《根據政治經濟學基本原理得出的國民困難的原因及其解決辦法。致約翰·羅素勛爵的一封信》。[①] 小冊子當時在工人階級中有重要的影響。恩格斯曾指出：「在19世紀20年代，在為無產階級的利益而利用李嘉圖的價值理論和剩餘價值理論來反對資本主義生產，以及用資產階級自己的武器來和資產階級鬥爭的全部文獻中，我們說到的這本小冊子，不過是站在最前面的前哨。」[②] 不過「這本小冊子不是理論性論著。它是對政治經濟學家們為當時的貧困和『國民困難』所找到的虛假原因的抗

[①] 約翰·羅素勛爵（1792—1878）是英國國家活動家，輝格黨領袖，曾任首相。

[②] 參見《馬克思恩格斯全集》第24卷，第18頁。

議」。(第三分冊第 278 頁)

小冊子作者雖然接受李嘉圖的理論，但由於立場不同，引出了完全不同的結論。「李嘉圖和其他政治經濟學家的興趣僅僅在於理解資本主義生產關係，並把它說成是生產的絕對形式，而我們所考察的這本小冊子以及要在這裡考察的其他這一類著作，則是要掌握李嘉圖和其他政治經濟學家所揭露的資本主義生產的秘密，以便從工業無產階級的立場出發來反對資本主義生產。」(第三分冊第 261 頁)

在這一節中，馬克思評論了小冊子關於剩餘價值、資本累積和利潤率下降趨勢的論述。與此相聯繫，馬克思發揮了自己的社會再生產理論。

[(a) 把利潤、地租和利息看成工人的剩餘勞動。資本的累積和所謂「勞動基金」之間的相互關係]

一、把企業利潤、地租和借貸利息看成工人的剩餘勞動

小冊子在對剩餘價值認識上「包含著一個超過李嘉圖的本質上的進步」。(第三分冊第 260~261 頁) 它直接把剩餘價值，或李嘉圖所說的「利潤」，或這本小冊子作者所說的「利息」看作剩餘勞動，即工人無償地從事的勞動。小冊子中說：「無論資本家**得到的**份額有多大（從資本的立場出發），他總是**只能佔有**工人的**剩餘勞動**，因為工人必須**生活**。」(轉引自第三分冊第 261 頁) 小冊子指出工人能夠維持生活的最低限度必要勞動量是一個相對的量，資本家總是力圖從工人勞動中榨取一個更大的量。

小冊子的目的是利用李嘉圖的理論說明「國民困難的原因」，也就是揭露資本剝削剩餘勞動，揭露資本家貪婪地榨取工人的血汗。他說：「如果資本的價值①不按照資本量增加的比例而減少，資本家就會超過工人**能夠**維持生活所需要的最低限度從工人那裡榨取每一個勞動小時的產品。……資本家最後還是可以把希望寄託在只需花費極少量勞動就能生產出來的那些食物上，並且最後可以對工人說：你不應當吃麵包，因為大麥面更便宜，你不應當吃肉，因為吃甜菜和馬鈴薯也可以過活。我們已經到了這個地步。」(轉引自第三分冊第 261~262 頁)「如果工人能夠做到用馬鈴薯代替麵包生活，那就毫無疑問，從他的勞動中可以榨取更多的東西。這就是說，如果靠麵包生活，**他要維持自己和他**

---

① 小冊子作者所說的「資本的價值」相當於剩餘價值率或利潤率。

的家庭，他必須為自己**保留星期一和星期二的勞動**，如果靠馬鈴薯生活，他就只需要為自己保留星期一的一半。**星期一的另一半和星期二的全部**，就可以遊離出來，**以使國家或資本家得利**。」（轉引自第三分冊第 262 頁）馬克思指出：「這裡利潤等等直接被歸結為對工人沒有得到等價物的那部分勞動時間的佔有。」（第三分冊第 262 頁）

小冊子把地租、借貸利息和企業利潤的本質都歸結為剩餘勞動，在一定意義上把剩餘價值的一般形態和具體形態區分開來了。小冊子中寫道：「誰都承認，支付給資本家的利息，無論是採取地租、借貸利息的性質，還是採取企業利潤的性質，都是用**別人的勞動**來支付的。」（轉引自第三分冊第 262 頁）馬克思指出：「可見，小冊子的作者把剩餘勞動或剩餘價值的一般形式和它們的特殊形式區別開來了，李嘉圖和亞當·斯密卻沒有做到這一點，至少是沒有有意識地和前後一貫地做到這一點。」（第三分冊第 27 頁）他還指出小冊子作者「在以下方面超過了李嘉圖：首先，他把一切剩餘價值都歸結為剩餘勞動，其次，他雖然把剩餘價值叫作**資本利息**，同時又……把資本利息理解為剩餘勞動的一般形式，而與剩餘勞動的特殊形式即地租、借貸利息和企業利潤相區別。」（第三分冊第 279 頁）不過小冊子中並沒有科學的剩餘價值概念，「還是把這些特殊形式之一的名稱——利息，當做一般形式的名稱」。（第三分冊第 279 頁）這就使其論述問題時表現出許多混亂。

二、資本累積和利潤率下降的觀點

小冊子作者認為資本累積以剩餘勞動為基礎。他說：「假定一個國家的全部勞動所生產的恰好足夠維持全部人口的生活；在這種情況下，很明顯，就沒有剩餘勞動，因而也就沒有什麼東西可以作為資本累積起來。」（轉引自第三分冊第 276 頁）這裡，他在一定程度上認識到了資本累積的實質是剩餘勞動轉化為資本。

小冊子的論述中，還包含了隨著資本累積，利潤率有下降趨勢的思想。不過，他使用的概念是不科學的。小冊子作者說：「資本增加的自然和必然的結果是資本價值的減少。」（轉引自第三分冊第 262 頁）他把這裡講的「資本價值」解釋為「資本利息」，而他講的資本利息又包括企業利潤和借貸資本利息，強調二者的共同本質是剩餘勞動。故他講的「資本價值」的含義大體相當於利潤或剩餘價值（小冊子把二者等同起來）。同時，小冊子作者還承襲了

李嘉圖沒有明確區分利潤和利潤率兩個概念的缺點，其「資本利息」的概念也用於說明利潤率。因此，小冊子中說隨著資本增加，「資本價值」必然減少，實際上是指隨著資本累積，利潤率有下降趨勢。

關於利潤率下降的原因，小冊子作者不同意李嘉圖的觀點，即只有工資提高利潤才會降低。他從把利潤和利息等同起來，進而把資本累積和複利等同起來。在他看來資本有快於算術級數增加的趨勢。「如果資本繼續累積，在利息率保持不變的情況下，為使用資本而支付的勞動必然越來越增多，直到社會上全體工人的全部勞動都被資本家吸收為止。但這是不可能發生的，因為無論資本家**得到的**份額有多大，他總是**只能佔有**工人的**剩餘勞動**，因為工人必須生活。」（轉引自第三分冊第 263 頁）由此，小冊子作者得出結論，隨著資本累積，利息率（利潤率）不可能保持不變，必然不斷下降。

小冊子作者也不同意李嘉圖的觀點：工人的工資可能由於資本累積比人口增加快而提高；或者因農業生產率降低使工資的價值（但不是用生活資料表示的工資量）提高，會造成利潤率下降。小冊子作者認為工人的工資不可能提高，只會越來越降低。因此，利潤率下降只可能是由於「用來交換活勞動的那部分資本卻相對減少」。（第三分冊第 263 頁）

小冊子作者雖然認為資本有快於算數級數增長的趨勢，並把資本累積時的利潤比作複利，但與普萊斯①認為根據複利，資本利息會按幾何級數發展的幻想不同。普萊斯只在利息形式下來考察剩餘價值，好像剩餘價值是資本通過一種神祕的魔術而使自身增長的比例。「他完全不顧再生產和勞動的條件，把資本看作自行運動的自動機，看作一種純粹的、自行增長的數字。」② 小冊子作者雖然把剩餘價值稱作資本的利息，但是認為利息的本質是剩餘產品或剩餘勞動，這就看到了剩餘產品的佔有和資本累積的界限。這個界限是由整個工作日的長度、當時生產力發展的程度以及工人人數決定的。

三、資本累積和所謂「勞動基金」之間的相互關係

首先，馬克思評論了小冊子作者關於資本累積不可能使工資提高的觀點。針對李嘉圖等資產階級經濟學家關於資本累積有可能使工資提高的觀點，小冊

---

① 理查·普萊斯（1723—1791），英國政論家、經濟學家和道德哲學家，資產階級激進主義者。著有《關於國債問題告公眾書》，1772 年出版。

② 參見《馬克思恩格斯全集》第 25 卷，第 445 頁。

子作者認為隨著資本累積，在剩餘產品或剩餘勞動增加時，資本家不會用來增加工人的工資。資本家總是用以下兩種辦法來阻止把「掠奪來的贓物」交還給工人。「第一種辦法是把剩餘產品轉化為固定資本」。（第三分冊第 264 頁）這就是說將剩餘價值用於購置機器等擴大生產，而不是增加「勞動基金」，提高工資。「第二種辦法是對外貿易，它使資本家能夠拿剩餘產品去交換外國的奢侈品，從而自己把它消費掉。」（第三分冊第 264 頁）馬克思指出：「第一種辦法只是定期發生作用……它以剩餘產品轉化為資本為條件，而第二種辦法則以資本家消費剩餘產品的部分越來越大、資本家的消費不斷增加為條件，而**不以剩餘產品再轉化為**資本為條件。如果這種剩餘產品以它直接存在的形式保留下來，那麼其中就會有很大一部分必須作為可變資本同工人相交換，其結果就會提高工資和降低絕對或相對剩餘價值。」（第三分冊第 264 頁）馬克思還指出了小冊子在論述資本累積和工資的關係時，忽視了相對剩餘價值的增長問題。實際上由於採用新機器，大批工人失業，原有可變資本的一部分轉化為固定資本，另一部分用來雇傭較少量工人。這樣雇傭工人總數不必增加，絕對勞動時間無須延長，卻可以從他們身上榨取更多的剩餘價值，特別是可以榨取更多的剩餘產品。

繼而，馬克思又評論了關於工資取決於生活必需品量的觀點。馬克思指出，小冊子所說的必需品通過對外貿易變成奢侈品的觀點是很重要的。它證明了巴頓、李嘉圖等人關於工資取決於所生產的必需品量，或者說，必需品必然轉化為可變資本（巴頓和李嘉圖稱為流動資本）的觀點是錯誤的。「工資不是由產品總量中可能作為**可變**資本被消費，或者說，可能轉化為可變資本的那一部分決定，而是由產品總量中實際轉化為可變資本的部分決定。這些產品中有一部分甚至可能以實物形式被各種食客吃掉，另外一部分則可能通過對外貿易等作為奢侈品消費掉。」（第三分冊第 265 頁）

最後，馬克思闡明了自己的資本累積和工資的關係的觀點。馬克思指出：「如果剩餘產品很多，資本家又打算把其中很大一部分用作資本，那麼（假定這麼多剩餘產品本身不是通過把大批工人拋向街頭的辦法取得的），對勞動的需求一定會增長，因而剩餘產品中作為工資來交換的部分也必然會增長。」（第三分冊第 266 頁）由此可以看出，不是剩餘產品的絕對量，也不是剩餘產品的具體形態決定同工人進行交換的可變資本量，即工資基金量，而是資本家把剩餘產品中多大部分轉化為資本的企圖，即資本累積的程度決定可變資本的

量,或工資基金量。當然,這是以假定新增資本中不變資本和可變資本的比例保持不變為前提。而實際生活中,剩餘產品轉化為新資本時,往往是不變資本比可變資本增長得快。

從以上可以看出,「工資取決於現有資本,因而資本的迅速累積是引起工資提高的唯一手段」。(第三分冊第267頁)但是這句話的意思也可以做如下分析。如果撇開勞動條件作為資本的形式,工人生活條件、工人人數的增加,取決於一定數量工人所實現的勞動生產率。但是在資本主義條件下,(用資本主義的術語來表達)工人人口的生活資料取決於資本的生產率,取決於工人的產品中盡可能大的一部分轉化為資本。李嘉圖在一定程度上正確地表達了這一觀點,他將這一觀點表述為工資取決於資本的生產率,而資本的生產率取決於勞動的生產率。

但是,資本累積使工資有所提高,並不表明資本家對工人的剝削程度減輕了,只不過意味著「工人必須把自己產品中盡可能大的一部分無代價地交給資本家,以便在**較為有利的**條件下用自己的新勞動買回這樣讓出的一部分產品」。(第三分冊第268頁)而且這種有利條件又會因工人人口的相對過剩或絕對過剩的出現而消滅,因此,工資提高只能是暫時的,它一定會轉化為它的對立面。

通過對外貿易把必需品轉化為奢侈品這種情況,也適用於對奢侈品生產的認識。一般說來,奢侈品是作為直接供富人消費的剩餘產品形式出現的。就這個意義上來說,奢侈品所代表的只是一種剩餘勞動。但是從生產奢侈品的部門來說,它們的全部產品從物質形態來說都是奢侈品,但是就產品價值來說,這些產品必須體現必要勞動、剩餘勞動創造的價值和補償預付資本的價值。儘管以奢侈品形式體現的預付資本不能直接轉為不變資本和可變資本。可見,整個工人階級的剩餘勞動體現在:①資本家及其僕從所消費的那一部分必需品上;②全部奢侈品上。整個工人階級的必要勞動體現在生產工人所消費的必需品上。但是絕不能認為剩餘勞動量由奢侈品量決定,正如必要勞動量或工資不由必需品量決定一樣。

如果沒有對外貿易,剩餘勞動中直接表現為奢侈品形式的部分過大,那麼很明顯,因為奢侈品不能以實物形式轉化為資本,便一定會妨礙累積和擴大再生產。如果剩餘勞動中奢侈品過少,資本累積會加快,利潤率會下降。

[（b）簡單再生產條件下和資本累積條件下資本和收入的交換問題]

前邊分析小冊子中關於通過對外貿易把必需品轉為奢侈品觀點時，已涉及從全社會角度如何認識資本和收入在產品物質形態上的補償問題。由此，馬克思在本目中正面論述了簡單再生產條件下和資本累積條件下資本和收入的交換問題。

本書第一冊第四章第十節中，在分析社會年總產品的補償問題時，馬克思曾把對斯密等經濟學家在這一問題上的錯誤觀點的批判稱作「幕間曲」，並指出這一「幕間曲」要穿插在整個歷史批判中，一直演奏到結束。至此，回顧全書中有關評述部分，可以清晰地看到馬克思對古典經濟學有關再生產理論批判的基本線索和在批判中逐漸創立自己的社會再生產理論的脈絡。大體說來，在本書第一冊第三章、第四章中，通過批判斯密教條以及薩伊把社會總產品和社會收入等同起來的觀點，確立了年總產品價值包括C、V和M三部分的觀點，區分生產兩大部類的觀點，初步探討了兩大部類之間的交換；從而奠定了簡單再生產的基本原理。在第六章對魁奈《經濟表》的評論中，馬克思高度評價了這個表把資本的整個生產過程表現為再生產過程，把商品實現、貨幣流通、兩大生產部門之間的交換和資本於收入的交換都表現為再生產過程中的要素的總體分析，並由此形成了馬克思自己的《經濟表》的構思。第Ⅱ冊第十七章李嘉圖的累積理論中，通過批判李嘉圖從斯密教條發展出來的資本累積就是收入轉化為工資的觀點探討了資本累積條件下的實現問題，從而確立了擴大再生產的基本原理。本章這一目結合對小冊子的評論，在前邊研究的基礎上，做了簡要的總結性的概括，表現了馬克思社會再生產理論進入了成熟階段。

馬克思指出：在考察資本的流通、再生產和相互補償方式等等的時候，首先要撇開對外貿易。其次，必須區分以下兩種情況：既定規模的再生產和擴大規模的再生產。

（1）既定規模的再生產（簡單再生產）。首先要分別考察生活資料生產者和不變資本生產者的情況。

生活資料生產者的產品必須補償他們的不變資本和可變資本。產品中超過這兩部分的餘額構成剩餘產品，代表剩餘勞動。

生活資料生產者的產品中代表可變資本的部分，構成工人的工資。資本家與工人的交換是資本同勞動能力的交換，不是資本和收入的交換。工人出賣自

己的勞動能力，以貨幣形式得到工資，然後用這些貨幣買回生活資料。這些生活資料既可以是自己的產品，也可以是其他生活資料生產者的產品。從資本家的角度來說，則表現為同一部類內部各資本家之間一部分可變資本的相互交換。總之，生活資料生產者產品中代表可變資本的部分的實物形式可以直接滿足工人對生活資料的需要，可以通過本部類內部的交換實現。

剩餘產品部分是代表新加勞動的產品中由資本家消費的部分。它的實物形式可以供資本家消費，因此也可以通過生產生活資料部類內部的交換得到補償。這表現為剩餘產品佔有者的收入之間的交換。

生活資料生產者產品的第三個部分，代表他們的不變資本。它的實物形式不能通過本部類內部的交換得到補償，必須與生產不變資本生產者的產品相交換。這就是不變資本生產者產品中代表工資與剩餘產品的部分與生活資料生產者產品中代表不變資本的部分相交換。

不變資本生產者的產品補償也要從不變資本、可變資本和剩餘價值的實物形式的實現來說明。產品中代表可變資本和剩餘產品的部分通過與生活資料生產者代表不變資本的部分相交換，使工人和資本家所需要的生活資料得到供給。產品中代表不變資本的部分，其中一部分可以由自己的產品得到補償，一部分則通過不變資本生產者之間的交換得到補償。也就是通過本部類內部的交換得到補償。

馬克思進一步指出，如果要問全部年產品中哪一部分代表新加勞動，計算是非常簡單的：

（A）個人消費品。其價值分為三部分：第一，資本家的收入。第二，工資，以上兩部分是工人新加的勞動。第三，不變資本，即補償原料、機器等價值的部分，這不是一年的新加勞動。假如以 c' 表示不變資本，v' 表示可變資本，r' 表示剩餘產品，以 Pa 表示 A 部類（生產個人消費品部類）的總產品。那麼，$Pa = c' + v' + r'$，c' 不是新加勞動，$Pa - c' = v' + r'$，就代表 A 部類一年內的新加勞動。

（B）生產消費品。其產品價值也分為三部分，將 e''、v''、r'' 分別表示這一部類的不變資本、工資和剩餘產品的價值。Pb 表示 B 部類（生產生產資料部類）的總產品。同樣，$Pb = c'' + v'' + r''$，c'' 不代表新加勞動，$Pb - e'' = v'' + r''$ 是 B 部類的新加勞動。

兩部類之間的交換關係可以表示為 $v'' + r'' = c'$。一方面 A 部類的 c' 轉化為 B

部類的可變資本和收入（$v''+r''$），另一方面 B 部類的 $v''+r''$ 轉化為 A 部類的不變資本 c'。在 $v''+r''$ 同 c' 交換之後，情況可以表述如下：

$Pa = (v'+r') + (v''+r'')$。A 部類的產品雖然就價值來說包括 $c'+v''+r''$，但是就物質形態來說它們都是個人消費品，只能分解為工資和利潤。也就是說 Pa 只代表新加勞動，代表社會總產品中的全部新加勞動。

$Pb = c'+c''$，B 部類的產品就價值來說與 A 部類相同，包括 $c''+v''+r''$，但就物質形態來說，它們都是生產資料，不能分解為工資和利潤，只能補償已消耗的生產資料。因此，與 A 部類相反，其產品完全不代表新加勞動，只代表保存的過去勞動，僅僅補償不變資本。

馬克思由此得出結論：把年產品中所有作為收入、作為工資和利潤消費的部分都歸結為新加勞動的看法是正確的，而把全部年產品都歸結為收入、歸結為工資和利潤（包括利潤的分枝——地租和利息等），即只歸結為新加勞動的總和的看法是錯誤的。年產品中有一部分是不變資本，它的價值不代表新加勞動，它的使用價值不能加入工資和利潤。

另外，認為產品中歸結為工資和利潤的部分不能全部代表一年內加進的勞動是正確的。這是因為工資和利潤可以用來購買服務，服務勞動不加入產品的直接生產。

（2）擴大規模的再生產。它是以一部分收入轉化為資本，或者說是以資本累積為前提的。全部新資本是由新加勞動中剩餘勞動的部分構成的。不過政治經濟學家認為資本累積只是剩餘產品轉化為工資是錯誤的，剩餘價值不僅要轉化為工資（可變資本），而且要轉化為不變資本。

在考察資本累積時，明顯地可以看出全部新資本，無論是不變資本還是可變資本的來源都是工人的剩餘勞動。甚至在原始累積的情況下也是一樣。馬克思舉例說，假如我從工資中節約 500 鎊（這 500 鎊是我自己的勞動，不是佔有的別人的剩餘勞動）把它轉化為資本，假定利潤率為 20%，即每年 100 鎊。如果我每年把它全部消費掉，在 5 年中消費掉的利潤就等於全部資本，到第六年仍然存在的資本已經完全由佔有的別人的剩餘勞動構成了。如果我不把每年的利潤全部消費掉，而是把利潤的一半累積起來，那麼，不同的只是我原有的資本吃掉的過程慢一些，佔有別人剩餘勞動的過程快一些。

從以上可以看出，在考察剩餘價值本身的時候，產品的實物形式是無關緊要的。但是在考察再生產過程的時候，因為不僅要考慮價值的補償，而且必須

考慮產品使用價值的補償，產品的實物形式就具有了重要意義。馬克思指出，這又是一個說明使用價值具有經濟意義的例子。

[（c）小冊子作者的功績及其觀點在理論上的混亂。他提出的關於資本主義社會中的對外貿易的作用以及「自由時間」是真正的財富等問題的意義]

（1）馬克思在本目中補充評論了小冊子作者對剩餘價值論述上的功績及其理論上的混亂。（已將此處論述合併在 A 目中，這裡略）

（2）關於對外貿易的論述。小冊子作者接受李嘉圖的對外貿易學說，強調對外貿易中只能是相等價值的交換，一個國家不能從對外貿易中增加價值，只能增加使用價值的種類；他說「不管我們多麼努力，……備受讚揚的整個對外貿易從來沒有、從來不能、也絕不能為中國的財富增加一先令或一文錢，因為每有一包絲綢、一箱茶葉、一桶酒進口，就有價值相等的某種東西出口」。（轉引自第三分冊第 277 頁）對外貿易只是為了資本家舒適和享樂而進行的一種商品交換。有了對外貿易便可以突破本國消費品在供資本家享用方面的自然限制，獲得更多種類的奢侈品供資本家消費。正如經濟學家威克菲爾德所說：「只有**需要和滿足這些需要所必需的**商品**種類的無限多樣性**（因而還有生產這些不同種類的商品的具體勞動的無限多樣性），才使對財富的貪欲（從而佔有他人勞動的貪欲）成為無止境的和永遠無法滿足的。」（轉引自第三分冊第 278 頁）

可以很明顯地看出，小冊子的作者接受了李嘉圖的對外貿易學說。認為對外貿易不能增加一國的價值量，只能增加使用價值。不過李嘉圖的著眼點在於證明對外貿易學說和勞動價值論並不矛盾。小冊子作者則著重說明對外貿易對剩餘勞動的意義。

其實，通過對外貿易，剩餘產品中剩餘價值的性質才能充分顯示出來。如果工人的剩餘勞動只表現為剩餘產品，那麼資本家榨取和佔有剩餘勞動就會受到使用價值的極大限制。只是通過對外貿易，使剩餘勞動體現在品類眾多的使用價值上，才能進一步發展勞動的社會性，使剩餘勞動體現為價值的性質表現得更加明顯。資本主義經濟是發達的商品經濟，私人勞動同時要體現為社會勞動，物化在商品中的勞動表現為價值。隨著對外貿易和世界市場的形成，貨幣發展為世界貨幣，抽象勞動才發展為真正的社會勞動。因此，對外貿易和世界

市場的出現既是資本主義生產的前提，又是它的結果。

（3）馬克思對小冊子作者關於「可以自由支配的時間」是真正的財富的評述。

小冊子作者把國民困難的原因歸結為資本佔有工人的剩餘勞動，因此，在他看來，解決的辦法就是提高工資，減少剩餘勞動。這就是說，他主張勞動同資本交換時，工人從自己勞動創造的產品中佔有的必須多些，而資本佔有的必須少些。但是減少剩餘勞動可能有兩種情況：①減少工人勞動時間，從而使剩餘勞動時間減少；②不減少工人總的勞動時間，通過增加必要勞動時間使剩餘勞動時間相應減少。小冊子作者主張的是哪種辦法並沒有表述清楚。

馬克思進一步指出，下面一段話也可以看出小冊子作者思想的不明確性。他說：「一個國家只有在使用資本而不支付任何利息的時候，只有在勞動 6 小時而不是勞動 12 小時的時候，才是真正富裕的。財富就是可以自由支配的時間，如此而已。」（轉引自第三分冊第 280 頁）首先，小冊子作者在這段話裡講的利息應當被理解為包括利潤、地租和借貸利息在內的全部剩餘價值。在他看來資本就在於通過交換，不僅能夠得到等量勞動，而且能夠得到剩餘勞動。因此，他說的使用資本而不支付利息，就意味著既沒有剩餘產品也沒有剩餘勞動，這實際上就是資本不存在的時候。小冊子作者認為在這種情況下才是真正富裕的。但是這裡又可以有兩種理解：①除了維持工人自身的再生產所需要的產品和勞動以外，既沒有產品也沒有勞動；②工人自己佔有原來作為剩餘產品的部分和剩餘勞動的部分。關於這一層意思他也沒表述清楚。

如果將整段話聯繫起來考慮，又可能包含兩種意思。第一種，假定資本已不存在，從而不再要求別人提供剩餘勞動，也就是說過渡勞動者和有閒者之間的對立消滅了，所有的人都必須勞動，同時存在資本主義條件下發展起來的生產力，這時社會在 6 小時內就能生產出必要的豐富的產品，不需要為了生活而從事更多的勞動，那麼所有的人就會有 6 小時可以自由支配的時間，也就是小冊子作者所講的真正的財富。在這 6 小時中人們不必進行勞動，而是進行娛樂和休息，從而為自由活動和發展開闢廣闊天地。第二種，現在工人除了進行維持自己再生產的勞動外還要勞動 6 小時，如果資本不存在了，工人只勞動 6 小時，不必提供剩餘勞動，有閒者也勞動 6 小時。從而所有人的物質生活水準都降到工人的水準，但都有可以自由支配的時間。馬克思認為小冊子作者大概不會是第二種意思，因為他認為工人現在的生活水準是不人道的。但是，他並沒

有把自己的思想表達清楚。

馬克思在詳細評論了小冊子作者表述上的缺點之後，同時指出「財富就是可以自由支配的時間」的觀點無論如何不失為一個精彩的命題。馬克思通過對李嘉圖和小冊子作者觀點的比較，揭示出李嘉圖只能在資產階級狹隘眼界內認識勞動創造價值和剩餘價值的意義，小冊子作者則預示了在資本不再存在的情況下，勞動時間和可以自由支配的時間的意義。

李嘉圖在《政治經濟學及賦稅原理》一書第二十章《價值和財富，它的特性》中說，真正的財富在於用盡量少的價值創造出盡量多的使用價值，或者說就是在盡量少的時間裡創造出盡量豐富的物質財富。這裡他還沒有區分由此為勞動者提供的「可以自由支配的時間」和別人佔有這些時間創造出來的財富。但是，在資本主義生產中它是以對立的形式表現出來的，即勞動時間的支出屬於一個階級，「自由支配的時間」的佔有屬於另一個階級。李嘉圖的著作中後來的論述就顯現出了它的資本主義形式，即在他看來，「自由支配時間」的增加表現為剩餘產品在總產品中占的比例增大。它不過意味著一方面享受物質生產成果但不勞動或不用花費全部勞動時間的人數增多；另一方面其消費僅僅構成生產費用的一個項目，被強制地進行役畜般地勞動的工人盡可能減少。這就是站在資本主義立場上的經濟學家所能達到的最高點。

小冊子作者反駁這種觀點。在他看來，即使資本主義制度不存在了，財富仍然要由勞動創造，勞動時間仍然是產品生產費用的尺度。不過這時「可以自由支配的時間」成為工人自己的財富，也就是說勞動者在這些時間裡不再必須進行勞動，而是可以進行自由活動和消費產品。或者也可以說，隨著雇主和工人兩個對立階級的消滅，工人的勞動一方面限制在正常時間之內，不再為別人勞動，從而成為真正的社會勞動；另一方面作為勞動者得到自由支配時間的基礎，它取得了完全不同的更自由的性質。因而這時工人的勞動必將與資本主義制度下的被迫勞動不同，將具有更高的效率。

[（2）萊文斯頓把資本看成工人的剩餘產品。把資本主義發展的對抗形式同資本主義發展的內容本身混淆起來。由此產生的對生產力的資本主義發展成果的否定態度]

皮爾西·萊文斯頓（卒於1830年）是英國經濟學家，李嘉圖派社會主義

者。主要著作有《對於有關人口和政治經濟學問題的某些流行看法的正確性的一點疑問》（1821年出版）和《論公債制度及其影響》（1824年出版）。本節主要評論了後一本著作中有關剩餘價值的觀點。

馬克思首先比較了《國民困難的原因及其解決辦法》的作者、李嘉圖和萊文斯頓的剩餘價值觀點。小冊子作者是就剩餘價值的原始形式，即就剩餘勞動形式來考察剩餘價值的。他的著眼點是絕對剩餘價值，即在工人必要勞動時間以外延長的勞動時間。他主張縮短工人的勞動時間，不再為剩餘產品佔有者勞動。

李嘉圖的主要著眼點是縮減必要勞動時間。在資本主義生產情況下，縮減工人的必要勞動時間是延長為資本家工作的剩餘勞動時間的手段，即增加相對剩餘價值。

萊文斯頓似乎是以工作日既定為前提。因此，他論述的對象也是相對剩餘價值的。不過，他著重是就剩餘產品的形式而不是就剩餘勞動的形式來考察剩餘價值。

繼而，馬克思分析了李嘉圖社會主義者如何抓住李嘉圖理論上的矛盾，得出社會主義的結論。資產階級古典政治經濟學，特別是在李嘉圖的著作中，一方面，他們越來越明確地把勞動說成是價值的唯一要素，是使用價值的積極創造者。在他們看來勞動生產力的發展是增加財富的唯一手段，是社會發展的經濟基礎。另一方面，他們又把資本看成生產的調節者、財富的源泉和生產的目的。勞動表現為雇傭勞動，只是生產費用的一個項目和單純的生產工具。這種說法在一定程度上表現了資本主義生產的本質，即「雇傭勞動，……這種勞動創造的財富作為別人的財富和它相對立，它自己的生產力作為它的產品的生產力和它相對立，它的致富過程作為自身的貧困化過程和它相對立，它的社會力量作為支配它的社會力量和它相對立」。（第三分冊第284~285頁）但是李嘉圖等經濟學家不把它看作歷史特定階段的資本主義經濟關係的體現，而把它說成自然的、永恆的形式。由此，「他們一方面把絕對意義上的**勞動**（因為在他們看來，雇傭勞動和勞動是等同的），另一方面又把同樣絕對意義上的**資本**，……同時說成財富的唯一源泉」，（第三分冊第285頁）從而造成了他們理論上不可克服的矛盾。資本主義發展在英國現實中形成了一方面是「國民」（實際是資本家）財富的日益增長，另一方面是工人貧困的日益增長的尖銳矛盾。李嘉圖等政治經濟學家理論上的矛盾不過是現實中的矛盾的中肯的儘管是

無意識的表現。

站在無產階級方面的社會主義者很自然地抓住了李嘉圖等人理論上的矛盾，得出社會主義的結論。他們批評說：你們一方面說勞動是交換價值的源泉和使用價值的唯一的積極的創造者；另一方面又說資本就是一切，工人算不了什麼，「你們自己駁倒了自己」。（第三分冊第385頁）實際上應當說，資本不過是對工人的詐騙，勞動才是一切財富的真正源泉。這是李嘉圖社會主義者從勞動價值學說得出的最後結論。不過他們並不懂得如何在價值規律的基礎上說明資本主義剝削。

最後，馬克思闡述了萊文斯頓的主要思想。萊文斯頓認為隨著勞動生產力的發展，產生了資本和不勞動的資本佔有者階級。這部分人因為擁有財產獲得了對別人勞動的支配權，同時獲得了佔有別人剩餘產品的權利。資本產生的經濟基礎是生產勞動的發展出現了剩餘產品，隨著生產力進一步發展，對剩餘產品的佔有也相應地發展。他強調擁有財產就可佔有別人的勞動產品，至於是土地所有權還是資本所有者，都是一樣的。

萊文斯頓把生產必需品的勞動稱作生產勞動，把生產奢侈品及為財產所有者提供服務的勞動看作非生產勞動。在他看來，只有當生產力發展到產生了資本，才會有「舒適品」、機器生產出來，才會有自然科學的發展，才會有滿足富人餘暇產生的慾望的精神產品。這一思想在前面提到的小冊子作者那裡也是存在的。在他看來，剩餘勞動的存在引起了機器的製造以及對外貿易和世界市場的建立。以上觀點，實際上是把資本主義的產生看作生產力發展的必然結果，同時又進一步促進了文明的進步，也就是承認資本主義存在的歷史必然性。

萊文斯頓和小冊子作者的上述觀點，並不是為資本主義辯護，而是作為批判資本主義的出發點。他們強調資本主義剝削工人的剩餘勞動，違背工人利益。「沒有**資本**，沒有**財產**，工人消費的必需品便會生產得極其豐富。」（第三分冊第286頁）從這個意義上來說，他們也承認資本主義生產是社會發展過程中的一種歷史形式。但是，他們也有同政治經濟學家一樣的局限性，即把資本主義生產力發展的內容同它的對立形式混淆起來。一些人為了資本主義生產力發展的成果，而希望資本主義經濟關係永世長存。萊文斯頓等人為了消滅資本對工人的剝削，而決心犧牲在這種經濟關係下出現的生產力發展的成果。萊文斯頓說：「窮人的貧困創造了他的（富人的）財富……如果一切人都是平等

的，那麼誰也不會為別人勞動。必需品將會有餘，而奢侈品將會絕跡。」（轉引自第三分冊第 287 頁）馬克思指出：「萊文斯頓和小冊子《國民困難的原因及其解決辦法》作者一樣，表現為一個禁欲主義者。」

此外，馬克思還指出，萊文斯頓對地租的論述適用於因勞動生產力增長而發展的一般剩餘價值。在萊文斯頓看來，土地沒有自然價值，土地上的全部產品都由勞動創造。在社會發展的早期階段，勞動生產力低下，人們可以用來支付地租的剩餘產品是極少的，隨著勞動生產力的提高，用來支付地租的產品不斷增加了。土地所有權和資本一樣，是佔有在土地上進行勞動的人們的剩餘產品的權利。它把社會生產的每一種改良攫為己有，增加遊手好閒的寄生者。

[（3） 霍吉斯金]

托馬斯·霍吉斯金（1787—1869）是英國經濟學家和政論家，空想社會主義者。馬克思認為霍吉斯金是李嘉圖派社會主義者中「最出色的人物」。（第三分冊第 286 頁）

霍吉斯金出身於英國海軍文職職員家庭，曾任海軍軍官，因與上級發生衝突被免職。1815 年起在歐洲旅行 3 年，他詳細考察了德國北部地區的經濟、政治、文化狀況和風俗習慣；1820 年，他出版了既帶有文學意味又涉及社會經濟問題的著作《德國北部旅行記》。自然權利的理論和李嘉圖的學說對霍吉斯金世界觀和經濟觀點的形成產生了巨大影響。他企圖以自然權利學說和李嘉圖的勞動價值論、剩餘價值論為依據，批判資本主義制度，保衛勞動者的利益。1925 年出版了《保護勞動反對資本的要求或資本非生產性的證明》（該書匿名發表，署名「工人」）。他出版這一著作的目的在於配合當時工人階級反對資本家的鬥爭，駁斥資產階級掀起的反對允許結社自由的宣傳，證明工人階級團結一致保衛結社自由保衛工會的必要性。自此，他進入政論家、社會活動家生涯。霍吉斯金曾熱心於在工人中普及教育，擔任過一所工人學校的名譽秘書，並親自講授政治經濟學。他的講稿於 1827 年刊印成書，題名《通俗政治經濟學》。1832 年他又出版了《財產的自然權利和人為權利的比較》。霍吉斯金雖然站在工人階級立場上激烈地批判資本主義，但同時又是一個無政府主義者。他相信競爭，主張「放任自由」，不贊成歐文的集體合作思想。他反對爭取擴大選舉權的鬥爭，認為國家政權的形式和組織都是沒有意義的。他也反對

憲章運動者的革命鬥爭方法，認為這樣做是不必要的。到19世紀30年代後期，他終於離開了工人運動，把自己的論題轉到了宣傳自由貿易方面。1846—1855年，他曾擔任《經濟學家》（*Economist*）的編輯。

霍吉斯金的《保護勞動反對資本的要求或資本非生產性的證明》和《通俗政治經濟學》兩本書對當時的工人運動和英國政治經濟學有著重要影響。馬克思指出：「如果說前面談到的那些小冊子以及其他許多類似的小冊子都無聲無息地過去了，那麼霍吉斯金的這兩部著作，特別是第一部著作，卻引起了強烈的反應，至今仍然可算是英國政治經濟學方面的重要著作。」（第三分冊第289頁）

本節分別評析了霍吉斯金的《保護勞動反對資本的要求或資本非生產性的證明》《通俗政治經濟學》和《財產的自然權利和人為權利的比較》三本著作。重點是第一部著作。全節共分八目，（a）至（f）六目都是考察第一部著作的基本觀點。其中（a）至（d）重點評析了霍吉斯金以「並存勞動」駁斥政治經濟學家的「資本生產性」的觀點，結合對這一觀點的分析馬克思發揮了自己的資本理論和再生產理論。（e）評述了霍吉斯金關於利潤率下降趨勢的觀點。（f）簡要評論了霍吉斯金的勞動的社會性和資本與勞動的關係的觀點。（g）分析了《通俗政治經濟學》中的基本觀點，實際是對前一著作觀點的補充。（h）摘引了《財富的自然權利和人為權利的比較》中的若干段落。這本書的基本觀點可以說明霍吉斯金政治經濟學理論的哲學基礎和政治結論。

[（a）資本的非生產性的論點是從李嘉圖理論中得出的必然結論]

霍吉斯金在《保護勞動反對資本的要求或資本非生產性的證明》小冊子中，針對資產階級經濟學家托倫斯、馬爾薩斯等人的「資本是價值的創造者」，證明了資本的非生產性，揭露了利潤的剝削本質。

馬克思在這一目裡揭示出霍吉斯金證明資本非生產性的論點是從李嘉圖的勞動價值論引申出來的，小冊子只是表達出了李嘉圖論述的必然結果：資本是非生產性的。

李嘉圖從來認為只有勞動創造價值，「沒有斷言資本**就生產價值的意義來說是生產的**」。（第三分冊第290頁）資本在生產過程中只是把自己的價值轉移到新產品中，資本自身的價值也是由生產它所必要的勞動決定。可見，李嘉

圖理論的必然結論是資本的非生產性。馬克思也指出，李嘉圖只是在論述一般利潤率時出現了理論上的矛盾，即價值規律和平均利潤的矛盾。馬爾薩斯等人就是抓住這個矛盾攻擊他的勞動價值論，引出了資本生產性的論點。

斯密和李嘉圖等經濟學家在談到生產使用價值意義上的資本的生產性時，他們講的資本，「不過是指過去的有用勞動的產品重新用作生產資料，即勞動對象、勞動工具和工人的生活資料」。（第三分冊第 290 頁）在這個意義上生產資料和生活資料實際上並不是資本。在使用價值生產中，小麥是作為食物、羊毛是作為原料、蒸汽機提供動力等，它們都是以自身的物質屬性在生產中發揮作用，或者說在生產中提供服務，而不是作為交換價值，更不是作為資本同勞動發生關係「它們在這裡是生產的……原因在於它們作為實際勞動的客觀條件的屬性，而不在於它們作為**獨立地同工人相對立、同工人相異化的條件**，作為體現在資本家身上的活勞動**支配者**的那種**社會存在**」。（第三分冊第 291 頁）李嘉圖等人把資本主義經濟關係看成永恆的，把資本與雇傭勞動的關係歸結為一切生產方式下共有的勞動與物質條件的關係。因而他們不能把生產資料和工人的生活資料在一切生產條件下作為生產的客觀的物的作用與在資本主義生產方式下作為資本的性質區分開來。馬克思指出：「政治經濟學家們經常把這些物借以表現為資本的一定的特殊形式同它們作為物以及作為一切勞動過程的簡單因素的屬性混為一談。作為『**勞動的使用者**』的資本所含的奧妙，他們卻沒有說明，他們只是不斷無意識地把這種奧妙說成是某種同資本的物的性質不可分離的東西。」（第三分冊第 292 頁）

馬克思強調：「只有把資本看作一定的社會生產關係的表現，才能談資本的生產性」。（第三分冊第 291 頁）這就是說，在資本主義生產方式下，生產資料在生產過程中，不是作為客觀的物質條件被勞動支配，而是掌握在資本家手中，與勞動相對立，成為支配勞動的力量。只是在這個意義上，生產資料才成為資本。但是，這樣來認識資本，資本就立刻表現出它的歷史暫時性質，表現出它本身存在的矛盾為自己的滅亡創造了條件。「但是政治經濟學家們沒有把資本看成這樣一種關係，因為他們不敢承認它的**相對**性質，也不理解這種性質；相反，他們只是從理論上反應了為資本主義生產所束縛的、受資本主義生產支配的、同資本主義生產有利害關係的實際家們的觀念。」（第三分冊第 292 頁）霍吉斯金與一切資產階級經濟學家不同，他站在工人階級立場上，利用李嘉圖的勞動價值理論批判資本主義生產，維護勞動者利益。但是在理論上他

並沒有衝破資產階級政治經濟學狹隘觀念的束縛，因而也沒有正確認識資本的本質。在論述問題時，他往往只是把資本看作勞動中的物的因素，沒有把資本理解為特定的生產關係。

[（b）反駁李嘉圖的資本是累積勞動的定義。關於並存勞動的見解。對物化的過去勞動的意義估計不足。現存財富同生產勞動的關係]

霍吉斯金怎樣批判「資本是價值的創造者」，證明資本的非生產性呢？他批判李嘉圖等人把流動資本看作累積勞動的觀點，與這一觀點相對立，提出流動資本不過是「並存勞動」。他用否定資本是累積勞動的觀點，否定資本的生產性，否定政治經濟學家為資本獲取利潤的合理性辯護的觀點。為了進一步詳細分析評論霍吉斯金關於資本非生產性的論證，馬克思首先對他的關於累積、資本的性質、資本分類的看法做了說明。

關於累積，霍吉斯金針對政治經濟學家強調資本累積對生產的重要性的觀點，認為累積不過是社會勞動生產力的累積。工人本身的技能和知識（科學力量）的累積是主要的累積，它比生產的客觀的物質條件的累積重要得多。真正的財富是人，物質財富不過是從事社會生產的人的物質因素。這些客觀條件在再生產過程中不斷重新生產出來又不斷被消費掉，只是名義上進行累積。霍吉斯金用強調勞動中人的因素的重要性與經濟學家強調資本作為物質因素累積的觀點相對立。馬克思指出，這種觀點與李嘉圖派庸俗經濟學家麥克庫洛赫把資本的作用歸結為物的屬性的粗野的拜物教相比較，人們還能「說什麼在崇高的資產階級政治經濟學的唯靈論面前，無產階級反對派所鼓吹的只是以滿足鄙俗的需要為目的的粗野的唯物主義」（第三分冊第294頁）嗎？

霍吉斯金對資本的認識是接受了政治經濟學家的觀點。他一方面認為「資本（在它加入實際勞動過程的情況下）被說成勞動的單純的物的條件，或者說只具有勞動的物質要素的意義，而且（在價值形成過程中）只不過是用時間來計算的一定的勞動量」。（第三分冊第294～295頁）另一方面他又把資本說成支配勞動和決定勞動的力量，是同勞動無關的財富。他沒有說明這兩種含義之間的關係。

霍吉斯金還接受了政治經濟學家的傳統觀點，把資本區分為流動資本和固定資本。他所理解的流動資本，主要是指流動資本中由工人的生活資料構成的

部分。政治經濟學家對流動資本的這種看法，只是從商品儲備的物質形態上認識流動資本。因為他們不把資本看作特定的生產關係，也就不能把由工人生活資料構成的商品儲備看作資本運動中的商品形態。

馬克思在說明了與霍吉斯金有關的政治經濟學觀點之後，進一步分析評論了他以「並存勞動」反對「資本是累積勞動」的觀點。霍吉斯金說：「政治經濟學家們斷言，沒有**過去的資本累積，分工**是不可能的」，但是「那些被認為由**名叫流動資本**的**商品儲備**產生的結果，是由**並存勞動**引起的」。（轉引自第三分冊第295頁）首先針對霍吉斯金的論點，馬克思剖析了所謂「並存勞動」的含義。馬克思指出：「從某種意義上來說，分工無非是並存勞動，即表現在不同種類的產品（或者更確切地說，商品）中的不同種類的勞動的並存」。（第三分冊第295~296頁）在資本主義制度下，分工包括以行業劃分為標誌的社會內部的分工和作坊內部的分工。作坊內部的分工是以社會內部的行業劃分為基礎，同時作坊內部的分工又擴大了社會內部的分工。「霍吉斯金說『分工』不是被稱為流動資本的**商品儲備**的結果，而是『**並存勞動**』的結果，如果這裡他所說的分工是指行業劃分，那就是同義反覆。這只是意味著分工是分工的原因或結果。因此，霍吉斯金所指的只能是：作坊內部的分工是以行業劃分、社會分工為條件，並且在一定意義上是社會分工的結果」。（第三分冊第297頁）從這個意義上說，不是「商品儲備」造成了這種行業劃分，從而造成了作坊內部的分工，而是行業劃分使產品儲備變為商品儲備。

接著馬克思分析評論了政治經濟學家所講的「資本累積」和「名叫流動資本的商品儲備」。經濟學家杜爾哥、斯密都講資本累積是分工的條件。馬克思指出，他們所說的「資本累積」可能是指事先在資本家手中積聚起來的「商品儲備」，因為工場手工業內部分工的發展是以工人集結在一起為條件的，從而為了保證勞動生產率的提高、生產的不斷進行，必須首先在資本家手中累積工人勞動期間所需要的生活資料和必需的原料、工具和輔助材料。總之，分工的發展以大規模的生產的客觀條件積聚在資本家手中為前提。政治經濟學家所講的「資本累積」，「不可能指『作為**分工條件**的生活資料、原料和勞動工具數量的增加』，因為，如果把資本累積理解為這種資料的累積，那它就是分工的結果，而不是分工的前提」。（第三分冊第298頁）他們講的「資本累積」，也不可能意味著工人已經生產出來的勞動產品必然被用作新的生產的原料和勞動資料。勞動產品作為一般的勞動條件，以前在資本主義意義上的分工

也是如此。

馬克思指出累積可以從兩重意義上來理解。「**一方面**，從物質要素的觀點來看，**累積**在這裡無非是指：分工使生活資料和勞動資料的積聚成為必要。」（第三分冊第 298 頁）這裡講的累積，不是生活資料和勞動資料絕對數量的增加，而是積聚。即把較大量的生活資料和勞動資料集結在一點，而且比集結在一起的工人人數相對地多。例如，在工場手工業中工人所需要的亞麻（與其人數相比）就比一切以副業方式紡麻的農民和農婦所需要的多。**另一方面**，從人的社會關係的觀點來看，累積只能在一定的歷史的形式下進行，或者說必然表現為以分工為特點的工場手工業的形式。在手工工場裡，工人是作為雇傭工人，作為被迫出賣自己勞動能力的人集結在一起。工人的勞動條件——生活資料和勞動資料作為資本積聚在資本家手中，作為與工人相對立的、支配他們的力量而存在。

資本原始累積表現為一方面勞動者喪失勞動條件，另一方面勞動條件轉化為資本，積聚在資本家手中成為支配勞動的獨立的力量。一部分人成為資本家不是因為他們佔有大量貨幣，要使貨幣轉化為資本，必須具備資本主義生產的前提。生產條件與勞動者的分離就是資本主義生產的第一個歷史前提。資本原始累積是社會歷史發展的必然階段。資本主義生產方式一經產生，勞動條件與勞動者分離，勞動條件作為資本存在是既定的。這種分離既是生產本身不斷再生產出來和不斷擴大的基礎，同時，隨著生產的發展它本身也以越來越大的規模增長。

雖然資本累積「只是把**原始累積**作為特殊的歷史過程，作為資本產生的過程，作為從一種生產方式到另一種生產方式的過渡出現的東西表現為**連續的過程**」（第三分冊第 299~300 頁），但是，資本累積直接表現為資本家把利潤或者說剩餘價值的一部分作為資本使用。這樣一來，把一部分剩餘產品再轉化為生產條件的資本累積過程，似乎成了資本家的特殊職能。政治經濟學家們便從這種表象得出結論，資本累積的特殊歷史形式，就是勞動的客觀物質條件累積的唯一形式。「在他們的腦子裡，擴大規模的再生產是和這種再生產的資本主義形式——**累積**——分不開的。」（第三分冊第 299 頁）

馬克思指出，首先，政治經濟學家們對資本和資本累積的這種觀點，為資本主義生產代理人的觀念所束縛，陷入了雙重的但是互為條件的概念的混淆。

關於資本，一方面他們把資本從一種關係變成一種物，變成商品儲備。只

是因為這些商品儲備被用作新的生產條件而稱為資本，並按其再生產方式被稱為流動資本。另一方面他們又把物變成資本，即把通過物表現的資本的屬性，或者說表現在物上的社會關係看成物在勞動過程中的屬性。

因此，關於資本累積，政治經濟學家們一方面把作為分工條件的資本的預先累積只是看作生活資料和勞動資料的量的增加或積聚，忽視了資本累積的社會形式；另一方面，在他們看來，生活資料和勞動資料如果不具有資本的屬性，或者說如果屬於工人而不屬於資本家，它就不會作為生產的客觀條件起作用。政治經濟學家把生活資料和勞動資料作為勞動的客觀條件的物的屬性和表現特定社會關係的歷史形式看作不可分離的。他們不懂得生活資料和勞動資料作為資本只具有歷史的暫時性，在社會歷史上它不是一開始就具有資本的社會形式。

其次，因為在資本主義的條件下，剩餘產品為資本家所佔有，剩餘產品轉化為勞動條件，只能從資本家那裡開始。資本主義的擴大再生產，表現為資本家不把無代價地得到的剩餘產品吃光，而是把節約下來的一部分利潤轉化為勞動資料。政治經濟學家便由此得出結論，如果剩餘產品不首先從工人的產品轉化為他的雇主的財產，或者說不作為利潤被資本家佔有，它就不能作為累積充當新的生產要素。馬克思指出，政治經濟學家，「甚至一些優秀的政治經濟學家，如李嘉圖，也把關於禁欲的觀念從貨幣貯藏者那裡移到了資本家身上」。（第三分冊第 301 頁）

最後，馬克思進一步分析了霍吉斯金對政治經濟學家關於資本生產性觀點的批判。

馬克思指出，霍吉斯金本來應該借助政治經濟學家中的科學因素來反對他們從資本主義的思想方式接收來的拜物教觀念。他應該說明工人過去勞動的產品作為自己的勞動資料和生活資料進行新的生產，同工人過去勞動產品作為資本集中在資本家手中，然後以與工人相對立，支配他們勞動的力量投入生產過程是完全不同的。後者，工人的勞動產品首先為資本家所佔有，以便後來工人再用自己的勞動從資本家那裡贖回。為此，他不得不為資本家創造新的剩餘產品。

在這裡，過去勞動表現在兩種形式上。第一，過去勞動表現為產品、使用價值。生產過程作為工藝過程，或者說作為物質生產過程要把工人過去勞動生產的一部分產品當做勞動資料和生活資料投入新的生產。第二，過去勞動表現

為價值。這一點只是表明工人新產品的價值不僅包含現在勞動創造的價值，而且包含過去勞動創造的價值。表明工人以自己的勞動擴大了舊價值，同時保存了舊價值。

新的生產所要求的過去勞動的累積，無論是表現為使用價值還是價值形態，都不一定表現為資本的累積。「如果資本的累積（根據政治經濟學家們的意見）無非就是勞動的累積，那麼這絕不包含它必須是別人勞動的累積這樣一種意思。」（第三分冊第303頁）資本家佔有過去勞動的產品，因此擁有佔有新產品和活勞動的手段，與物質生產過程的要求沒有什麼關係。這正好可以否定政治經濟學家用資本是累積勞動來證明資本的生產性和資本家獲取利潤的合理性的觀點。

霍吉斯金雖然批評了政治經濟學家的資本生產性觀點，但他自己也沒超出政治經濟學家們的狹隘觀念，未能把資本看作特定歷史階段的生產關係。他只是用否定過去勞動本身或它的產品作為新勞動條件對再生產的重要性來駁斥資本的生產性。

政治經濟學家把過去勞動同資本等同起來。他們為了贊揚資本的作用，當然就把生產的物的要素提到首位，與活勞動相比，過高地估計了物的要素的意義。當他們這樣講的時候，實際上是從資本主義關係的角度來看待生產中物的因素。過去他們不是把勞動的產品作為活勞動支配的物的因素，而是把物的因素看作支配活勞動的力量。為了替資本進行辯護，政治經濟學家們賦予勞動的物的因素以一種和勞動本身相對立的虛假的重要性。正因為這樣，霍吉斯金針鋒相對堅持累積勞動作為生產中物的因素同活勞動相比是極不重要的。在他看來，過去勞動的產品只是作為新生產過程的因素才有價值。這裡，霍吉斯金有點低估過去勞動對現在勞動的意義，不過這一點在反對政治經濟學家們的拜物教時是很自然的。如果在資本主義生產中，從而表現在它的理論上，勞動只是作為生產中物的因素，那麼這場爭論就不可能發生。爭論之所以存在，只是因為在資本主義生產中，從而表現在理論上，物化勞動是活勞動的對立物。也就是說政治經濟學家形成了他們的拜物教觀點。

霍吉斯金如何反對由資本累積引申出的強調「商品儲備」重要性的觀點呢？他的批判是針對政治經濟學家的觀點展開的。例如，在政治經濟學家們看來，流動資本的一部分是由生活資料的儲備構成的，資本家預先累積這些生活資料是為了在工人勞動時維持他們的生活。工人沒有生活資料就不能進行生

產，資本家累積生活資料的重要性也就不言自明了。

馬克思指出，在資本主義生產條件下商品儲備量最大，但儲備的形成卻根本不是資本主義生產的特點。政治經濟學家關於商品儲備的見解，「仍然流露出對**貨幣貯藏者所實現的累積**即貯藏的回憶」。（第三分冊第305頁）

霍吉斯金對這種觀點怎樣說呢？他不去區分工人的生活資料作為物的因素對生產的作用和作為資本即作為支配活勞動的力量起的作用，而是強調工人的生活資料不是或者大部分不是過去勞動產生的，而是並存勞動產生的，也就是說不是資本家預先累積起來的商品儲備。霍吉斯金說：「人民的一部分食物是**麵包**，它經常只是在食用前幾小時才烤出來……麵包業主的產品不能貯藏。」「工人的另一種食物是牛奶，而牛奶的生產……一天兩次。如果說乳牛已經有了，……它需要**經常的照料和經常的勞動，它的飼料在一年的大部分時間裡都是飼料作物每天生長的結果。**」「甚至拿衣服來說，由於怕蟲蛀，衣服的儲備，同衣服的總消費比較起來，**只是一個很小的數量。**」（轉引自第三分冊第305頁）總之，「一年內生產出來的東西一年內就被消費掉」，所以實際上不能**累積起使人們能夠完成持續一年以上的全部工作所需的商品儲備**。因此，從事這些工作的人不應當指望**已經生產出來的商品**，而應當指望由其他人勞動和生產出他們在完成自己產品的勞動期間為自己生存所必需的東西」。（轉引自第三分冊第305頁）如果我們注意到維持生活所必需的許多產品都是在生產出來以後立即被消費掉，「我們就會懂得，**每一項不同種類勞動的成效和生產力取決於其他人的並存生產勞動的程度，總是比取決於**流動資本的**任何**累積的**程度大**」。（轉引自第三分冊第306頁）「工人人數總是必須取決於**流動資本的量，或者**，照我的說法，取決於允許工人消費的並存勞動的產品的量。」「資本家**能夠**養活，並因而雇傭**其他勞動者**；不是由於他擁有商品儲備，而是由於他有**支配一些人的勞動的權力。**」（轉引自第三分冊第306頁）

馬克思指出，資本累積並不意味著勞動資料和工人的生活資料已經在物質形態上集中在資本家手中。這就是說，它可能以價值形態（貨幣形態）存在，只要能及時購買到勞動資料保證連續的生產過程的需要就行了。至於工人的生活資料，因為工資常常都是以貨幣工資而不是以實物工資形式發放，故工人的生活資料並不需要以實物形式成為資本家的商品儲備。

就資本的物質形態來說，在每一單個生產部門內部，資本中歸結為勞動工具和勞動材料的部分總是以已經生產出來的產品作為前提。不能紡沒有生產出

來的棉花，不能使尚待製造的紗錠轉動，不能燒尚未從礦裡開採出來的煤。總之，勞動資料總是以過去勞動產品的形式加入生產過程。從這個意義上來說，現存的勞動取決於以前的勞動，而不是並存的勞動。但是「在考察流通過程和再生產過程時，我們同時還看到，商品被製造出來並轉化為貨幣以後，它之所以能再生產出來，只是因為它的一切要素被『並存勞動』**同時**生產和再生產出來」。（第三分冊第307頁）例如，從棉花到衣服的生產過程。從生產的進程來看，從棉花生產出來到紡紗、織布、漂白、染色、整理、加工成衣服、制成最終產品轉到消費者手裡，在這個過程中，一個生產階段生產出的產品又作為生產條件進入另一個生產階段，這樣經過連續的階段，直到制成最終產品。在這裡，過去勞動不斷表現為現在正在進行的生產的勞動條件。但是在產品這樣地從一個階段轉到另一個階段的同時，每一個階段上又要不斷地生產出自己的產品。就是說當織布者在加工棉紗的時候，紡紗者又在生產新的紗。從這個意義上來說，再生產過程能夠不斷地重新開始就取決於並存勞動。為了保證織布的生產不斷進行，必須有不斷進行的紡紗者的勞動並存。這種勞動的同時並存性，以建立在社會內部分工基礎上的生產方式為前提。「如果同一個農民先種亞麻，然後把它紡成紗，再把它織成布，那麼這些工序就有連續性，但是沒有同時性。」（第三分冊第308頁）這時也就不存在並存勞動。

如果從單個商品生產過程中的某一階段來考察單個生產過程：一方面，以前的勞動只是由於為活勞動提供生產條件才具有意義；另一方面，這些生產條件總是作為以前的勞動已完成的結果加入這一過程。政治經濟學家們都是只強調後一方面。但是，從再生產和流通的總過程來考察，每一個特殊領域的商品生產過程中所依靠的和作為其先決條件的勞動，則表現為並存的、同時的勞動。只有各個相互聯繫的生產領域同時進行勞動，不斷生產出它們的產品，才能在賣出產品後買到他們所需要的生產資料和工人的生活資料；否則，一個階段的產品生產出來後，就會找不到進行再生產的生產條件。因此，從包括流通過程在內的總再生產過程來看，資本家所認定的全部物質財富只不過是這個過程的一個階段上存在的商品形態，一個不斷迅速消失的因素。

[（c）所謂累積不過是一種流通現象（儲備等是流通的蓄水池）]

馬克思在這一目針對霍吉斯金與政治經濟學家關於「並存勞動」和「過

去勞動」的論戰，對所謂累積勞動做了進一步的分析，指出所謂累積不過是一種流通現象，商品儲備只是再生產過程中的一個中間階段，並且詳細地說明了影響流通的各種因素。

霍吉斯金只是從流動資本的一個組成部分即轉化為工人消費品的部分來考察的流動資本。而他所考察的問題是工人給資本家提供的活勞動量與從資本家手中領回的工資轉化成的消費品之間有什麼關係，也就是揭露資本家佔有了工人的剩餘勞動。由此，他強調活勞動對生產的意義而否認過去勞動對生產的重要性。

霍吉斯金所說的流動資本，是指在工人勞動期間，資本家就應當累積起工人消費所需的生活資料。所以政治經濟學家們說，流動資本——資本家累積的已經生產出來的商品——是勞動條件。必須承認，如果沒有這些供消費的物品，工人就無法勞動。

馬克思針對以上觀點，從再生產和流通統一的角度，分析了所謂生活資料累積的性質。

如果從再生產過程來考察，工人的生活資料（消費品），首先是在工廠由工人生產出來成為可以出賣狀態的商品。這些商品必須完成它的第一形態變化，即轉化為貨幣。也就是說，這些商品存在於市場上，處於流通階段，即儲存在商人的店鋪、棧房中（這裡商品要經過幾次轉賣，不影響問題的性質）。如果這叫作累積，這種累積不過是商品從流通轉入消費之前所處的中間階段，只是它生命過程中的一個很短暫的時刻。如果生產和消費都是多種多樣的和大規模的，那麼就會有大量的各種各樣的商品經常處於這種停頓狀態，即處於這種中間階段。

這種商品儲備的靜止狀態只是一種表面現象。像驛站始終客滿，但始終都是新的旅客一樣，同一種商品不斷地從生產領域中生產出來，通過市場轉到消費者手中。同一種商品又同時存在於生產、流通和消費三個階段上。這是一個像血液循環一樣的生命過程。如果流通的中間階段延長，以致新商品已經生產出來但產品還未轉入消費階段，表現為「累積」，市場上就會出現商品充斥的現象，即生產過剩。「資本作為**商品資本**（在這個流通階段上，在市場上，它就是以這種形式出現的）不應該停滯不動，而應該只是在運動進程中短暫地停留。否則再生產過程就會遭到破壞，整個機構就會紊亂。所以，這種在個別點上以集中形式出現的物質財富同生產和消費的持續不斷的源流相比，是微不

足道的。」（第三分冊第 331 頁）所謂累積不過是一種流通現象。

在商人那裡也存在著 W—G—W 的資本運動過程（這裡不考慮商業利潤，它與研究的問題無關），即表現為商人不斷地從生產者那裡買進商品，又不斷地把商品賣給消費者。但這種運動只不過是生產和消費的中間階段。這裡應當看到再生產包含著消費。為了進行商品的再生產，商品就必須賣掉，必須加入消費。再生產過程既然是流通和生產的統一，它就包含著本身是流通因素的消費。消費本身就是再生產過程的因素和條件。如果就整個再生產過程來考察，商人向生產者購買商品所支付的貨幣，實際上是消費者向商人購買商品所用的貨幣。對生產者來說，商人代表消費者，而對於消費者來說，商人代表生產者，商人只不過是生產者和消費者之間的仲介。

就某一類商品來考察，商品在流通中停留的時間由哪些因素決定呢？

第一，商品處在流通階段的時間，或者說流通中商品儲備的時間，取決於生產商品時間的長度。隨著各種商品生產時間長度不同，商品停留的時間也不同。例如，穀物的再生產需要一年時間，它必須足夠第二年全年消費。今年生產出的穀物被轉入流通的各種蓄水池中，——倉庫、穀物商、磨坊主等，在一年中逐漸地轉入消費。新的穀物只有在一年之後才能再轉入流通的蓄水池中。

第二，使用價值會迅速壞掉的商品，在流通中停留的時間就短暫。有的商品幾乎每天必須消費掉，否則就會壞掉。這種商品就迫使再生產時間，包括流通時間適應它的使用價值的性質。

從全社會生產發展的總體來看，商品流通時間變動有如下的趨勢。馬克思指出：「一般說來……雖然聚集在流通蓄水池中的商品的**絕對量**會隨著國民經濟的發展而增長，但是由於生產和消費的增長，這個**量**同年生產和年消費總量相比，還是會減少。商品從流通到消費的**轉移**會加速。」（第三分冊第 313 頁）

影響商品流通速度的有以下因素：

（1）商品生產過程各個階段所需時間縮短。這是由於分工的發展、機器的使用、化學方法進入生產過程等而縮短了生產時間。

（2）部分地由於不同生產部門的聯合，即由於形成了把一定生產部門聯合起來的生產中心，部分地由於交通工具的發展，商品從一個生產階段到另一個生產階段的時間縮短了。

（3）以上兩種加快再生產的因素，都以大規模生產為前提，同時也以大量不變資本，特別是大量固定資本基礎上的生產為前提，因而也以生產的不斷

進行為前提。這種大規模的、不斷的生產本身就有使再生產加速的趨勢。首先，這是指在大規模生產的情況下，不必像手工業者那樣因等待需求而使生產中斷。這時生產是按資本所容許的規模進行的，也就是說，只要有資本，生產就可以不斷地進行，「生產在這裡僅僅表現為不斷的再生產，同時也是大量的生產」。（第三分冊第 315 頁）其次，造成再生產這樣迅速的情況，也會減少商品在流通蓄水池中聚集的必要性。「就**生產消費**來說，這種情況已部分地包含在商品本身或其組成部分所必須通過的各個生產階段的彼此接近中」。（第三分冊第 315 頁）例如，如果每天大量生產煤炭，並且由火車、輪船等運送到工廠的大門口，那麼工廠主就不需要儲備煤，或者只需要儲備少量的煤。即使撇開生產消費不談，經營個人消費品的商人也有同樣的情況。由於有迅速的交通工具和可靠的、不斷的更新和供給，商人的「商品儲備在數量上可能增加，但是這種儲備的每一個要素存在於他的蓄水池即存在於這種過渡狀態的時間會縮短」。（第三分冊第 315 頁）相反，在生產不發達的階段，由於交通工具緩慢、聯絡困難，儲備的更新常常發生中斷等情況下，必然要有較多的商品儲備在流通的蓄水池中，從而從生產到消費的再生產過程必然是緩慢的。隨著生產規模的擴大，處在流通過程中的商品儲備會相對減少。關於這一問題，政治經濟學家萊勒、柯貝特、西斯蒙第的著作中都有過論述。

但是，我們也應當看到，隨著商品在流通過程中停留時間的縮短，空間的範圍相應擴大了，或者說市場在空間上相應擴大了。

隨著資本主義生產的發展，商品生產和流通會異常擴大。其原因如下：

（1）大規模的生產，產品只是為了投入市場，同生產者對自己的產品的需要在數量上絲毫沒有關係。

（2）社會內部分工擴大，新生產部門建立，商品種類增加。這種商品種類的增加，可以是由於同一產品的不同階段以及加在產品上的要素，分化為獨立的勞動部門，或者說，同一商品分化為不同的商品。也可以是因為發現了利用同一使用價值的新方法，從而出現了新的種類的商品，例如蒸汽機在工業中的利用，隨之發明了用蒸汽機發動的交通工具。

（3）以前以實物形式消費自己大部分產品的人口中大多數轉化為雇傭工人。

（4）租地農民轉化為資本家（指土地以工業方式經營），地租隨之轉化為貨幣地租。

（5）大量以前「不可讓渡的」財物的變賣使它們轉化為商品，例如地產、房屋等。同時，還因為各種各樣的股票構成的財產形式被創造了出來。

[（d）霍吉斯金對資本家為工人「累積」生活資料的見解的駁斥。霍吉斯金不瞭解資本拜物教化的真正原因]

上目馬克思從再生產的角度，分析了累積不過是一種流通現象。這一目又回過頭來具體分析了所謂「資本家為工人累積生活資料」的真正含義和霍吉斯金以「並存勞動」觀點進行的反駁。

一、「資本家為工人累積生活資料」的含義

政治經濟學家所謂的「資本家為工人累積生活資料」，並不是指再生產過程中商品處於流通階段的情況。也就是說，他們所講的工人的生活資料不是僅僅作為勞動的條件。在資本主義生產中，工人是雇傭勞動者，工人必須首先出賣自己的勞動力商品，把它轉化為貨幣，即領取貨幣工資，然後才能用貨幣購買消費品。工人必須在市場上購買到他的生活資料，生產才能夠進行。

由上可見，工人的生活資料不是累積在資本家手中，而是在經營生活資料的商人手中。工人與這些商人的關係不是工人與資本家之間的關係，而是買者與賣者的關係。至於資本家手中累積的則是另外的商品：第一，他們的固定資本——建築物、機器等；第二，他們的原料和輔助材料；第三，進入流通以前存在於倉庫、貨棧中的商品。這三類商品都不是工人的生活資料。

因此，所謂資本家為工人累積生活資料，不過是表示資本家必須擁有足以支付工資的貨幣，工人再用這些貨幣從流通中買回自己的生活資料。資本家累積在手中用以支付工資的貨幣可以是單純的價值符號，不一定是過去勞動的代表，它只是表示這個人所出賣的勞動或商品的價格。至於工人用貨幣買到的生活資料是並存勞動的產品還是過去勞動的產品，和工人與資本家之間的對立毫無關係。

根據以上考察，所謂「資本家為工人累積生活資料」，可以概括為如下幾點：

（1）商品生產的前提是工人可以在市場上購買到消費品。

（2）工人消費的絕大部分商品，實際上是其他工人同時勞動的產品。因此，這些消費品不是由資本家累積起來的。

（3）在資本主義條件下，勞動資料和生活資料都是工人生產的，但是它們表現為資本家的財產。勞動資料成為不變資本，工人的生活資料成為可變資本。工資不是資本家為工人累積的流動資本（政治經濟學家把工資稱作流動資本），而是工人的勞動產品被資本家佔有後，其產品以價值形式流回到工人手裡的一部分。資本家之所以能支付給工人生活資料的憑證，即貨幣，只是由於他已經佔有了工人的全部勞動產品。

二、霍吉斯金以「並存勞動」觀點對「資本家為工人累積生活資料」觀點的批評

霍吉斯金並不理解「資本家為工人累積生活資料」觀點錯誤的真正所在。他誤認為問題在於把工人的生活資料看成「累積勞動」。於是他用「並存勞動」否定「累積勞動」，強調工人每天消費的產品的一大部分以至絕大部分不是累積勞動的產品，而是工人在他生產自己商品的同一天、同一週所生產的勞動產品，例如麵包、牛奶、肉等就是這樣。照這樣推理，霍吉斯金還可以說其中一部分是未來勞動的產品，因為工人也許要積攢一部分工資在幾個月之後購買新產品。馬克思指出，從再生產的角度考察，全部生產都以加入其中的各生產要素的同時再生產為前提。一切固定資本的生產則以未來勞動作為其再生產的前提。這就是指固定資本的生產往往需要較長時間才能生產出來，因此在生產期間工人必須依靠其他工人的同時勞動和未來勞動的產品才能生產。對於「掙多少吃多少」的工人來說，他們的生活資料，一般說來生產和消費在時間上越來越趨於一致，所以，就整個社會來考察，社會全體成員的消費越來越依賴於同時的生產，或者說依賴於同時生產的產品。

霍吉斯金證明工人的生活資料不是過去勞動的累積，而是現在其他工人勞動的並存。不過是為否定政治經濟學家們從過去勞動累積的重要性所推出的結論：資本的生產性。

霍吉斯金以並存勞動與過去勞動相對立得出了如下結論：資本僅僅是一個名稱，或者它表現的不是物，而是一個人的勞動同其他人的並存勞動的社會關係，這種關係的後果是由所謂流動資本的物造成的。「資本家能夠**養活**，並因而雇傭**其他**勞動者，不是由於他擁有商品儲備，而是由於他有支配**一些人的勞動**的權力。」（轉引自第三分冊第324頁）資本給人以「權力」，支配「一些人的勞動」，支配物化在商品中的勞動，支配這些勞動的再生產。

在霍吉斯金看來，真正的累積不是商品儲備的累積，而是工人的技能、勞動熟練程度的累積。「通常被認為是由流動資本的累積產生的一切結果，都是由於**熟練勞動的累積和儲存**，這種最重要的工作，對大部分工人來說，不要任何流動資本也可以完成。」（轉引自第三分冊第 325 頁）「『商品（生活資料）儲備』同總消費和生產比較起來總是不大的。而現有人口的熟練程度卻始終都是總生產的前提，因而是財富的主要累積」。（第三分冊第 325 頁）他為了否定政治經濟學家從累積勞動重要性引出的資本生產性結論，走到了輕視累積勞動對生產的作用。

霍吉斯金還進一步批評了政治經濟學家們所說的工人人數，從而現有工人的幸福或貧困取決於現有的流動資本的量的觀點。他認為工人人數和他們的生活狀況不是取決於包含過去勞動的商品儲備，而是取決於允許工人消費的並存勞動的產品量。霍吉斯金在一定意義上把並存勞動看成人們的經濟關係，從而批評經濟學家把「並存勞動」的結果看成「商品儲備」的結果。從而把勞動的生產性，看成「商品儲備」這些物的生產性。但是，霍吉斯金並不懂得這種資本拜物教產生的現實基礎。在資本主義條件下，商品既是一定的具有使用價值的物，又是交換價值的承擔者，在特定的條件下又是資本的體現者。拜物教者只看到商品的物的形式，不懂得它們所體現的不同經濟關係。從而把商品儲備在勞動過程中作為物的因素所起的作用，和在資本主義生產過程中作為資本起的作用混淆在一起。好像商品儲備不作為和勞動相對立的資本起作用，就不能對生產起作用。馬克思指出：「**資本家**作為資本家只不過是資本的人格化，是具有自己的意志、個性並與勞動敵對的勞動產物。」（第三分冊第 326 頁）霍吉斯金不懂得政治經濟學家的拜物教觀點是怎樣從現實的經濟關係中產生的，在他看來，這種觀點「純粹是主觀的幻想，在這種幻想後面隱藏著剝削階級的詐欺和利益」。（第三分冊第 326 頁）英國社會主義者布雷就曾經想區分資本和資本家。把資本僅僅理解為生產中的物的因素，使資本家體現資本的作用，① 不懂得排除了資本家，也就使勞動條件喪失了資本的本質。

關於固定資本，霍吉斯金說：「所有的工具和機器都是勞動產品……當它們只是**過去**勞動的結果而不由工人加以適當使用時，它們就不能補償製造它們的費用……如果它們閒置不用，其中大部分就會失去價值……**固定資本之所以有用不是由於過去勞動，而是由於現在勞動，它給自己的所有者提供利潤**不是

---

① 參見本章第四節「政治經濟學家的反對派布雷」。

因為它被累積，而是因為它是**獲得對勞動的支配權的手段**。」（轉引自第三分冊第 328 頁）馬克思指出，霍吉斯金在「這裡終於正確地抓住了資本的性質。」（第三分冊第 328 頁）

此外，馬克思在本目中間有一段插話，考察了價值（Value, valeus, West）這個詞在詞源學上的本意。他闡明了它在梵文、哥特文、英文、荷蘭文、德文、拉丁文等文體中的含義；指出價值這個詞無非是表示物對人的使用價值，即對人有用或使人愉快等屬性，也就是表示物和人之間的自然關係。交換價值是物的社會存在，和物的屬性完全無關。這裡，馬克思又一次強調了交換價值體現了一定的社會關係。

[（e）複利，根據複利說明利潤率下降]

霍吉斯金把資本累積看作相當於資本取得複利。他用工人的剩餘勞動不可能滿足複利的要求來解釋利潤率下降。馬克思結合對霍吉斯金觀點的分析評論，進一步闡述了自己的資本累積和利潤率下降的理論。

霍吉斯金說：「只要略微看一看，任何人都會相信，隨著社會的發展，**簡單利潤**不會減少，只會增加，也就是說，同量勞動，前一時期生產 100 誇特小麥和 100 臺蒸汽機，現在會生產得更多一些。……實際上我們看到，在我們國內現在靠利潤過富裕生活的人比過去多得多。然而我們很清楚，**任何勞動、任何生產力**、任何發明才能、任何技術，都**不能滿足複利的壓倒一切的要求**。」（轉引自第三分冊第 329 頁）

如果按霍吉斯金的觀點把資本累積的利潤看作複利，也就是把利潤和利息看作等同的，那麼，資本累積不過是利息轉化為資本。例如現有資本是 100，利息率（或利潤率）按 10% 計算，一年後把利息加在資本上就是 110。第二年就按 110 的資本提供利息。照此繼續下去，我們將會看到 20 年後，資本就會增加六倍。馬克思指出，即使按照馬爾薩斯最極端的假定，人口也只能在 25 年中增加一倍，我們假定人口在 20 年中增加一倍。把 20 年所得複利總和平均為每年的利息，利息率就是 30%，比原來的利息率大兩倍。假定剩餘價值率不變，工人增加一倍，也只能完成多一倍的剩餘勞動，不可能完成多兩倍的剩餘勞動。由此，霍吉斯金認為，在資本累積的情況下要維持原來的利潤率是不可能的，利潤率下降是必然的。

馬克思進一步詳細分析了決定利潤率的原因：

（1）假定剝削率不變，一定量資本的利潤率決定於在業工人人數，決定於所使用的工人的絕對量，因而決定於人口增長。但是隨著資本累積和工業的發展，如果工人人數的增長相對於資本增長的比例降低了，在剝削率不變的情況下，利潤率便會下降。因此，當工業發展到一定階段，人口的增長可以說明剩餘價值量和利潤量的增加，但同時也可以說明利潤率的下降。

（2）利潤率的提高決定於剩餘價值率的提高。也就是說，利潤率可以因工人勞動時間超出正常工作日而提高。但是這有工人身體條件的限制和社會限制。

（3）如果正常工作日不變，隨著勞動生產力的發展，通過縮短工人必要勞動時間和降低工人的生活資料的價格，剩餘勞動會相對地增加。但是，勞動生產力的這種發展使可變資本與不變資本相比減少了。例如用兩個工人代替20個工人勞動，要想通過增加相對剩餘勞動的方法使兩個人的剩餘勞動等於20個人的剩餘勞動是不可能的。20個人每人每天完成兩小時剩餘勞動就是40小時，而兩個人一天生活的全部時間只有48小時。這說明相對剩餘勞動的增加也是有界限的。

根據以上分析，應當看到以下兩點：

首先，利潤量取決於工人完成的剩餘價值量。利潤率取決於工人勞動時推動的資本量和剩餘價值量之比。二者是不同的。如果資本量是1,000，剩餘勞動是100，假定全部剩餘勞動轉化為資本，累積後的資本便是1,100，利潤率是10%。如果資本量是100，剩餘勞動是20，利潤率是20%。前者利潤率雖低於後者，但利潤量大於後者，因而累積量大。可見，資本累積的增長與已有資本的資本量成比例，而不是與利潤率成比例。只要資本量增加，儘管利潤率下降，累積還是會增加。由於資本量增加，使生產率提高的情況就更不用說了。如果高利潤率以高剩餘價值率為基礎，則它可能在勞動生產率不高、工作日很長的情況下出現，也可能在勞動生產率不高、工資很低的情況下出現。但是這兩種情況，由於資本量少，勞動生產率低，儘管利潤率高，資本累積卻很慢。

利潤率不同於剩餘價值率。在剩餘價值率不變甚至提高的情況下，利潤率也可能下降。這是由於可變資本同不變資本相比減少了，或者說不變資本同可變資本相比增加了。如果不考慮資本的兩部分，則是總資本相對於所使用的勞動增加了。因此，利潤率的降低並不意味著工人被剝削的少了，而是指被剝削的剩餘價值量相對於大量增加的資本少了。例如，假定資本總量=1,000，如

果 C=500，V=500，剩餘價值率=50%，則剩餘價值量是 500×50%＝250，利潤率是 $\frac{250}{1,000}$，即 25%。如果總資本＝1,000，C＝750，V＝250，在剩餘價值率為 50% 的情況下，剩餘價值量為 250×50%＝125。利潤率將是 $\frac{125}{1,000}$，即 12.5%。從以上可以看出，第二種情況與第一種情況的剩餘價值率相同，即剝削程度相同，但利潤率卻下降了。

接上例，再假定第一種情況 500 可變資本可雇傭 20 個工人，第二種情況 250 可變資本可雇傭 10 個工人。因此，從總資本來看，第一種情況每個工人推動的資本是 50，第二種情況則是 100。可見，在進行資本累積時，由於不變資本相對於可變資本的比例增大了，每個工人推動的資本更多。霍吉斯金從這種情況出發，認為累積就是更多的資本攤到同一個工人身上，如果要求按照攤到他們身上的資本量成比例地提供剩餘價值，在他看來就是要求複利。但是無論生產力如何提高，都難以使工人的必要勞動時間縮短到符合這些複利要求的程度，因此，只能是利潤率下降。

其次，如果複利等於累積，撇開累積的絕對界限不談，利息的增長要受生產的限制。例如一個工人推動 50 鎊資本，提供 25 鎊利潤，年利息率為 50%。假定全部利息都轉為資本，不到四年資本就可以達到 200 鎊，即比過去增加三倍。但是，要同一個工人提供增加三倍的剩餘勞動時間是不可能的。如果原來的工作日是 12 小時，剩餘勞動時間是 6 小時，增加三倍剩餘勞動時間就是 4×6＝24 小時。霍吉斯金認為工人必須生活，也就是總要有一定的必要勞動時間，剩餘勞動時間只能是工作日的一部分。由此也可以說明，在資本累積的情況下，利潤率要保持不變，或者說不下降是不可能的。

馬克思指出：雖然按工作日計算，利潤率不能等於 100%，即不能把全部工作日都歸為剩餘勞動，但是就工作日中被支付的部分來說，利潤完全可能等於 100%，即剩餘勞動時間與全部資本相比完全可以等於 100%。例如，總資本＝100，C＝$66\frac{2}{3}$，V＝$33\frac{1}{3}$，剩餘價值＝100，那麼剩餘價值率是 300%，利潤率就是 100%。由此可見，霍吉斯金的觀點必須有進一步的規定才有意義，這就是說只有在假定資本比工人人口增長快的情況下才能成立。這裡講的工人人口的增長是從相對意義上來說的。因為就資本本性來說，為了追求更多的剩餘價值，總是使一部分人過度勞動，另一部分人成為過剩人口。如果工人人數

和資本增加的程度相同,在資本累積的情況下,保持相同的利潤率,就不再是不可能的,霍吉斯金關於利潤率下降的理由也就不能成立。

霍吉斯金針對馬爾薩斯的所謂「商品支配勞動的觀點」(即勞動人口的發展受勞動條件限制的觀點),實際上指出了勞動條件的增長和勞動人口的增長沒有必然的聯繫。就勞動條件來說,剩餘產品是被累積轉成生產條件,還是分配到遊手好閒的人手裡有重要意義。就勞動人口增長來說,不斷增加的人口的數目會促進勞動供給的增加,但商品(實際是資本)不一定支配那樣多的勞動量。如果現有的商品量支配的勞動比過去的少,只要生產率提高,生產量也不會減少。馬克思進一步指出,「的確,生產不會縮減,但利潤率會降低」。(第三分冊第 339 頁)

霍吉斯金還批判了經濟學家威斯特的觀點。威斯特在《論資本用於土地》一書中說,如果資本大量增加,那麼勞動將獲得較高的報酬,也就是說資本利潤越多,勞動工資就越高。霍吉斯金說,高利潤和高工資不會同時發生,它們不會在同一樁交易裡發生,一個妨礙另一個,並降低其水準。應當說「**已經得到**的資本利潤越多……勞動工資**就**越高」。(轉引自第三分冊第 339 頁)

馬克思進一步分析了霍吉斯金的這一觀點,指出「只有當(由於累積過程)同一個工人必須推動**更多的資本**,……即提供複利的時候,霍吉斯金的論點才有意義」。(第三分冊第 339 頁)但一般說來只有在下列兩種情況下,在同一個工人身上才能攤到更多的資本。

第一種情況。如果勞動生產力不變,只有延長工人的絕對勞動時間,或者增加勞動強度,才能在同一個工人身上攤到更多的資本。但兩者對工人來說,都有十分明顯的界限。在這個界限內,如果資本家對工人多支出的勞動不予支付,利潤將相對於資本來說增長得更快,工資並不增加。如果資本家對工人多支出的勞動按過去相同的比例追加工資,剩餘價值就會和資本的增加成比例地增長。由於固定資本沒有追加,總資本中可變資本占的比例相對增大,利潤就會增長得更快。在這種情況下,雖然在利潤增加的同時工資增加了,但資本對勞動的剝削也加強了。因為無論是延長勞動時間還是加強勞動強度,都縮短了工人勞動能力存在的期限。這就是說,如果工人出賣勞動力的時間是 20 年,而現在只有 15 年,這時工人每小時勞動能力的價值應當相應地提高,如果支付原來的工資,剝削就加強了。馬克思指出:「對未來的**預支**——真正的預支——一般說來在財富生產上只有對工人和對土地來說才有可能。由於過早的

過度緊張和消耗,由於收支平衡的破壞,工人和土地未來實際上可能被預支和被破壞。」(第三分冊第 342 頁)工人「支出的東西是作為力量而存在的,由於這種力量的加速支出,它的壽命就縮短了」。(第三分冊第 343 頁)

最後,如果資本家對工人多支出的勞動不得不支付更多的報酬,那麼根據以上分析,這絕不是工資的提高,而只是對額外時間提高了的價值的補償,而且追加的工資很少能達到為此所必需的高度。何況,實際上不僅應對追加勞動多支付報酬,還應對工人的全部勞動多支付報酬才能做到補償。

由上可見,在以上假設下,對勞動的剝削都加強了。同時,隨著資本的累積,剩餘價值相對減少,利潤率下降。這就是隨著資本累積,利潤率下降的一種情況。

第二種情況,在工人數量不變時,通過提高勞動生產率,改變生產方式,使每個工人推動的資本比過去增加。這種情況要求不變資本與可變資本之間的比例改變,即不變資本在總資本中的比例增加。在這種情況下,由於活勞動即可變資本減少了,即對工人的剝削加重了,剩餘價值率提高,也會表現為利潤率下降。

應當指出,這裡所講的利潤率的提高或降低,是就一般規律的意義說的,它不涉及因為勞動力供求的變化或者生活必需品價格暫時提高或降低造成的工資的提高或降低引起的利潤的提高或降低。這如同在商品的市場價格與價值規定的關係中,只考察後者一樣。

總之,霍吉斯金和《國民困難的原因及其解決辦法》這一小冊子的作者都是用活勞動不可能滿足複利的要求來解釋利潤的下降,他們對這個問題雖然沒有做更進一步的分析,但是比起斯密和李嘉圖來,還是大大接近於真理,因為斯密和李嘉圖是用工資上漲來解釋利潤下降的。霍吉斯金則是從資本累積的角度說明利潤率下降的。

[(f) 霍吉斯金論勞動的社會性質以及資本與勞動之間的關係]

在這個標題下,馬克思分析了霍吉斯金的《保護勞動反對資本的要求》一書中幾個結論性的論點。

(1) 對交換價值,即包含在商品裡的社會勞動的論述。霍吉斯金說:「幾乎每一個藝術和技能的產品都是**聯合勞動和結合勞動的結果**」「人是依賴於人的,這種依賴性隨社會的發展而**增長**,以致任何個人的任何勞動如果不構成大

的社會勞動的一部分，這種勞動就未必……會有絲毫的價值」。（轉引自第三分冊第 347 頁）馬克思指出：社會化的生產是資本主義生產發展的結果，只有在資本主義條件下，商品生產才具有包羅萬象的性質。

（2）關於資本和勞動之間的關係。在霍吉斯金看來，資本家和工人的利益是截然相反的，「**資本家**是在各種工人之間**從事壓迫的仲介人**」。（轉引自第三分冊第 348 頁）如果排除了資本家，資本和並存勞動就是一個東西，生產資本和熟練勞動就是一個東西。可見，霍吉斯金不懂得資本家只不過是資本的人格化，在他看來資本家代表一種和生產無關的支配勞動的力量，而資本不過是勞動的物質條件。只要排除了資本家，資本主義生產方式連同對工人的剝削就會一起消失。

馬克思的手稿在這裡插入了自己對資本原始累積和資本累積的論述。

資本原始累積就是資本產生的歷史活動，一方面勞動條件集中在資本家手中轉化為資本，另一方面勞動與勞動條件分離轉化為雇傭勞動。由此便形成了資本主義生產的基礎。

資本累積是在資本本身基礎上的累積，它以越來越大的規模再生產出物質財富同勞動的分離。

資本的積聚是大資本通過消滅小資本而進行的累積。積聚一般通過下述過程進行：把勞動條件轉化為資本，然後把這些資本和某些資本以更大的規模再生產出來，最後把社會上許多地方形成的資本同它們的所有者分離開來，並把它們集中在大資本家手裡。與此同時，生產在資本主義社會形式下轉化為社會生產。這一過程是生產社會化的發展過程，也是生產力加速發展的過程。資本家作為職能執行者以社會名義為自己刮取收入，作為財富的所有者和社會勞動的指揮者而飛揚跋扈。隨著資本主義的發展，資本家將日益成為多餘的人，將同封建主一樣，成為過時的、趨於滅亡的勢力。

[（g）霍吉斯金的基本論點在其《通俗政治經濟學》一書中的表達]

馬克思在這裡摘錄了霍吉斯金在《通俗政治經濟學。在倫敦技術學校的四次演講》一書中的幾個基本觀點的論述。

（1）關於分工。霍吉斯金強調由分工產生的利益應當屬於工人，這一切利益被資本家佔有是非正義的。他說：「因為由分工產生的一切利益自然集中

在工人那裡並屬於工人,如果工人被剝奪了這些利益,如果在社會發展的進程中……發財致富的只是那些從來都不勞動的人,那麼……一定是非正義的佔有。」(轉引自第三分冊第 349 頁)

(2) 針對馬爾薩斯的人口論,認為工人人口只是相對過剩。「如果把工人的繁殖僅僅同資本家對他們的服務的需求相比較,那麼工人確實是繁殖得太快了。」(轉引自第三分冊第 349 頁)

(3) 關於貨幣對財富增加的影響。霍吉斯金正確地認為貨幣可以促進商品交換,使容易變壞的商品迅速出賣,從而可以避免其因腐壞而被拋棄。從這個意義上來說,貨幣的使用會防止浪費,從而增加財富。

(4) 關於資本累積。霍吉斯金《通俗政治經濟學》一書中的觀點與《保護勞動反對資本的要求》中的觀點相同。馬克思只是為了完整論述問題而摘錄了一些段落。

霍吉斯金通過對固定資本的分析,批駁政治經濟學家「資本有助於生產」的觀點。他說必須區分資本累積的三種情況。①生產資本和使用資本的是同一個人。固定資本就是生產工具,它的累積會減輕工人的勞動。工人生產和使用這種工具的能力就是這種累積的界限。②生產資本和使用資本的是不同的勞動者。即由於社會分工,一部分勞動者生產工具,另一部分勞動者使用工具。只要這兩類工人的產品在他們之間按公平的比例分配,固定資本的累積就會像生產和使用是同一個人一樣給勞動者帶來利益。③資本是既不生產也不使用它的資本家的財產。資本家不勞動,無論怎樣都不能促進生產。

總之,霍吉斯金把固定資本看作生產工具。工具能進行生產,減輕工人勞動,給勞動者帶來利益。資本家不是勞動者,不能給生產帶來利益。

霍吉斯金還說,資本家「使用或出借自己的財產,**為的是在工人的產品或者說自然收入中得到一份;這種財產**在他手裡的任何**累積,都不過是他支配勞動產品的權力的擴大**」。(轉引自第三分冊第 351 頁)霍吉斯金批評說:「**按照通常的說法,工人的這種技能的生產力被認為是由它的有形產品**即勞動工具**造成的**,既不生產工具,也不使用工具,而**只是工具的所有者**的人,卻自認為是最能生產的人。」(轉引自第三分冊第 352 頁)「既然承認勞動生產一切,甚至生產資本,那麼**把生產力說成由勞動所生產和使用的工具造成的,便是荒謬的了**。」(轉引自第三分冊第 351 頁)

[（h）霍吉斯金論資本的權力以及論財產的權利的變革]

馬克思在這一部分中摘引了霍吉斯金在1832年出版的《財產的自然權利和人為權利的比較》中的兩段話。霍吉斯金在這本書中，繼承了18世紀啟蒙哲學家的思想遺產，認為社會上存在著自然權利與人為權利，兩者是對立的。他由此進一步發展為自然所有制與人為所有制的對立。在他看來，人對於自己的人身、自己的勞動和勞動產品所有是自然的。資本家的財產所有制，使他們獲得了佔有勞動者剩餘產品的權利，這是一種暴力，人為的所有制。據此，他批判資本家所有制及資本對工人的剝削。他說：「現在，社會的一切財富首先落入**資本家**手中，甚至大部分土地也被資本家買去。他對土地所有者支付地租，對工人**支付**工資，對賦稅和什一稅的徵收者支付他們要求的東西，而**留給自己的是年勞動產品的很大一部分，其實是最大的而且日益增長的一部分**。」（轉引自第三分冊第352頁）

霍吉斯金認為人類的歷史是自然所有制和人為所有制鬥爭的歷史。在原始社會，存在著自然所有制。此後，暴力消滅了自然所有制，形成了人為所有制，相繼建立了奴隸制度、封建農奴制度、資本主義雇傭勞動制度。這幾種制度的相繼建立，是一種歷史的前進運動，是自然所有制排斥人為所有制的過程，從歷史發展來看，「資本家支配國家全部財富的權力是**所有權上的一種徹底的革命**」。（轉引自第三分冊第353頁）歷史的發展必定以自然所有制的最後勝利而結束。

霍吉斯金不像西斯蒙第主張通過回到小生產去保證勞動者佔有自己的全部產品，他主張在社會化大生產的基礎上恢復自然所有制。他認為分工和機器的使用提高了勞動生產力，給人們帶來了利益。在建立在分工基礎上的大生產情況下，「再也沒有什麼東西可以叫作個人勞動的自然報酬。每個工人只生產整體的一部分，由於每個部分單獨就其本身來說沒有任何價值或用處，因此沒有東西可以拿來說：這是我的產品，我要留給自己」。① 因此，這時的自然所有制應當是全部產品屬於生產它的全體工人，然後公平地進行分配。這就是取消非勞動收入，給各種勞動以正確的評價。為此，必須首先消滅資本家財產所有制，工廠轉歸在其中工作的勞動者集體所有。

---

① 參見《馬克思恩格斯全集》第23卷，第393頁。

[（4）政治經濟學家的反對派布雷]

約·弗·布雷（1809—1895）是英國經濟學家，空想社會主義者，堅定的歐文主義者。其生平不詳，據考證他出生於美國首都華盛頓，1822年去了英國，住了20年。在英國時，他當過印刷工人和記者。19世紀50年代，他回到美國繼續熱心於工人運動。1839年出版了他唯一的著作《對待勞動的不公平現象及其消除辦法》。

布雷以李嘉圖的勞動價值論為依據批評資本主義制度，特別是批評勞動與資本的交換。他揭露在當時制度下，資本家控制貨幣這個工具通過不等價交換剝削工人，還指出了財產私有制是產生不等價交換的基礎。他認為社會的基本原理是，一切人都是平等的，一切人都應該勞動，只有勞動創造價值，只有等價交換才是公平的。他提出消除勞動受害的辦法是建立工人股份公司，以將來的勞動產品為擔保發行銀行券，使工人獲得生產資料和生活資料，各股份公司之間實行等價交換，保證生產者得到自己的全部勞動產品。布雷的理想社會是公有制的社會制度，他把建立工人股份公司、改革貨幣和組織交換作為實現最終理想的過渡辦法。

關於布雷的觀點，馬克思在《哲學的貧困》以及1847年手稿《工資》《政治經濟學批判大綱》《政治經濟學批判》中做過一些分析、評論。馬克思在這一節中主要是圍繞剩餘價值理論，摘引了布雷著作中的一些重要觀點，僅有少量的簡要評論。

本節摘引內容可歸納為以下幾方面：

（1）人們的生存依賴於勞動，唯有勞動才能生產價值。布雷說：「生活有賴於食物，而食物有賴於勞動。這種依賴性是絕對的。因此，一個人要迴避勞動，只有在其他大批人的勞動增加的情況下才有可能。」（轉引自第三分冊第353頁）他又說：「金科玉律：必須勞動！——對一切創造物來說是同樣有約束力的。」（轉引自第三分冊第354頁）「即使所有的土地、房屋和機器都屬於資本家，而不存在工人階級，資本家也不能迴避偉大的條件『必須勞動！』。儘管他們有一切財富，他們也只能在勞動和餓死之間進行選擇。他們不能吃土地或房屋；沒有人的勞動加進去，土地就不會長出食物，機器也不會做出衣服。」（轉引自第三分冊第357頁）「唯有勞動才生產價值，……每一個人對他

由辛勤勞動所取得的東西有著不可懷疑的權利。」①

（2）交換的真正性質應該是等價的。在資本主義制度下，資本家通過不等價交換掠奪工人生產的一部分財富。布雷說：「按照勞動和交換的真正性質來說，嚴格的公正態度要求交換雙方的利益不僅是**相互的**，而且是**相等的**。……直到今天，工人們交給資本家一年的勞動，但只換得半年勞動的價值，現在在我們周圍存在著的權力和財富的不平等就是從這裡產生的。」（轉引自第三分冊第 354 頁）「當工人生產出某種物品的時候，它已經不屬於工人，而屬於資本家，通過不平等交換的無形魔術，它從一個人手裡轉到了另一個人手裡。」（轉引自第三分冊第 357 頁）

（3）社會上一切不公正的現象，歸根到底是由於生產資料為一部分人所佔有。布雷主張生產資料應當是屬於勞動者的共同財產。他寫道：「人們所加於別人的或自己遭受的一切不公正現象和痛苦，歸根到底都是由於某些個人和階級篡奪了土地的權利並剝奪了其他個人和其他階級的這種權利……人們佔有了土地所有權以後，下一步便是佔有對人本身的所有權。」（轉引自第三分冊第 353 頁）「在現在的制度下，資本和勞動，鐵鏟和挖土工人，是兩種分離的和對抗的力量。」（轉引自第三分冊第 357 頁）「在現在的社會制度下，整個工人階級在勞動資料方面依賴資本家或雇主；而在一個階級由於自己的社會地位而在**勞動資料**方面依賴另一個階級的地方，它在**生活資料**方面也同樣依賴那個階級。而這種狀況同社會的目的本身是如此矛盾，並且是如此違背理性。」（轉引自第三分冊第 354 頁）「因為人的存在以勞動為條件，而勞動又以勞動資料為前提，所以『土地這個一切活動的巨大場所和一切財富的**原料**，必須是它的所有居民的共同財產』。」（轉引自第三分冊第 353 頁）

（4）勞動是累積的源泉，資本累積是對工人掠奪的結果。布雷說：「從政治經濟學家們自己的學說中可以得出這樣的結論：沒有累積就不可能有交換，沒有勞動就不可能有累積。」因此，不論怎樣試圖用贈予、個人累積、交換或繼承來論證財富的起源，我們都會發現一個又一個的證據，說明在富人的所有權的這種論證方面有一個缺陷，這個缺陷使論證一下子便失去任何公正的外貌和任何意義……所有一切財富都是好多世紀以來在工人階級的骨肉上生長起來的，並且是通過欺騙性的和奴役性的不平等交換制度從工人那裡奪走的。」（轉引自第三分冊第 355 頁）

---

① 參見布雷：《對待勞動的不公平現象及其消除辦法》，倫敦 1939 年版，第 33 頁。

（5）批判政治經濟學家證明資本幫助了工人勞動，資本家的利潤並不是生產者的損失的觀點。布雷說：「政治經濟學家們和資本家們寫了並出版了很多書，目的是給工人灌輸一種錯誤的觀念，似乎『資本家的利潤**並不是**生產者的損失』。他們對我們說，勞動離了資本寸步難行，資本就像挖土工人手裡的鐵鏟一樣，資本對於生產就像勞動本身對於生產一樣必要……」（轉引自第三分冊第 355 頁）布雷認為應當區分資本和資本家，他說：「一個國家的資本越多。……生產就越容易，為達到某一（一定的）結果所需要的勞動就越少。例如，不列顛人民利用他們現在的巨大的資本累積（他們的建築物、機器、船舶、運河和鐵路），在一個星期內所能生產的工業財富，比一千年前他們的祖先在半個世紀裡所能生產的還多。」（轉引自第三分冊第 356 頁）「機器本身是好的，沒有機器不行；但是機器的使用，它們為個別人佔有而不為整個國家佔有這種情況卻不好。」（轉引自第三分冊第 358 頁）布雷批評說：「政治經濟學家們**總是把資本和社會的一個階級等同起來，把勞動和另一個階級等同起來**，……政治經濟學家們總是把事情說成這樣：似乎工人的幸福，甚至工人的生存本身，只有在工人用自己的勞動來維持資本家的奢侈和懶散生活的情況下才有可能。」（轉引自第三分冊第 356～357 頁）布雷又說：「資本和勞動的這種相互依賴性與資本家和工人的關係毫無共同之處，……對生產者的操作具有重大意義的不是資本家，而是資本。」（轉引自第三分冊第 355～356 頁）布雷企圖用區分資本和資本家的方法來區分機器和機器的資本主義使用，以證明機器幫助了生產，而資本家則對生產毫無貢獻。他以此證明利潤是剝削的收入，政治經濟學家的觀點是不正確的。這一分析對認識資本主義剝削顯然具有積極意義，但並未揭示出政治經濟學家理論上的錯誤所在。馬克思科學地指出：「在政治經濟學家們那裡，資本的物質要素和它的作為資本的社會的形式規定性，（即和它的作為支配勞動的勞動產品的對抗性質）是如此地生長在一起，以致他們提出的任何一個論點都不能不自相矛盾。」（第三分冊第 356 頁）

[第二十二章] 拉姆賽

　　上一章馬克思評論了李嘉圖派社會主義者有關剩餘價值的觀點，由本章開始至第二十四章分別評論資產階級古典政治經濟學的三位晚期代表。

　　喬治·拉姆賽（1800—1871）是19世紀中期英國資產階級經濟學家。其主要著作《論財富的分配》於1836年在愛丁堡出版。19世紀三四十年代是資產階級古典政治經濟學迅速庸俗化時期，與他同時代的庸俗資產階級經濟學家西尼爾由於提出了為資本主義辯護的「節欲論」和「最後一小時論」成為時代的寵兒，而仍然在李嘉圖理論基礎上發展古典政治經濟學的拉姆賽則受到冷遇和貶低。馬克思在本章中對其經濟觀點進行了科學分析和公正的評價。

　　拉姆賽在《論財富的分配》一書中，繼承了英國古典政治經濟學特別是李嘉圖的經濟理論中某些科學成分，並有所發展。和庸俗經濟學家不同，他雖然也是站在資產階級立場上認識資本主義經濟，總體說來企業家觀念經常籠罩著他的頭腦，但是他總是力圖對經濟現象做深入一步的分析，比較客觀地說明現實問題。正因為如此，他對經濟學理論的發展做出了一定的貢獻。

　　拉姆賽認為政治經濟學研究的對象是財富，包括財富的生產、交換和分配三個方面。他認為財富分配雖已為許多經濟學家所闡述，特別是李嘉圖做了比較充分的論述，但仍有許多問題有待進一步探討和補充，故他的書的主題是論述財富的分配。

　　馬克思在本章中著重分析了拉姆賽以下幾方面的經濟觀點：區分不變資本和可變資本的嘗試，關於資本的歷史性，關於價值和剩餘價值觀點，批判斯密教條和對再生產的認識，資本累積和對工人階級的影響，分配理論等。

[（1）區分不變資本和可變資本的嘗試。關於資本是不重要的社會形式的觀點］

這一節的中心思想是評述拉姆賽對資本論述中的主要貢獻：區分不變資本和可變資本的嘗試。

在對資本的認識上，拉姆賽接受了亞當·斯密劃分固定資本和流動資本的觀點，他仍沿用了這兩個概念，但對它包含的內容做出了自己的解釋。他說：「固定資本主要包括：①農業的種子和製造業的原料，它們可以被認為是產品的基礎；②用來進行勞動的各種工具和機器；③進行生產或貯藏產品所必需的建築物；④為增值財富而飼養、繁殖和訓練的馬、牛或任何其他家畜；⑤從增加頭數或從增膘中牟利而飼養的牛羊等。此外，還有固定資本的其他組成部分，原來他們是難以分類的。例如，各種有機肥料、農業所必需的柵欄以及工廠中消耗的燃料。流動資本則完全是由在勞動產品完成以前墊付給工人的口糧和其他必需品所組成的。」① 從以上論述中可以看出，拉姆賽把固定資本理解為勞動的全部客觀條件，即包括馬克思所講的不變資本的一切要素；而流動資本則只是工資部分，即購買活勞動的部分。從這個意義上來說，他雖名義上講的是固定資本和流動資本的區分，而「事實上區分了**不變資本和可變資本**」。（第三分冊第360頁）不過拉姆賽並沒有從創造價值的角度認識不變資本和可變資本的本質區別。在這個問題上他的錯誤在於：第一，把從直接生產過程得出的資本劃分，即區分代表勞動客觀條件的資本和購買活勞動的資本——與由政治經濟學傳統中繼承下來的從流通過程中對資本的劃分（亞當·斯密認為只有流動資本參與流通過程，固定資本不參與流通過程）等同起來。② 第二，把固定資本和生產資料等同起來，只從物質形態上來認識資本，不懂得資本的本質是一定經濟關係的體現，是資本所有者為獲取剩餘價值的一部分價值，生產資料只是資本運動中的一種表現形態。

拉姆賽認為流動資本（即可變資本）不進入實際勞動過程，進入這個過程的是用流動資本買來的東西——活勞動。在他看來「勞動和固定資本是生產費用的所有要素」。（轉引自第三分冊第361頁）他看到了作為購買活勞動

---

① 參見拉姆賽：《論財富的分配》，商務印書館1984年中文版，第14頁。
② 區分固定資本和流動資本是亞當·斯密在經濟理論上的一個貢獻，但他以參與不參與流通過程作為劃分的標準是不科學的。馬克思在《資本論》中認為固定資本和流動資本是生產資本的兩個組成部分，其區別不在於參與不參與流通過程，而是在於在再生產過程中價值轉移的方式不同。

的工資（可變資本）和生產過程中的活勞動的區別，但不懂得這只是資本在再生產過程中形態的變化，即由購買活勞動的貨幣資本形態轉化為資本的生產要素形態。同時，這裡也表現出了他對資本的本質認識不清。

值得注意的是，拉姆賽由對流動資本和生產過程中的活勞動的區分，引出了流動資本是不重要的社會形式的觀點。他說：「流動資本既不是生產的直接因素，甚至對生產也毫無重要意義，它只是**由於人民群眾可悲的貧困而成為必要的一個條件**。」（轉引自第三分冊第361頁）在他看來，勞動者如果富裕些，就不必在產品制成以前就支付工資，或者生產者自己佔有生產資料，流動資本對生產來說就是不必要的。可見，拉姆賽認為工人的生活資料採取流動資本的形式，這純粹是由人民群眾可悲的貧困而產生的。勞動是生產的要素，雇傭勞動以及由之而產生的流動資本則不是。工人的生活資料作為資本，作為資本家的預付同工人相對立，不是一般生產必要的條件，而是一定社會條件的產物。在這個意義上，他看到了「生產的資本主義形式」的歷史性。當然，他的論述是不夠的，並沒有從這個前提出發對資本主義生產做出科學的說明。

[（2）拉姆賽關於剩餘價值和價值的觀點。剩餘價值歸結為利潤。關於不變資本和可變資本的價值變動對利潤率和利潤量的影響問題的不能令人滿意的說明。資本的有機構成、累積和工人階級的狀況]

這一節馬克思對拉姆賽觀點的評述可以概括為以下四個方面。

一、關於剩餘價值和價值的論述

拉姆賽沒有提出剩餘價值的概念，他把剩餘價值直接歸結為利潤。但是基於對固定資本和流動資本的認識，他把流動資本僅僅看作購買活勞動的工資，也就是他講的流動資本實際上是可變資本。進一步，他把利潤和流動資本聯繫起來，認為資本家使用流動資本的目的就是要獲得利潤，否則就毫無意義。他說：「流動資本所使用的勞動，總是要多於先前用於它自身的勞動。因為，如果它使用的勞動不能多於先前用於它自身的勞動，那它的所有者把它作為流動資本使用，還能得到什麼好處呢？」「或許有人會說，任何一筆流動資本所能使用的**勞動量**，不過等於**先前用於**生產這筆資本的**勞動**。這就意味著，所花費

的資本的價值等於產品的價值」,（轉引自第三分冊第363頁）沒有利潤。這段論述中拉姆賽實際上承認,資本家總是用較少的物化勞動同較多的活勞動相交換,兩者的差額,即活勞動多於物化勞動的餘額,構成剩餘價值（利潤）。如果資本家支付的工資等於工人花費在產品上的活勞動,就不會有利潤了。從這個意義上來說,拉姆賽接近於認識到剩餘價值的真正起源了。

但是由於他深受經濟學傳統的束縛,並沒有進一步對剩餘價值的形成做出科學的說明,而是在論述中存在著嚴重的錯誤和缺陷。

首先,他對可變資本和勞動之間的這種交換的解釋方法本身是模棱兩可的。拉姆賽說:「一筆比如說由100個工人的勞動創造的流動資本,將推動150個工人。因此,在這種情況下,年終的產品將是150個工人勞動的結果。」（轉引自第三分冊第363~364頁）馬克思分析說:100個工人的產品為什麼能夠雇傭150個工人呢?很顯然,如果100個工人得到了他們創造的全部價值,那麼資本家在下一個生產週期也只能再雇100個工人。如果資本家能雇150個工人,說明資本家沒有把他們創造的價值全部付給他們,只付給了其中的$\frac{2}{3}$,其餘的$\frac{1}{3}$由資本家白白佔有了。只有這樣,資本家在下一個生產週期才能雇150個工人而不是100個工人。但是拉姆賽並沒有把這一點講清楚。他論述的含糊不清、模棱兩可在於他說,「在這種情況下,年終的產品將是150個工人勞動的結果」。（轉引自第三分冊第364頁）照這樣說,似乎利潤的產生是由於現在使用的是150個工人,而不是由於在使用100個工人時,資本家佔有了相當於50個人工資的剩餘勞動。

第二,對於剩餘價值來源的模糊認識,還表現在拉姆賽對勞動時間決定價值和等量資本獲得等量利潤之間的矛盾問題的看法上。在拉姆賽看來,「固定資本的使用大大改變了價值取決於勞動量的原則,因為一些耗費了等量勞動的商品要成為可供消費的成品卻需要很不相同的時間。但是因為在這段時間裡資本不帶來收入,所以,**為了使該項投資不比其他項投資**——這些項投資的產品成為可供消費的成品所需的時間較短——**獲利少**,當商品最後進入市場時,它**必須提高價值,提高的數額相當於少得的利潤**。這一點表明,資本可以撇開勞動而調節價值」。（轉引自第三分冊第365頁）以上說明他受古典經濟學傳統的束縛,特別是受李嘉圖觀點的影響,當他看到有機構成不同的同量資本推動勞動生產的商品,其價格中往往包含著與資本成比例的利潤,而與各商品實際

耗費的勞動不成比例時，即平均利潤規律與價值規律表面上的矛盾時，他便放棄了唯有耗費勞動決定價值的原理，認為資本也調節商品價值。既然資本也是調節商品價值的因素，剩餘價值的真正來源也就模糊不清了。實際上等量資本要求等量利潤並不改變價值取決於必要勞動時間的原則。它只是說明「資本在某一特殊部門中實現的剩餘價值，不取決於該特殊資本所使用的勞動量」。(第三分冊第366頁) 它是各特殊部門實現剩餘價值的平均化，即在資本主義商品經濟中價值轉化為生產價格的問題。

不過，以上觀點並不是拉姆賽對剩餘價值的全部認識，在他的著作中同時存在著與這一看法相矛盾的帶有科學因素的觀點。

（1）他指出了剩餘價值產生的自然基礎。拉姆賽認為利潤決定於物質世界的規律，人的勞動與技藝和自然界相結合提供產品。「只要總產品中除去用於上述目的所絕對必需的以外還有一點兒餘額，就有可能從產品總量中分離出一種屬於另外一個階級的叫作利潤的特殊收入」「**資本主義企業主作為一個特殊階級的存在是取決於勞動生產率的**」。(轉引自第三分冊第367頁) 這就是說，在一定勞動生產率下工人提供的產品「除了以實物形式補償已消耗的固定資本並**繁衍受雇的工人的種族**所絕對必需的數額以外，還有一個**餘額**……」。(轉引自第三分冊第366頁) 這裡，首先，他認識到利潤的存在以一定的勞動生產率為基礎，如果勞動生產率低到工人生產的產品只夠補償消耗的勞動資料和維持勞動者的生活，就不可能有餘額，從而也就沒有利潤。其次，拉姆賽也進一步認識到這個餘額以利潤的形式從總產品中分離出來為企業主所佔有。它產生的基礎是「人民群眾可悲的貧困」，工人的生活資料成為資本家購買工人勞動力的工資（拉姆賽把它叫作流動資本）。

此外，拉姆賽還指出了勞動時間的絕對延長是剩餘價值的源泉，工業進步、勞動生產率提高也是剩餘價值的源泉，即他在一定程度上認識到了絕對剩餘價值生產和相對剩餘價值生產。

（2）在談到利潤率平均化時，拉姆賽斷定剩餘價值的分配並不改變剩餘價值量本身。在拉姆賽看來，工資的普遍提高必然使企業主利潤減少。不管這些利潤在各企業主之間如何比較平均地分配，都不能改變總利潤量本身。這一觀點拉姆賽是從剩餘價值本身的角度認識利潤的，看到了利潤的增減取決於工資的高低，等量資本要求等量利潤，是剩餘價值在不同資本家之間的平均分配，並不涉及總剩餘價值量的決定。拉姆賽在論述這一問題時，深受李嘉圖的

影響，他認為，假如流動資本和固定資本比例不同，當工資變動時對利潤率的影響也不同，同量資本會與一般利潤率發生矛盾。馬克思認為這是由於同量資本有機構成不同（即不變資本和可變資本比例不同）形成的不同利潤率，通過部門之間的競爭形成一般利潤率，使價值轉化為生產價格問題。嚴格說來，在考察價值轉化為生產價格時，工資的變動是不必涉及的，它與固定資本和流動資本的區別就更無關係了。拉姆賽認為價值要與全部資本成比例，實際是把價值同生產價格混同起來。馬克思指出：「應該是：**利潤**，從而**生產價格**，要與所使用的全部資本成比例，而價值則顯然不能隨著沒有加入產品價值的資本部分發生變動。」（第三分冊第 369 頁）

二、資本累積對工人的影響

拉姆賽認為「對勞動的需求僅僅取決於流動資本量」「隨著文明的進步，國家的固定資本靠減少流動資本而增長」「因此，對勞動的需求，並不總是隨資本的增長而增長，至少不是按同樣的比例增長」。（轉引自第三分冊第 370 頁）他又說，「機器的發明給工業中在業工人人口帶來的禍害可能只是暫時的，**但是它們會經常重複發生**」。因為：第一，使用新機器的資本家得到超額利潤，可能用其中一部分擴大生產；第二，由於生產費用降低，產品價格下跌，使消費者可能節約一部分收入轉成資本；第三，產品價格下降可能擴大需求，促進生產的擴大。由此，「儘管機器會使相當數量的人失業，然而，經過一段或長或短的時間，這些人，甚至更大數量的工人，可能重新被雇傭」。（轉引自第三分冊第 371 頁）在農業中，特別是當耕地變為牧場時，這些禍害則是永久性的。拉姆賽的這些論述實際上看到了，隨著社會進步，資本累積，資本有機構成提高，對勞動的需求相對地減少，工人階級狀況相對惡化這一歷史趨勢。馬克思指出，他的這一見解和亞當·斯密的觀點大不相同，在斯密那裡資本累積引起的是對勞動需求的增長、工資的不斷提高，從而利潤率不斷下降。斯密處在工場手工業時代，資本累積並不像後來總是與新機器的採用相聯繫，因此資本累積伴隨的是對勞動需求的增加。拉姆賽生活在 19 世紀上半期產業革命的時代，他的認識已經是反應了機器大工業時代的現實。

資本累積，即剩餘價值向資本轉化表現為剩餘勞動本身採取資本的形式，工人的無酬勞動作為客觀的勞動條件的總和同工人相對立。在資本主義生產中，客觀的勞動條件的總和雖作為他人的財產同工人相對立，而資本則表現為

現成的價值量似乎和工人的勞動無關。資本的補償也好像是一種對工人沒有影響的行為，因為即使勞動條件歸工人所有，他也必須用自己總產品的一部分補償這些勞動條件，以便按原有的規模繼續再生產或者擴大再生產。但是從實質上看，再生產中的資本補償在以下三方面將對工人有影響：①資本在再生產中不斷補償，使資本永恆化，使工人作為雇傭工人的地位永恆化，從而使工人用自己的一部分勞動時間為資本家創造剩餘價值的命運永恆化；②資本累積使得靠工人的剩餘勞動為生的階級的人數增多，使資本家及其同伙的財富增多，而使工人的狀況相對惡化。此外，還通過技術進步使工人的相對剩餘勞動量增加，從而使總產品中歸為工資的份額減少的辦法使工人的狀況惡化；③由於勞動條件以越來越龐大的形式、越來越作為社會力量出現在單個工人面前，因此，對工人來說自己佔有勞動條件的可能性已經不存在了。

三、正確地描述了實際的再生產過程

拉姆賽說：「怎樣才能把產品和花費在產品上的資本加以比較呢？……如果就整個國民而言……那麼很清楚，**花費了的資本的各個不同要素**應當在這個或那個經濟部門**再生產出來**，否則國家的生產就不能繼續以原有的規模進行。」（轉引自第三分冊第372頁）他又說：「至於單個資本家，由於他不是以實物來**補償**自己的支出，他的支出的大部分必須通過交換來取得，……由於這種情況，單個資本主義企業主不得不把更大的注意力放在自己產品的交換價值上，而不是放在產品的量上。」（轉引自第三分冊第372頁）

馬克思指出拉姆賽在這個問題上的功績是：

首先，他反駁了長期以來廣為流行的「斯密教條」，即把總產品價值只分解為三種收入。拉姆賽正確地批評到，「**李嘉圖**忘記了，全部產品不僅分為工資和利潤，而且還必須有一部分補償固定資本」。（轉引自第三分冊第388頁）

其次，他以雙重的方式說明利潤率。一方面他以工資和利潤的關係說明利潤率，實際上講的是剩餘價值率；另一方面他又以包括不變資本在內的總資本與利潤的關係說明利潤率，實際上這裡講的才是利潤率。不過，他並未弄清問題的實質，常常平行地說明利潤率決定的兩種情況。他這種認識顯然是受李嘉圖的影響，不過和李嘉圖也有不同，「如果說李嘉圖為了貫徹價值理論，試圖強行把利潤率歸結為剩餘價值率，那麼拉姆賽就是試圖把剩餘價值歸結為利潤」。（第三分冊第373~374頁）

拉姆賽對再生產過程認識的錯誤在於，他不懂得資本主義再生產過程無論是從全國來看還是從單個資本家來看，都必須既要在物質形態上得到補償，又要在價值形態上得到補償。他在考察國民總資本時只注意使用價值的補償，而在考察單個資本家時又孤立地緊緊抓住交換價值。

四、影響利潤率變動的因素

拉姆賽認為：「利潤的上升或下降，同總產品或**它的價值**中用來補償必要預付的那個份額的下降或上升成比例……因此，利潤率決定於以下兩個因素：第一，全部產品中歸工人所得的那個份額；第二，為了以**實物形式或通過交換**來補償固定資本而必須儲存的那個份額」「構成固定資本的各種物品在生產上變得容易，肯定會使這個份額減少從而提高利潤率，就像在前一種場合，由於用以維持勞動的流動資本要素的再生產變得便宜而使利潤率提高一樣」。（轉引自第三分冊第 374 頁）

拉姆賽認為利潤率決定於產品價值超過流動資本和固定資本總額的餘額是正確的。但是這一論述並不能說明利潤的真正來源。如果只是看到利潤率是利潤量與總資本的比例，就可能得出關於利潤來源的極其錯誤的看法，即認為不變資本也和可變資本一樣是利潤的源泉。由此，馬克思詳細分析了固定資本變動與利潤率變動的關係，揭示了這種觀點的錯誤。

以租地農場主為例，假定第一年生產情況如下：生產的總產品為 100 誇特，其中要補償的種子為 20 誇特，其他不變資本為 20 誇特，工資為 20 誇特，獲利潤 40 誇特。第二年總產品為 200 誇特，種子為 20 誇特，其他不變資本為 40 誇特，工資為 40 誇特，利潤為 100 誇特。又假定第二年 200 誇特和第一年 100 誇特的價值相等。這裡第二年與第一年相比，兩年投入的工資和活勞動就價值來說是相同的，雖然實物量增加了一倍；兩年投入的不變資本的價值發生了變化，第二年投入的種子實物量未變，都是 20 誇特，但價值量減少了 $\frac{1}{2}$，由此，總不變資本量從實物來看是由 40 誇特增為 60 誇特，但就價值量來說卻減少了（因為第二年的 60 誇特僅相當於第一年 30 誇特的價值）。這裡表現出在可變資本不變的情況下，由於不變資本價值的變動，第二年的利潤率提高了（第三分冊第一年的利潤率 = $\frac{\text{利潤 40 誇特}}{\text{資本 60 誇特}}$ = 66.6%，第二年的利潤率 =

$\dfrac{\text{利潤}100\,\text{誇特}}{\text{資本}100\,\text{誇特}}=100\%$），利潤量也提高了。能不能由此認為不變資本量變動也決定利潤量呢？或者說，不僅工資的變動決定利潤量（即剩餘價值量），不變資本變動也是決定利潤量的因素呢？馬克思指出這種計算的結果只是一種表面現象，並不反應利潤量變動的真正原因。為了明確揭示不變資本價值變動與利潤率變動的關係，馬克思又做了進一步的計算。這次計算把前邊分兩年對比改為兩種場合的對比。第一種場合以（1）表示，第二場合以（2）表示。假定(1) 1 誇特的價值=1 鎊；(2) 2 誇特的價值=1 鎊。兩種場合數字如下：

不變資本	可變資本	剩餘價值
(1) 20 誇特（20 鎊）種子 20 誇特 1（20 鎊）勞動 工具等	20 誇特（20 鎊）	40 誇特（40 鎊）
(2) 20 誇特（10 鎊）種子 40 誇特（20 鎊）勞動 工具等	40 誇特（20 鎊）	80 誇特（40 鎊）

由此可以看出，第一場合產品等於 100 誇特（100 鎊），40 鎊的利潤是靠 60 鎊的支出獲得的，利潤率是 $66\dfrac{2}{3}\%$。第二場合產品等於 180 誇特（90 鎊），40 鎊的利潤是靠 50 鎊的支出獲得的，利潤率是 80%。很明顯第二場合利潤率提高的原因是由於不變資本的價值相對於可變資本的價值減少了，或者說是資本總額與剩餘價值之比降低了，而不是利潤量由於不變資本的變動發生了變化。

不過這種情況在租地農場主那裡並不清楚。因為他們的種子是用上年的產品補償的，常常以第一年種子的價值計算。但是如果租地農場主不再經營，要通過賣出產品補償開支，就會明顯地表現出來，為了補償 60 鎊的支出必須賣出 120 誇特。再生產過程和這種情況有所不同，雖然種子的價值已發生了變化，但保持原有規模生產仍需 20 誇特種子，而農場主的其他支出隨著產品價值的變化，實物的數量也發生了變化。這裡的問題在於種子是以實物形式計算的，而其他部分是以價值形式計算的。如果同數量的種子包含的價值降低了，而生產的產品量增加了，那就是由於勞動生產率提高的結果。這裡假定剩餘價值率並不發生變化，或者說可變資本與剩餘價值之比未發生變化，那麼由於支出的不變資本包含的價值量降低，利潤率會提高，利潤量也會提高。這種情況

在工廠主投資的情況下就會明顯表現出來。如棉紡織廠第二年仍按原規模生產，由於棉花價格下降，他雖仍用同量棉花保持原生產規模，但不變資本的量減少了。假定原來投入 100 鎊不變資本，現在 80 鎊就夠了，由於不變資本減少，利潤量和利潤率也就提高了。和農場主的區別就在於他用的棉花是購買來的，不變資本變化對利潤量和利潤率的影響就表現得很清楚。

資本各組成部分價格上漲所起的作用和價格下降所起的作用相反。價格下降就會使一部分資本遊離出來，或者轉化為資本累積或者轉化為收入。價格上漲，為保持原有規模生產或者使用準備資本，或者使一部分收入轉化為資本。在價格下降時，雖然預付資本價值保持不變，由於物質組成部分增加了，擴大了生產規模，發生了累積，資本的價值增值率和利潤量便都增長了。在價格上漲時，為了保持原生產規模，必須追加預付資本，則利潤率下降了。由此可見，不變資本價值的變化影響到預付資本與利潤的比例，從而影響利潤率，但是不變資本價值的變化不影響剩餘價值量或者利潤量。不過，這種情況會導致一種假象，好像不變資本價值的變化會影響利潤量的增減。

拉姆賽正確地闡述了機器的採用在什麼範圍內會對利潤和利潤率產生影響。在他看來，機器的改良會提高勞動生產率，使總產品中用以維持勞動的份額發生變動，即「工廠主不過是由於他可以使工人的衣著更便宜，從而使工人在總收益中所得的份額更小，才會獲利」。（轉到自第 383～384 頁）拉姆賽還指出：「既不加入固定資本也不加入流動資本的那些商品，不可能因為他們的生產率發生任何變化而影響利潤。這類商品是各式各樣的奢侈品」。（轉引自第三分冊第 385 頁）這裡拉姆賽正確地說明了奢侈品不加入工人消費，它的價值變化不影響工資，從而不影響剩餘價值率。當然這是就一般規律來講，事實上生產奢侈品的工廠主總是力圖延長勞動時間增加絕對剩餘價值，或把勞動報酬壓到勞動的價值之下以增加相對剩餘價值。

剩餘價值量決定於兩個因素：第一，剩餘價值率；第二，同時使用的工人人數。因此，如果奢侈品工業的勞動生產率的增長使一定量資本所推動的工人人數減少，它就會使剩餘價值量減少，在其他條件不變的情況下利潤率會降低。如果工人人數減少了，由此可變資本在總資本中占的比例下降，而剩餘價值率的提高又不能彌補這個差額，那麼利潤率也會下降。最後，奢侈品工業的利潤率也參與一般利潤率的平均化，因此，奢侈品工業勞動生產率的提高會引起一般利潤率下降。

總之，不變資本各組成部分價值的降低或提高對利潤率的影響在於它影響剩餘價值與所花費的資本總額的比例，並不會影響剩餘價值量。工資（可變資本）的降低或提高對利潤率的影響，則是由於它直接影響剩餘價值量和剩餘價值率。拉姆賽的論述雖涉及了這兩方面，但是沒有抓住這個問題的實質，即沒有從根本上弄清楚價值、剩餘價值和利潤之間的關係。

拉姆賽把它對利潤的認識概括為：「單個資本家的利潤率決定於下述因素：①生產工人衣食等生活必需品的勞動的生產率；②生產加入固定資本的物品的勞動的生產率；③**實際工資率**。上述第一個因素和第三個因素的變化，通過改變總產品中歸工人的份額而影響利潤。**第二個**因素的變化，則通過改變用於補償生產中消費了的固定資本的份額而影響利潤，因為利潤實質上是個份額問題。」（轉引自第三分冊第387~388頁）馬克思認為「拉姆賽比其他人更接近於正確地理解利潤率。」（第三分冊第387頁）他提出了利潤率問題的主要三點，同時，傳統觀念的缺陷在他那裡也比在其他人那裡表現得明顯。

[（3）拉姆賽論「總利潤」分為「純利潤」（利息）和「企業主利潤」。在他關於「監督勞動」「補償風險的保險費」和「超額利潤」等觀點中的辯護因素]

這一節馬克思集中對拉姆賽的分配理論做了評述，並通過詳細地剖析他對剩餘價值各種具體形態的認識進一步闡述了自己的觀點。

一、拉姆賽論「總利潤」分為「純利潤」（利息）和企業主利潤

拉姆賽在《論財富的分配》一書的前言中明確說明他要對李嘉圖的理論提出補充。但他對分配的看法和李嘉圖的觀點不同。拉姆賽把當時的社會分為四個階級——工人、雇主、資本家和地主。四個階級在生產中通力合作製造產品，因此就應分享合作的成果。工人得工資、雇主得利潤、資本家得利息、地主得地租。馬克思著重指出：「拉姆賽把我僅僅稱之為利潤的東西稱為**總利潤**。他把這個**總利潤**分為**純利潤**（利息）和**企業主利潤**（企業主收入，產業利潤）。」（第三分冊第389頁）這種觀點不是拉姆賽最先提出的。19世紀20年代初已有一些資產階級經濟學家提出這種觀點。資產階級庸俗經濟學家西尼爾在1836年出版的《政治經濟學大綱》中也是這種觀點，並且因為他受到了資

產階級的吹捧，所以似乎成了這種觀點的倡導者。

二、關於一般利潤率下降的觀點

在對一般利潤率下降問題的認識上，拉姆賽和李嘉圖的觀點一致，不同意斯密的觀點。斯密認為資本累積和資本家之間競爭的加強引起利潤率下降。拉姆賽認為資本家之間的競爭只能使較高的利潤平均化，不能使一般利潤率下降。假定資本家之間的競爭能使商品價格下降，也不會影響利潤，因為「**唯一能夠影響一般總利潤率的競爭**，是資本主義企業主和工人之間的競爭」。（轉引自第三分冊第390頁）這一論述中拉姆賽接受了李嘉圖論點中正確的東西。也就是說，這裡他是從剩餘價值本質來認識利潤的。因為剩餘價值取決於勞動創造的總價值在工人和資本家之間的分割，由此，資本主義企業主和工人之間的競爭是唯一使剩餘價值量變動的原因。企業主之間的競爭只能改變總剩餘價值在不同企業主之間的分配，即使利潤率平均化，也不會使總利潤率下降。這一觀點比斯密僅從市場競爭現象說明利潤率下降有進步的地方。不過拉姆賽把剩餘價值和利潤混同起來，並沒有說明一般利潤率具有下降趨勢的原因。

三、關於利息率（純利潤率）

拉姆賽把利息率稱作純利潤率。他正確地認為「它部分地取決於總利潤率，部分地取決於總利潤分為利息和企業主利潤的比例。這個比例取決於資本的貸出者和借入者之間的競爭」。（轉引自第三分冊第391頁）他還進一步看到了貸出者和借入者之間的競爭受預期總利潤率的影響，因借入者中許多人是企業主。但他認為這不是影響利潤率的唯一原因，利潤率還受其他因素調節。因為一方面有些人借錢並不打算用在生產上；另一方面可貸出的份額隨著國家的財富增減而變化，並不以總利潤的變化為轉移。

拉姆賽認為只有當文明程度已達到償還貸款完全有保證時，即不必把承擔風險的補償加進利息中去時，借貸利息才是純利潤的尺度。也就是說他把這種情況下的利息率看作自然利息率。在他看來隨著一個民族的財富的不斷增長，靠利息生活的人有增加的趨勢，因此在老的富有國家，例如在英國利息率有下降的趨勢。

四、企業主和企業主利潤

拉姆賽在論述分配問題時,他強調「資本主義企業主是財富的總分配者;他付給工人工資,付給(貨幣)資本家借貸利息,付給土地所有者地租」。(轉引自第三分冊第391頁)他把企業主看成是勞動、資本和土地三種生產要素的購買者,生產的組織者,顯然是站在企業主立場說明分配關係的。不過他在論述中以獨特的方式突出了勞資之間的對立,這就是把企業主利潤和利息作為總利潤與工人的工資收入相對立,二者存在著此增彼減的關係。

拉姆賽認為企業主利潤可以分解為:①企業主薪金;②補償風險的保險費;③超額利潤。他的這種劃分方法,後來被許多庸俗資產階級經濟學家所接受並發展,用以為利潤辯護。

第一部分企業主的薪金,拉姆賽把它看作監督勞動的工資。他說:「雇主可視為另一種高等階層的勞動者」①,雇主對企業的指導和監督是與體力勞動不同的一種特殊勞動。馬克思針對拉姆賽這種論述,對企業主的「監督勞動」做了深入的分析。首先,在資本主義企業中,企業主是以企業統治者的身分與勞動者相對立。為了剝削勞動是要花費「勞動」的,這種費用屬於非生產費用,正如奴隸監工和他用的鞭子都算在生產費用中一樣。資本家之間在競爭中爾虞我詐所花費的「勞動」也不應放在生產費用之中,這是資本家為榨取最大剩餘勞動所做的鬥爭和努力,與剩餘價值來源無關。這種「勞動」是由勞動條件作為資本對勞動本身的統治產生的,它隨著資本主義生產消失一起消失。其次,監督勞動還包括組織分工和協作這種一般職能。這部分職能的報酬在較大的資本主義企業裡由經理的工資代表了,並不是作為利潤出現的。不過拉姆賽與把利潤說成完全是監督勞動工資的辯護論者是有區別的。他雖然認為利潤中包含著一部分監督勞動的工資,但同時也指出了利潤量往往與企業主付出的監督勞動不成比例。企業利潤一般來說是與投入的資本量成比例,企業主經營管理才幹的大小對取得的利潤量也有關係。拉姆賽還看到了企業主花費的監督勞動量同資本量成反比例,即大資本需要的監督勞動量相對於小資本來說占的比例要小。

第二部分補償風險的保險費,在他看來是企業家經營中承擔風險的報酬。馬克思指出這種費用只是把各個資本家在經營中的損失,平均地在資本家階級中分攤。保險公司的利潤是從產業資本家總利潤中分配的一部分。因此,所謂

---

① 參見拉姆賽:《論財富的分配》,商務印書館1984年中文版,第53頁。

補償風險的費用只是在不同資本家之間如何分配剩餘價值的問題，和剩餘價值的來源無關。

第三部分超額利潤，拉姆賽說：「這種超額利潤不折不扣地代表那種從**支配資本使用權的權力中**（換句話說，從支配他人勞動的權力中）產生的收入，不管這個資本是屬於這個資本家本人還是從別人那裡借來的。」（轉引自第三分冊第 395 頁）這部分收入與企業主的技能和管理中的操心所得收入不同，它必然隨資本額的增大而以更大的比例增長，相反，資本額愈大，企業主監督勞動的報酬占的地位愈不重要。

總之，拉姆賽雖然認為「流動資本」不是生產的必要條件，但他並沒有否定資本主義生產。他論述分配時以資本主義生產關係為前提，把工資和資本的總利潤（包括企業主利潤）看作社會收入的必要的形式。他講的「這兩種形式的收入實際上把資本主義生產以及作為其基礎的兩個階級的本質最簡單最一般地概括起來了」。（第三分冊第 396 頁）同時，拉姆賽把地租說成資本主義生產的多餘形式，不知道地租是這種生產方式的必然產物。與此相聯繫，他也不把利息（資本的純利潤）看成必要的形式。

從以上拉姆賽的論述中可以看出：第一，他在一定意義上認識到了建立在雇傭勞動基礎上的資本主義生產方式，不是社會生產的絕對的形式，只是一定條件下的產物。第二，利息和地租對資本主義生產來說是不必要的，是可以扔掉的累贅。馬克思指出：「如果這種資產階級的理想真正實現的話，結果只能是，全部剩餘價值直接落在產業資本家手中，社會（在經濟方面）就會歸結為資本與雇傭勞動的簡單對立──這種簡化無疑會加速這種生產方式的滅亡。」（第三分冊第 397 頁）

[第二十三章] 舍爾比利埃

舍爾比利埃·安都昂·埃利澤（1797—1869）是瑞士經濟學家，西斯蒙第的追隨者，同時，他又把西斯蒙第的理論同李嘉圖理論的基本原理結合在一起，其著作是二者的奇妙混合物。他的主要代表作是《貧與富》，馬克思的評論是以它 1841 年的巴黎版為依據的。

舍爾比利埃和拉姆賽一樣，近似地認識到了不變資本與可變資本的區別，並在這個基礎上、在一定程度上進而討論了資本兩部分構成比例的變化及其對工人狀況與資本利潤率的影響。但這種探討是十分初步的。馬克思在剖析舍爾比利埃的觀點時，也制定和發揮了自己的資本有機構成理論，並正確闡明了資本有機構成的變化對工人狀況和資本利潤的影響。

[（1）把資本區分為兩部分：由機器和原料構成的部分以及由工人的「生活資料基金」構成的部分]

在對資本的看法上，舍爾比利埃沒有擺脫傳統觀念的束縛。他認為：「資本就是原料、工具、生活資料基金。資本同財富的其他任何部分之間沒有任何區別。只是由於特殊的使用方式，物才成為資本，就是說，只有它被當做原料、工具或生活資料基金在**生產行為**中加以使用，它才成為資本。」（轉引自第三分冊第 399 頁）

馬克思指出：「可見，這是一個普通的方法，即把資本歸結為它在勞動過程中所表現的物質要素：勞動資料和生活資料。」（第三分冊第 399 頁）由此可見，舍爾比利埃雖然提到只是由於特殊使用方式，物才成為資本，但他所說的特殊使用方式，並不是指特殊的歷史生產方式，而僅是指財富在生產行為中

被當做生產資料來使用。這樣，他就未能超出資產階級經濟學的傳統看法，即把資本看作在生產過程中使用的物質要素：生產資料和生活資料。況且，把生活資料看作資本更是不正確的。生活資料雖然是勞動者的生存條件和前提，但它並不進入勞動過程，進入勞動過程的只有勞動對象、勞動資料和勞動本身。因此，勞動過程的客觀因素……在這裡被稱為資本，雖然「生活資料基金」默默地以這些勞動條件的資本主義形式為前提。（第三分冊第400頁）可見，生產的物質要素之所以被稱為**資本**，只是因為在舍爾比利埃的心目中，它們「**默默地**」以**資本主義**形式為前提。但他的定義並沒有明確提出這個前提。因此不能說他對資本的性質有清楚的瞭解。在這方面，他不如拉姆賽和瓊斯，因為他們的理論中包含了把資本看作歷史生產方式的萌芽。

在關於資本的兩個組成部分的相互比例關係的變化方面，舍爾比利埃看到，隨著生產的進步，生活資料基金會減少（同資本總量相比至少會相對減少，在機器不斷排擠工人的情況下則會絕對減少）。在這方面，他和拉姆賽都近似地認識到在資本有機構成的變化中，可變資本相對或絕對減少的事實。一方面，「生活資料基金」之所以會減少，只是因為產品的一大部分已不是以可變資本的形式，而是以不變資本的形式再生產出來，並當做資本來使用；另一方面，則是因為較大一部分由生活資料構成的剩餘產品被非生產勞動者和完全不勞動的人消費掉了。所以，必然會減少的只是由生產工人所消費掉的生活資料基金；相反，被不勞動者、僕人、士兵等消費掉的部分則會更大。

在評述舍爾比利埃對資本劃分的貢獻時，馬克思指出：「在拉姆賽和舍爾比利埃的著作中只有一點是重要的，即他們實際上把**可變資本**和**不變資本**相對立，而不是停留在從流通中得出的固定資本和流動資本的區分上。因為，舍爾比利埃把資本中歸結為『生活資料基金』的部分，同由原料、輔助材料和勞動資料（工具、機器）組成的部分對立起來。」（第三分冊第401頁）接近正確地劃分不變資本和可變資本，這是同時代的拉姆賽和舍爾比利埃的重要貢獻。在這方面，他們甚至比斯密和李嘉圖更向真理前進了一步。當然，他們仍未能提出不變資本與可變資本的概念。

在資本組成部分的變動中，重要的是產品以什麼比例來補償過去的勞動和支付活勞動。舍爾比利埃等看到了，隨著資本主義生產規模的擴大和累積資本的增多，用來補償機器和原料的份額越來越大，以實物形式直接回到或通過交換間接回到生產過程的產品份額越來越大，而代表活勞動的部分相對地說則越

來越小。雖然在使用價值上這一部分也可能增加。「但是，相對地說，這部分中歸工人所有的部分，還會更加減少。而且這同一過程會引起工人人口經常的相對過剩。」（第三分冊第 401 頁）所以，可變資本的相對減少和工人人口的相對過剩，是從舍爾比利埃的理論中引出的必然結論。

[（2）關於工人人數同不變資本量相比不斷減少的問題]

隨著資本主義生產的發展，投在機器和原料等上面的資本會增加，投在工資上面的資本則會減少，這是不容爭辯的事實。這是舍爾比利埃等人所關心的唯一問題。但對我們的分析來說，重要的是這一事實與利潤率下降的關係。這個問題是以往的經濟學家們一直未能解決的。同時，這個問題還不僅涉及資本兩部分的物質比例，而且涉及價值比例。所以，首先要探討物質比例和價值比例的變化，然後再說明它們對利潤率的影響。

從勞動資料方面看，機器代替手工工具，它的範圍和數量自然要比手工工具大得多。如馬克思的例子表明，一個手工工人用手紡車只能帶動一個紗錠，而同一個工人用紡紗機卻可以帶動成百個紗錠。這樣，勞動資料與工人的數量比例必然會大大發生變化。但資本的兩個組成部分之間的價值比例的變化，卻會小得多。這是因為，隨著生產力的發展，機器變得便宜。機器便宜是由於三個原因：第一，由於製造機器的原料是用機器生產的；第二，由於機器也是用機器製造的；第三，由於動力的生產和傳送裝置便宜了。儘管如此，投在機器上面的資本價值與投在勞動上面的資本價值相比，還是會增加，雖然它並不同其數量的增加成同一比例。

這種情況對利潤率會產生什麼影響呢？

商品的價值就其與機器的關係來說，決定於機器的磨損，而不取決於機器本身的價值。「相反，利潤卻決定於（撇開原料不談）進入勞動過程的全部機器的價值，而不管這個價值被消費的程度如何。因此，利潤率必然隨著活勞動總量的減少（相對花費在機器上的資本部分來說）而下降。」（第三分冊第 405 頁）

從原料方面來看，也有類似情況。隨著生產力的發展，每個工人所消費掉的原料的數量會成十倍地增加，但原料的價值是否會相應比例地下降呢？這卻

不可能。這是因為大部分原料的生產是和有機生產過程相聯繫的。資本主義生產至今還不能像掌握機械方法和化學過程那些掌握這些生產過程。除此之外，動植物性原料的生產還受到地租規律的支配，這也是使它們的價值居高不下的原因。至於煤炭和金屬等礦物性原料的生產，它們的價值雖會隨著生產的發展而越來越便宜，但過多的開採也會使資源枯竭，從而使它們變貴。

因此，原材料會隨著生產的發展而便宜，但這只能使投在這方面的資本價值的增長變慢，而不會使它停止。這種下降一定程度上抑制了利潤率的下降，但沒有制止它。

總之，利潤率的變化與資本的兩個組成部分的構成比例的變化，有很密切的關係。

[（3）舍爾比利埃關於利潤率取決於資本有機構成的猜測。他在這個問題上的混亂。舍爾比利埃論資本主義條件下的「佔有規律」]

一、舍爾比利埃關於利潤率取決於資本有機構成的猜測和他觀點中的混亂

在論述了資本利潤率必然隨著資本有機構成的變化而變化之後，馬克思回過頭來剖析舍爾比利埃關於利潤率的觀點。

馬克思針對舍爾比利埃指出：「他提出的利潤率公式，或者說是用數學來表示通常所理解的利潤，本身並不包含任何規律，或者說甚至是絕對錯誤的，儘管他對這個事物有某種**模糊的概念**，接近於對它的瞭解。」（第三分冊第407頁）

這個評價看來似乎是互相矛盾的，但舍爾比利埃對利潤的理解確實漏洞百出：既有對公式的通常見解，又有對概念的錯誤表達，還有對事物的某種模糊的但接近於正確的認識。馬克思首先評述了舍爾比利埃有關利潤的一般觀點，然後分析了他的兩個具體論點和結論，最後順便涉及利潤率的平均化問題。

舍爾比利埃說：「營業利潤①決定於同生產資本**各不同要素**相比的**產品價值**。」（轉引自第三分冊第407頁）「這種規定的兩個主要要素，顯然是原料價格和加工這些原料所必需的生活資料基金的數量。社會的經濟進步以**相反的**方向作用於這兩個要素上。」（轉引自第三分冊第407頁）它一方面使原料變貴，另一方面又使生活資料基金相對減少。

---

① 原譯為商業利潤，現根據郭大力譯本和俄譯本改正。

上面對利潤的表述本身是錯誤的。因為利潤不是同生產資本相比的**產品價值**，而是同生產資本相比的**剩餘價值**。同時，這個比例與資本各要素的區別無關。所以表述利潤率時，不必涉及資本兩部分間的區別。但是，他的錯誤表述卻包含了某些正確猜測。這是因為，表述利潤率雖不必涉及資本兩部分間的區別，但利潤率的高低卻與這種區別有很大關係。利潤的來源是剩餘價值，而剩餘價值又取決於可變資本的數量及其增值率，而這個剩餘價值與總資本之比，又取決於可變資本與總資本之比，也取決於不變資本的價值變動，因此，利潤率受到資本的兩個組成部分的價值變動的制約。所以，舍爾比利埃的表述中，包含了利潤率取決於資本有機構成的某些正確猜測。關於這一點，本書很快還要談到。

接著，馬克思分析了舍爾比利埃的第一個論點。

舍爾比利埃的第一個論點是，「產品總量減去為獲得這些產品而消費的資本總量，就得出一定時期內的利潤總量」。（轉引自第三分冊第407頁）

這種表述方式是不確切的。前面他還說產品的價值，這裡又變成了產品總量。但產品總量是使用價值，它是無法與資本總量的價值相比較的。因為即使產品的價值不增加，產品量也可以增加。如果必須把產品量與消費的資本量相比，那只能在這種意義上相比：消費的資本要素，怎樣在總產品中得到補償。

為什麼舍爾比利埃走上歧途，由產品價值跳到了產品量呢？這是因為，儘管他猜測到了資本有機構成對利潤率有決定意義，但他卻完全沒有利用他探索到的不變資本與資本的另一組成部分（可變資本）的區別，去說明剩餘價值。他沒有指出剩餘價值是哪裡來的，所以只好求助於使用價值，求助於剩餘產品。這就是他從產品價值跳到產品量的原因。

此外，用「生活資料基金」來表述可變資本也是錯誤的。可變資本在生產過程中所採取的物質形態是勞動，而不是生活資料基金。生活資料基金只是可變資本在工人手中轉化為工資後所採取的實物形態，它屬於消費範疇，與生產資本無關。舍爾比利埃把資本的另兩個要素——機器和原料稱為被動要素。但若把可變資本看作生活資料基金，那它同樣也是被動的，不能對利潤的生產起任何作用。

不但如此，同一錯誤觀念還妨礙了舍爾比利埃通過資本的主動因素和被動因素之比，去說明利潤率的下降。顯然，如果可變資本變成了生活資料基金，那麼，它在利潤的生產中就不起任何作用，因而無論它是增加還是減少，都不

會影響利潤從而影響利潤率。用生活資料基金來說明利潤，就只能採用這種錯誤方式，即生活資料基金隨著社會生產力的發展而減少，而工人人數卻在增加，因此，工資會因人口過剩而下降到它的價值以下。這樣，利潤就成了工資的扣除。但是，這樣就不能「在勞動能力按價值支付的基礎上，說明任何問題」。（第三分冊第 409 頁）

由以上分析可見，由產品價值跳到產品總量是錯誤的。因此，就要把舍爾比利埃的第一個論點還原為它的正確表述：「產品總量的**價值**，減去為獲得這些產品而消費的資本總量的**價值**，就得出了一定時期內的利潤總量。」（轉引自第三分冊第 409 頁）

但即使這樣，這個定義也沒有提供什麼新東西。它只不過是利潤的通常表現形式。「換句話說」利潤是在一定時期內獲得的產品價值超過已消費的資本價值的餘額，或者說「是產品價值超過產品的生產費用的餘額。……因此，他的第一個論點不外是利潤的普通定義，是利潤的直接表現形式。」（第三分冊第 409~410 頁）

舍爾比利埃的第二個論點是：「**產品總量**同使用的資本，而不是同已消費的資本成比例地**增長**。」（轉引自第三分冊第 410 頁）

根據上面的訂正，這句話顯然應改為：「產品總量的**價值**同使用的資本，而不是同已消費的資本成比例地**增長**。」（轉引自第三分冊第 410 頁）

如果考慮到他的第一個論點，那麼這裡顯然是要說：利潤同使用的資本，而不是同已消費的資本成比例地增長。「這裡的目的只是想**用狡猾的手法得出**利潤量決定於使用的資本量這樣一個完全未經證明，而且在直接表達上也是錯誤的論點。」（第三分冊第 410 頁）因為，利潤量取決於使用的資本量，是以個別利潤率的平均化為前提的，這是舍爾比利埃尚未加以證明的。此外，這個表述本身也是錯誤的。因為正如上述，正確的提法應當是：**利潤量**同使用的資本量成比例。

那麼，舍爾比利埃的第二個論點究竟是要說明什麼呢？

馬克思認為，「這裡顯然是想用下列說法來巧妙地解釋剩餘價值：使用的資本超過已消費的資本的餘額構成**產品的價值餘額**」。（第三分冊第 410 頁）但是，這種解釋是錯誤的，因為，未消費的資本保持著自己的價值，所以如果說發生了價值變動，這種變動也只能發生在已消費的，從而已加入價值形成的那部分資本。

然而，舍爾比利埃的第二個論點背後隱藏著什麼呢？

實際上它只是意味著：由機器等組成的不變資本，就其未被消費的部分講，它加入勞動過程，但不加入價值形成過程，因而它有助於產品量的增加，卻不在其上附加任何價值。舍爾比利埃用來巧妙解釋剩餘價值的那個「說法」實即指此。但未被消費的資本部分本身並不造成產品量的增加，而只是有助於勞動在一定時期內生產更大的產品量。所以，如果勞動只限於在必要勞動時間內進行，那麼，產品量就不會變。「所以，產品的餘額不是由使用的資本超過已消費的資本的餘額構成，而是由這個**已消費的資本**部分發生變動造成的。」（第三分冊第 411 頁）

「這樣，舍爾比利埃的第二個論點就是企圖用巧妙的手法偷運剩餘價值（利潤的必要基礎）。」（第三分冊第 412 頁）

最後，分析舍爾利埃的結論。結論是：「因此，**利潤率**，或者說，利潤與資本之比，是另外兩個比例——**使用的資本和已消費的資本之間的比例**以及**已消費的資本和產品之間的比例**——結合的結果。」（轉引自第三分冊第 412 頁）

可見，在應當說明利潤時，他只是給利潤下了一個通常的定義，而在應當說明利潤率時，也是給利潤率下了一個通常的定義。即利潤率是利潤與總資本之比，或者說是產品價值超過生產費用的餘額與預付在生產上的資本之比。其餘所說的「兩個比例的結合」云云，經過上面的分析已毫無意義。其實，所有的詞句「只是確認了利潤和利潤率的存在，關於它們的本質卻什麼也沒有談到」。（第三分冊第 413 頁）

他用數學方法表示的他的學理主義公式也無濟於事。

他用 P 表示一定時期的總產品，用 C 表示使用的資本，π 表示利潤，r 表示利潤率，c 表示已消費的資本。這樣 $P-c=\pi$，$r=\dfrac{\pi}{C}$，即 $Cr=\pi$。因此 $P-c=Cr$；$r=\dfrac{P-c}{C}$。

這些公式只是表明，利潤率等於利潤與資本之比，而利潤等於產品的價值超過產品的生產費用的餘額。這不過是對利潤和利潤率的最普通的提法，當然「不包含任何規律」（第三分冊第 407 頁）。

然後，舍爾比利埃總算接觸到了利潤率下降的問題。他說：「增長的是利潤量，而不是利潤率即這個量與使用的資本之比，$r=\dfrac{P-c}{C}$。顯然，如果 C 比

$P-c$ 增長得快，即使 r 下降，$P-c$ 或者說利潤（因為 $P-c=\pi$）也**可能**增長。」（轉引自第三分冊第 413 頁）

馬克思指出，「在這裡，還算在某種程度上接觸到了利潤率下降的原因」，因為，它指出了，利潤率之所以下降，是由於不變資本比利潤增長得快。「但是，有了先前的歪曲以後，這只能導致混亂和自相抵觸的矛盾。」（第三分冊第 413 頁）

為什麼呢？

因為，他先是說利潤至少是和資本成比例地增長，可是這裡又說利潤率下降是因為使用的資本比利潤增長得快。這豈不自相矛盾？

如果撇開這一切混亂和矛盾不說，那就只剩下這樣的命題：儘管利潤量增長，利潤率也可能下降。對此，從未有人懷疑過。但是，「這裡涉及的唯一的問題恰恰是要說明這種現象的原因」（第三分冊第 414 頁），而舍爾比利埃對原因卻未能做出任何說明。

馬克思認為，舍爾比利埃「顯然模糊地猜測到，使用的活勞動量，儘管絕對地說增加了，但是與過去勞動相比還是相對減少了，**因此**利潤率必然下降。但是他的這種猜測還不是清醒的理解」。（第三分冊第 414 頁）

最後，馬克思評述了舍爾比利埃關於利潤率平均化的見解，並指出他的這種見解還算是比較中肯的。

舍爾比利埃指出：「**利潤量**……在資本主義生產者之間，**按照他們每人使用的資本的比例**進行分配，而與已消費的資本相應的並確定用來補償它的那一部分產品，則按照他們實際消費掉的資本的比例進行分配。這種**二重分配規律**由於各方面使用的資本的收益平均化的**競爭的作用**而得以實現。這種二重分配規律最終決定了不同種類產品的相應的**價值**和**價格**。」（轉引自第三分冊第 415 頁）

這一段對利潤率通過競爭而平均化的說明是正確的。但最後所說的這種平均化形成商品的價值和價格，則是錯誤的。相反，價值規定是第一性的，是利潤率的前提，也是生產價格形成的前提。所以，只有把他所說的價值理解為生產價格，他的說法才是正確的。而他之所以犯這個錯誤，「都是由於他沒有獨立地考察價值和剩餘價值的起源和規律」。（第三分冊第 415 頁）

二、舍爾比利埃關於資本主義佔有規律的論述

對雇傭勞動與資本的關係，舍爾比利埃的理解在一定程度上也是正確的。

他指出，「沒有通過讓渡（合法轉讓財產、繼承等）得到什麼東西，也沒有什麼東西可以拿去交換的人，只有向資本家提供自己的**勞動**，才能得到他們所需要的東西。他們只有權利得到作為**勞動價格**付給他們的東西，而無權得到這種勞動的**產品**以及他們附加在產品上的**價值**」「無產者為換取一定量的生活資料**出賣**自己的勞動，也就完全放棄了對資本其他部分的任何權利。這些產品的佔有還是和以前一樣，並不因上述的（無產者和資本家之間的）契約而發生變化。產品完全歸提供原料和生活資料的資本家所有。**這是佔有規律的嚴格結果**，相反地，這個規律的**基本原則**卻是**每個勞動者對自己的勞動產品擁有專門的權利**」。（轉引自第三分冊第 415-416 頁）

通過以上引證可以看出，舍爾比利埃看到了商品生產所有權規律到資本主義佔有規律的轉化。根據商品生產所有權規律，商品生產者只能佔有自己的勞動產品，對別人的勞動產品則只能用自己的勞動產品去交換。但是商品生產的這種所有權，怎麼一下子就變了樣子，以致一部分勞動產品不經過交換就被資本家佔有了呢？對此，「舍爾比利埃既不理解，也沒有加以說明，但只是感到，這裡發生了某種**轉變**」。（第三分冊第 416 頁）

「舍爾比利埃所說的『基本原則』純粹是一種虛構。它是由**商品流通**造成的假象產生的。」（第三分冊第 416 頁）在商品流通過程中，每個人都只是作為商品所有者互相對立，所以，商品只能進行等價交換。每個人只有讓出自己的商品，才能佔有別人的商品。這就造成一種假象，似乎他們交換的只是自己的勞動產品。至於無償佔有的別人的勞動產品的交換，則是以另一種與簡單商品關係不同的關係為前提的。對這種資本主義的佔有關係，舍爾比利埃並不理解。同時由於他誤認為工人出賣的是勞動，工資是勞動的價格，所以他就更不理解這種資本主義的佔有規律。馬克思指出：「這是『剝奪』規律，不是『佔有』規律，至少不是舍爾比利埃所想像的一般佔有規律，而是和一定的、特殊的生產方式相適應的佔有規律。」（第三分冊第 417 頁）

商品生產所有權之所以轉變為資本主義佔有權，或轉變為資本主義剝奪的規律，只是由於勞動能力被當做商品出賣，因而它在被實現為勞動之前就被資本家佔有了。在生產過程中，它直接轉化為資本，因為當它物化為產品時既保存了不變資本，又補償了可變資本並附加了剩餘價值。

在這裡，馬克思在批判舍爾比利埃的過程中已基本上指出了，勞動力被當做商品出賣，是商品生產所有權規律轉變為資本主義佔有規律的秘密所在。但

這個觀點還沒有得到十分清晰和系統的論述。

在《資本論》中，馬克思專門論述了商品生產所有權規律到資本主義佔有規律的轉化。其要點如下：

（1）假定原始資本是由本人或他祖先的勞動形成的，這個資本與勞動力的最初交換也是根據等價原則進行的。但是，當追加資本形成時，它已沒有一個價值原子不是別人的剩餘勞動。所以，當追加資本同勞動力再交換時，商品生產的所有權規律，依照自己本身不可避免的辯證法，就轉化為資本主義佔有規律了。

（2）這種轉化，看來是與商品生產所有權規律相矛盾的，但它的實現不但不與商品生產的規律相違反，反而是這一規律的應用。因為，不論是貨幣最初轉化為資本，還是在再生產過程中追加資本與勞動力的交換，都是根據等價交換的原則進行的。

（3）一旦勞動力被當做商品出賣，這個轉變就是不可避免的。因此，勞動力成為商品，是商品生產所有權規律轉變為資本主義佔有規律的關鍵。①

[（4）關於作為擴大再生產的累積問題]

舍爾比利埃指出：「財富的任何累積，都為加速進一步的累積提供手段。」（轉引自第三分冊第418頁）

在評述舍爾比利埃這一觀點時，馬克思再一次批駁了李嘉圖關於累積都轉化為工資支出的觀點，再次強調了累積的一部分必須轉化為不變資本。

同時，馬克思指出累積與簡單再生產有如下區別：

（1）累積的生產要素（不變資本和可變資本的物質要素），是由新加勞動構成的，是由剩餘勞動形成的。

（2）勞動時間的延長、工具和機器的加快磨損、舊的不變資本的加速消費，也是累積的要素。

（3）在累積過程中，會以各種形式或方式形成追加貨幣資本，在進行現實累積之前，首先要有貨幣資本的累積或貯存。

這些都是累積不同於簡單再生產的特點。

---

① 參見《馬克思恩格斯全集》第 23 卷第 22 章第一節。

[(5) 舍爾比利埃的西斯蒙第主義因素。關於資本有機構成問題。比較發達的資本主義生產部門的可變資本絕對減少。在資本有機構成保持不變的情況下不變資本和可變資本的價值比例的變動。資本的有機構成以及固定資本和流動資本之間的不同比例。資本週轉的差別及其對利潤的影響]

這一節涉及的問題比較龐雜，但主要是探討資本有機構成和週轉時間的差異對利潤率的影響。

一、舍爾比利埃著作中的西斯蒙第主義因素

舍爾比利埃的以下論述，是直接承襲西斯蒙第的。例如他說：「關於資本不同要素之間比例不變的假設，在社會經濟發展的任何階段都不會實現。它們之間的比例實質上是可變的，而且是由於兩個原因：①分工；②人力由自然力代替。這兩個原因使生活資料基金與資本的另外兩個要素之比有下降的趨勢。」（轉引自第三分冊第421頁）

「在這種情況下，**生產資本的增加**，不一定會引起用來形成勞動價格的生活資料基金的增長，在這種增加的同時，資本的這個要素至少是暫時地會絕對減少，從而**勞動價格會下降**。」（轉引自第三分冊第421頁）

在分工和機器代替工人的情況下，生產中只使用比原來較少的工人，「但是因為工人現有人數保持不變，所以**他們的競爭**會很快使勞動的價格降到它原來的水準以下。這是**佔有規律**的極其驚人的結果之一。財富即勞動產品的絕對增多，並沒有引起工人生活資料基金的相應增多，甚至還能引起這一基金的減少，使各種產品中應歸於工人的份額減少」「決定**勞動價格**的原因，是生產資本的絕對量以及資本不同要素之間的比例，這是工人的意志不能給予任何影響的兩個社會事實」「一切機會幾乎都是對工人不利的」。（轉引自第三分冊第421頁）

馬克思指出，這些都是「西斯蒙第的東西」（第三分冊第421頁），看來這是指西斯蒙第著作中的下列思想：

(1) 財富的增長，技術的發展，分工和機器的採用，發明了用更少的工人生產一切勞動產品的經濟方法，幾乎所有的工序都用機器代替了人。

（2）流動資本變成機器，盲目的機器代替工人，使工人大量被解雇。

（3）分工和機器的使用使資本對勞動的需求降低，從而加劇工人就業方面的競爭，使他們屈從於苛刻的勞動條件，滿足於勉強維持生活的微薄工資。

（4）技術的進步、分工和機器的採用會減少國內消費，減少工人的糊口手段，造成財富分配的不平等，使工人更加貧困。①

舍爾比利埃的論述和西斯蒙第的這些思想是一脈相承的。

二、關於資本有機構成的變動及其對利潤率的影響

在分析資本有機構成時，《剩餘價值理論》還沒有像後來《資本論》那樣，把資本的技術構成、價值構成和有機構成區分開。這裡提到的有機構成，還當做技術構成的同義語來使用。

馬克思指出：「生產資本不同要素之間的比例，是由兩種方式決定的。」（第三分冊第 421 頁）這兩種方式就是指資本的技術構成和價值構成。

關於資本的技術構成，馬克思指出，在勞動生產力既定的情況下，每個生產領域中作為不變資本物質要素的原料和勞動資料的數量，與作為可變資本物質要素的活勞動量之間，有一個確定的比例，這就是它的技術構成。在生產力一定時，它也是確定的。只有在生產力發生了變化，而這種變化又改變了生產資本兩部分之間的比例時，這個構成才發生變化。一般說來，勞動生產力的發展，會使活勞動的量減少，使物質生產資料的量增加。

生產資本的價值構成，即生產資本兩部分之間的價值比例。

這種構成與技術構成之間是什麼關係呢？一般說來，價值構成依存於技術構成，但又不完全和它一致。如果它與技術構成不一致，那麼，這種變化可能完全是由價格變動引起的。這裡，馬克思著重分析的是它們不一致的情況。

一方面，儘管生產資本的技術構成不變，它們的價值構成也可能發生變化，這有三種可能情況：

（1）不變資本的價值發生變動。如果它下降，那麼，或者擴大生產的規模，這樣，利潤量會增加，利潤率會提高。或者生產規模不擴大，而且只使用原來的勞動，這樣，在剩餘價值量不變的情況下，利潤率會提高；如果不變資本要素價值提高，那麼，或者要增加不變資本，才能使用同量勞動，這樣，儘管剩餘價值量不變，利潤率也會下降。或者預付資本量不增加，這樣，可變資

---

① 參見西斯蒙第：《政治經濟學新原理》，第四篇第七章，第七篇第七章。

本就必須相應減少，不僅利潤率會下降，利潤量也會減少。

（2）可變資本的價值發生變動。如果勞動力價值下降，為使用同量勞動，就只需要較少的可變資本，在生產規模不變時，由於剝削程度的提高，剩餘價值量和利潤率都會提高；如果勞動力價值提高，為使用同量勞動，就要有更多的可變資本從而更多的總資本，這樣，由於剝削程度的降低，剩餘價值量和利潤率都要下降。

（3）不變資本和可變資本的價值按相同的或不同的比例同時變動。在這種情況下，它們對利潤和利潤率的影響，可按它們各自變化的方向和程度推算出來。對這種情況，馬克思沒有進一步考察。

另一方面，在價值比例相同時，技術構成也可能不同。

在資本的價值構成相同時，如果一個生產領域比另一個生產領域完成了更多的剩餘勞動，那麼，它也就推動了更多的活勞動，使用的活勞動與生產資料的量的比例就會不同。

在價值比例相同時，如果一個生產領域比另一個生產領域使用了更多但更便宜的原料，那麼，這兩個領域之間活勞動與加工的原材料之間的比例就會不同。

在分析了這兩種互不一致的可能性之後，馬克思指出：「資本有機構成的概念可以這樣表述：這是在不同生產領域為吸收同量勞動而必須花費的不變資本的不同比例。」（第三分冊第427頁）

由於只分析了技術構成與價值構成的不一致的各種情況，而沒有分析二者之間的密切關係，所以，這裡所下的資本有機構成的定義，還不是十分確定的。

在《資本論》中，馬克思除了指出了兩種構成變動不一致的可能性之外，更指出了兩種構成之間的密切有機聯繫。他指出：「為了表達這種關係，我把由資本技術構成決定並且反應資本技術構成變化的資本價值構成叫作資本的有機構成。」①

三、固定資本與流動資本的構成比例及資本的週轉時間對利潤率的影響

固定資本與流動資本的構成比例，本身並不影響利潤量和利潤率。如果兩個部門的其他條件相同，那麼，使用的固定資本多少的不同，只會影響產品的

---

① 參見《馬克思恩格斯全集》第25卷，第672頁。

價值。因為固定資本只是逐年將其價值的一部分轉移到產品中去,所以使用固定資本較多的部門,與使用流動資本較多的部門相比,其產品價值也較小。如馬克思所舉的例子,其他條件相同,煤炭業產品的價值為 105,而縫紉業產品的價值則為 150。

那麼,固定資本與流動資本的差別在什麼條件下才會影響利潤率呢?

「固定資本與流動資本之間的差別只有在它影響總資本的**週轉**時,才能影響剩餘價值。……因此,必須研究資本週轉怎樣影響剩餘價值」(第三分冊第 429 頁),從而影響利潤率。

它怎樣影響呢?

馬克思回答說:「利潤率不是單純地按預付資本計算的剩餘價值,而是在既定的期間,即在一定的流通時間實現的剩餘價值量。因此,只要固定資本與流動資本的差別影響了一定的資本在**既定的時間**實現的剩餘價值量,它也就影響了利潤率。」(第三分冊第 430 頁)

這裡,有兩個因素會發生作用:

第一,預付資本量的差別。週轉時間慢的資本,預付量就必須較大;反之,也就相反。

這會影響利潤率。

第二,資本週轉時間的差別。馬克思著重分析了這種差別。

週轉時間,也就是再生產時間。有兩種情況會影響再生產時間:

首先,資本在生產領域中停留的時間的差別。這種時間,本身又包括三部分:①生產時間,勞動均衡持續進行的時間;②勞動完成後產品繼續停留在生產過程中,以便經受自然變化的時間,如葡萄酒在窖內發酵的時間;③生產過程中勞動中斷的時間,如農業中作物自然生長的時間。

其次,是流通時間的差別。這主要是由市場遠近、交通條件便利與否決定的。

由這兩種情況決定的資本週轉時間的長短,會對利潤率產生影響。在原著中馬克思舉了很多實例進行說明。

應當指出,在《資本論》中,馬克思對資本的週轉時間進行了更嚴格的劃分,把它分為勞動期間、生產時間和流通時間三部分,並且對這三部分都進行了詳細考察。① 但基本要點,這裡已經具備了。

---

① 參見《馬克思恩格斯全集》第 24 卷,第 12、13、14 章。

[(6) 李嘉圖和西斯蒙第的互相排斥的見解在舍爾比利埃著作中的折中主義的結合]

前面已經指出，舍爾比利埃的觀點，是西斯蒙第主義與李嘉圖學說的奇妙結合。儘管這兩種學說在某些方面是互相矛盾的，但它們在舍爾比利埃的著作中折中主義地結合在了一起。

舍爾比利埃的以下見解是屬於西斯蒙第主義的。例如：

社會經濟進步如以生產資本的增長和資本各要素間的比例變化為特徵，它就會給工人帶來若干好處：①勞動生產力的提高引起生產資本迅速增長，以致儘管生活資料基金與資本其他要素間的比例發生變化，生活資料基金還是會絕對增長，以致不僅可以雇傭原有的工人，而且可以雇傭追加數量的工人，這樣，勞動的需求就會增長；②勞動生產率的提高，使一系列產品價值大大下降，使工人消費範圍擴大。

但是，他又指出資本累積的有害後果：①生活資料基金有時會減少，即使是短暫的、局部的，也會對工人造成有害的後果；②促進社會經濟進步的情況大部分是偶然的，而不是經常的；③工人狀況是否幸福，不是取決於他們的絕對消費，而是取決於他們的相對消費。如果工人和資本家的距離拉大了，他們的社會地位就更加低下和不利了。

社會財富的增長，不論給工人帶來多少好處，也消除不了他們貧困的原因，因為他們被剝奪了對資本的任何權力，因而不得不出賣勞動，而放棄對勞動產品的任何要求。資本主義佔有規律的根本缺陷，就在於工人和資本之間「這種完全缺乏聯結的鏈條」。（第三分冊第437頁）

這種以消費優先的原則為出發點，對資本累積及其有害後果進行的抨擊，正是西斯蒙第的基本思想。

但是，西斯蒙第又贊成李嘉圖學派的詹·穆勒關於一切賦稅都應從地稅徵收的觀點，但又很難在實際上劃清地租和利潤的界限，所以他又進一步接近了李嘉圖的正確結論，提出「廢除土地私有制」的主張。他譴責土地所有者毫無益處，土地的生產能力來自用在農業上的資本，土地所有者毫無貢獻，他們的存在只是為了收取地租。土地私有權的廢除，並不改變產生地租的原因，只不過把地租轉歸國家，國家將把土地交給擁有足夠資本的私人來經營。這樣，地租將取代全部國家收入。最後，擺脫了一切枷鎖的工業將得到空前的發展（第三分冊第438頁）。

西斯蒙第的主張，是反對資本主義、維護小生產的；李嘉圖的理論，是反對封建主義、維護資本主義的。這二者怎能調和起來呢？

　　西斯蒙第對資本主義的發展持悲觀的態度，所以，他的主義被稱為經濟浪漫主義。舍爾比利埃繼承了西斯蒙第的傳統，認為如果沒有一場變革來阻止資本主義佔有規律的發展進程，資本就會成為社會的主宰，資本就會消滅一切社會差別，用一種簡單的富人與窮人的劃分來代替它。富人享樂和統治，窮人勞動和服從。無產者的墮落，就會成為財富分配的第二後果。（第三分冊第438頁）

　　這些悲觀論調，怎能與李嘉圖的上述論斷協調起來呢？

　　西斯蒙第主義和舍爾比利埃的思想是時代和社會矛盾的產物，它的意義不在於把不同理論見解協調起來，而在於指出社會發展的矛盾，揭露資本主義的種種弊病，從而為無產階級的批判提供材料。

[第二十四章] 理查·瓊斯

理查·瓊斯（1790—1855），英國經濟學家，資產階級古典政治經濟學的後期代表人物之一。他的主要著作有《論財富的分配和稅收的源泉》（1831年）、《政治經濟學緒論》（1833年）和《國民經濟學教程》（1852年）。理查·瓊斯是繼李嘉圖之後的一位優秀的英國經濟學家。馬克思指出：「同李嘉圖相比，瓊斯不管是在歷史地解釋現象方面，還是在經濟學的細節問題上，都向前邁出了重要的一步。」（第三分冊第 443 頁）

瓊斯的最可貴之處，是他的經濟考察的歷史觀點。他用勞動的特殊形式來解釋社會經濟結構，根據經濟結構區分不同類型的社會制度。他把資本主義生產方式看成社會經濟發展的一個特殊階段，而不是把它看成永恆的社會制度。理查·瓊斯還和拉姆賽一樣，事實上區分了不變資本與可變資本，並進一步討論了資本有機構成的變化及其對工人狀況和利潤率的影響，但他沒有從不變資本和可變資本的區分進一步探討剩餘價值的起源。瓊斯還考察了資本主義生產關係對生產力發展的影響、科學和技術在生產中的應用等。他對地租問題的考察也充滿了歷史觀的因素，他把資本主義地租僅僅看成地租發展史上的一種特殊形式。

瓊斯把資本主義生產方式看成歷史發展的一個特定生產方式，這就超越了資產階級經濟學的最後界限，從而宣告了資產階級古典政治經濟學的終結。馬克思就此指出：在瓊斯那裡，「我們看到，政治經濟學這門實際科學是怎樣結束的：資產階級生產關係被看作僅僅是**歷史的**關係，它們將導致更高級的關係，在那裡，那種成為資產階級生產關係的基礎的對抗就會消失」。（第三分冊第 472~473 頁）

由此可見，把瓊斯放在考察剩餘價值理論的歷史的最後一章，是含意深長的。

[（1）理查·瓊斯《論財富的分配和稅收的源泉》，第一部分：《地租》，1831年倫敦版。地租歷史觀的因素。瓊斯在地租理論的個別問題上勝過李嘉圖之處以及他在這方面的錯誤]

本節考察理查·瓊斯的《論財富的分配和稅收的源泉》的第一部分《地租》，這也是這部著作中留下來的唯一部分。

一、瓊斯的地租理論的歷史觀的因素

瓊斯論述地租理論的這第一部著作，就已顯出一個明顯的特點，就是他對各種生產方式的歷史區別已有所瞭解。

自斯密、李嘉圖以來，資本主義地租已被歸結為超額利潤，即平均利潤以上的餘額。他們都沒有把這看成一定特殊歷史階段的現象。瓊斯的可貴之處在於，他發現，「地租被規定為**超額利潤**，這一規定的前提是：農場主是資本家，他期望從資本的這種特殊使用中得到平均利潤；農業本身從屬於資本主義生產方式。簡言之，這裡所考察的僅僅是土地所有權的改變了的形式，即資本這一占統治地位的社會生產關係賦予它的那種形式，亦即它的現代資產階級形式。」（第三分冊第439頁）

從這種觀點出發，他考察了地租發展的歷史。在探討地租的起源時，他指出，自從土地提供的東西超過維持土地耕作者自身所需要的東西，從而可以向土地所有者交納貢物之時起，地租就產生了。

瓊斯研究了地租歷史形態的變化，從原始的徭役地租到現代的租地農場主地租。「他到處都發現，地租的一定形式，即土地所有權的一定形式，與勞動和勞動條件的一定形式相適應。」（第三分冊第440頁）他依次考察了勞役地租、實物地租、分成制地租、萊特地租、資本主義農場主地租等。他發現，在資本主義以前的地租形式中，直接佔有剩餘勞動的人不是資本家，而是土地所有者。地租並不是剩餘勞動的一部分，而是它的全部，地租是剩餘勞動的普遍形式。同時，與資本主義不同，這裡對剩餘勞動的佔有不是以交換為媒介，而是以一部分人對另一部分人的暴力統治為基礎。這就立即劃清了資本主義地租與前資本主義地租的根本界限。

在考察徭役勞動時，他還無意中得出了任何剩餘勞動都可以歸結成的兩種

形式；更巧妙、更有效地使用勞動；單純地增加剩餘勞動的數量。

他比較了各種地租的特點：

徭役地租的特點是地租直接用勞動支付，而不是用實物，更不是用貨幣支付。

在分成制地租的情況下，經營土地的資本由土地所有者預付，並讓實際勞動者自主地耕種土地，收成按一定比例在二者間進行分配，在這裡沒有起仲介作用的資本家階級。

萊特地租適用於印度和某些東方國家，它是從土地取得生活資料的萊特農民向作為土地所有者的君主交納的一種地租。

茅舍地租是從土地所有者那裡取得土地和茅舍的愛爾蘭農民按照契約規定向土地所有者交納的貨幣形式的地租。

他還指出，所有這些地租形式都阻礙了土地生產力的充分發展。在這種情況下，非農業階級的人數不可能很多。顯然，不從事農業勞動而能生活的人的相對數，完全取決於土地耕作者的勞動生產率。

最後，瓊斯考察了資本主義租地農場主地租。正是在這裡，顯出了他的優越之處。「他證明，李嘉圖等人視為土地所有權的永恆形式的東西，卻是土地所有權的資產階級形式，這種形式一般只在以下情況下才出現：第一，土地所有權不再是支配生產從而支配社會的關係；第二，農業本身以資本主義方式經營，而這又是以城市的大工業（至少是工場手工業）的發展為前提。瓊斯指出，李嘉圖所說的地租只存在於以資本主義生產方式為基礎的社會。隨著地租轉化為超額利潤，土地所有權對工資的**直接**影響也就終止，換句話說，這只是意味著，今後**直接佔有剩餘勞動的人**不是土地所有者，而是資本家。地租的相對量現在僅僅取決於剩餘價值在資本家和土地所有者之間的分配，而不取決於對這種剩餘勞動的榨取本身了。」（第三分冊第 432~443 頁）這層意思他雖沒有直接表述出來，但實際上已經有了。

那麼，在什麼歷史經濟條件下，地租才是超額利潤，從而是現代土地所有權的表現形式呢？他正確地回答說：只有當社會各階級間的最重要的相互關係不再從土地所有權和土地佔有權產生的時候，租地農物主地租才會產生。所以，資本主義生產方式開始於工業，最後才支配了農業。和以前的關係相比，土地所有權不再是支配的生產關係，而是從屬於資本所有權的生產關係。實際上，這就是最主要的區別。

農業地租怎樣轉化為超額利潤呢？瓊斯看到，這種轉化的條件「就是有可能隨意把用於農業的勞動和資本轉移到其他行業中去。」（轉引自第三分冊第 443 頁）他指出，如果在農業中使用工人賺到的不如在其他行業中從工人勞動中賺的多，他們就會停止經營農業，把資本轉移到其他行業中去。在這種情況下，地租就必然完全由超額利潤構成。這表明，瓊斯已經看到，正是資本主義競爭把農業和工業的利潤平均化，把農業地租歸結為平均利潤以上的餘額。

二、瓊斯論資本主義地租形式和地租規律。他的進步和錯誤

瓊斯雖然把資本主義地租歸結為超額利潤，但他「並沒有真正說明超額利潤是怎樣產生的」。（第三分冊第 444 頁）要正確說明農業中超額利潤形成的原因及其特點，必須懂得土地經營的資本主義壟斷。這種壟斷使得農業品的價格由最劣的生產條件來調節，因此較好和最好的土地上都可以形成超額利潤，這種超額利潤具有較普遍較穩定的特點，它是地租的基礎。瓊斯不具有這種見解。他只是按照李嘉圖的方式，用土地自然肥力的差別來解釋地租，也就是只看到了級差地租形成的條件。

瓊斯實際上看到了地租的兩種形式。他把地租歸結為級差地租和由最壞的土地上產生的地租，並把後者歸結為壟斷價格的結果。

首先，關於絕對地租，瓊斯指出，如果穀物按照壟斷價格出賣，即按照超出最不利條件下生產的穀物的費用和普通利潤出賣，就能提供這種地租。指出這種地租的存在，是他勝過李嘉圖之處。但他沒有指出農產品何以能按照這種壟斷價格出賣；這種壟斷價格是在什麼條件下，由於什麼原因形成的。所以，他並未真正指出絕對地租形成的原因和條件，而只是按照通常的方法，把它解釋為壟斷價格的結果。

其次，關於級差地租。瓊斯對級差地租的考察，實際上是以資本累積的進步和農業生產力的發展為基礎，而以級差地租的變動為著眼點的。他指出，在土地遼闊而又多樣化的國家，穀物的壟斷價格是極不平常的現象。在這種國家，穀物的出售價格通常只能補償在最不利條件下使用的資本，並提供普通的利潤，而比較肥沃的土地所支付的地租，則是這些土地的產品的價格超過花費同樣資本耕種的最壞土地的產品價格的餘額。例如，把同樣 100 鎊用來投資，分別投在從 A 到 Z 級的土地上，分別獲得 110 鎊、115 鎊和 120 鎊等，則 A 級土地提供 10 鎊利潤，B 級土地提供 10 鎊利潤和 5 鎊地租，C 級土地則提供 10

鎊利潤和 10 鎊地租等。如果每塊土地上的投資都增加到 200 鎊，A 就提供 220 鎊，B 提供 230 鎊，C 提供 240 鎊，於是 B 的地租就是 10 鎊，C 的地租就是 20 鎊。

瓊斯的功績在於，他最先指出，既然地租已經存在，那麼，一般說來它就會因農業資本的增加而增加。而且他還指出，這種情況不僅在農產品價格不變時可能發生，甚至在農產品價格下降時也可能發生。

他反對李嘉圖關於農業勞動生產率遞減的論斷，並舉出了英國穀物收穫量上升了將近一倍的事實來說明自己的觀點。所以，地租的增加，與農業生產率的下降沒有必然聯繫。

「這就是瓊斯勝過李嘉圖的第一點。地租既然已經存在，它就能夠因在土地上使用的資本的單純增加而增加，既不管各種土地的相對肥力怎樣變化，也不管相繼使用的各筆資本的收益怎樣變化，也不管這些產品的**價格**怎樣變化。」（第三分冊第 447 頁）

由此導出的級差地租的「**第一規律**是：地租量和使用的資本量一同增加。」（第三分冊第 448 頁）

瓊斯還指出：「對於地租的增長來說，**各種土地肥力的比例**完全**不變**，並不是絕對必要的。」（轉引自第三分冊第 447 頁）這是他勝過李嘉圖的第二點。

如第二卷所述，李嘉圖是在假定各級土地肥力差別不變的條件下，考察追加投資的增加與級差地租的變化問題的。指出地租的增加不一定以土地肥力差別完全不變為依據，這當然是瓊斯勝過李嘉圖之處。但瓊斯沒有看到，甚至在全部農業資本更有效地使用時，土地肥力的差別的增大必然會而且確實會使級差地租增加；反之，也就相反。當然，除了這些，單是由於農業上使用的資本的增加，級差地租也會增加。

瓊斯列出的級差地租的規律表如下：

(1) 10　15　20　差額 5 和 10，差額總和 15
(2) 20　30　40　差額 10 和 20，差額總和 30
(3) 40　60　80　差額 20 和 40，差額總和 60
(4) 80　120　160　差額 40 和 80，差額總和 120

這是一種抽象的假設的比例，是假定各級土地肥力和收益的差額保持不變，但投在各級土地上的資本依次成倍地增加，所以地租總額也就相應地成倍增加。

「所以，**第二個規律是**：在各種土地的肥力的比例不變，但是使用在這些土地上的資本以同等程度增加的情況下，級差地租的量同這些土地上的產品的差額的增長成比例地增長。」（第三分冊第 448 頁）

如果各級土地肥力的差別發生變化，如果在 A、B、C 三級土地上各使用 100 鎊，所得產品分別為 110 鎊、115 鎊和 120 鎊；而當使用 200 鎊時，分別得到 220 鎊、228 鎊和 235 鎊。這樣，產品相對差額縮小了，土地肥力接近了，但地租的差額還是從 5 和 10 增加到了 8 和 15。由此可見，使土地肥力互相接近的那些改良，在投資增長的情況下，並不妨礙地租差額和地租總額的增加。

這個例子表明，對地租的增長來說，各級土地的肥力的差別保持完全不變，並非絕對必要的。

但是，瓊斯的第二個規律，實際上並不構成任何新規律，它不過像第一個規律那樣，說明地租隨所使用的資本總額的增加而增加。

瓊斯提出的級差地租的第三個規律是：「如果『那些提高農業上所用資本的效率的改良』，會增加某些地段上獲得的**超額利潤**，那麼這些改良也會增加地租。」（第三分冊第 450 頁）

瓊斯認為，農業技術的進步和較大量輔助資本的使用，總會使農業投資效率提高，這就會提高某些地段上的超額利潤，從而使地租增加。在這種情況下，即使把耕作擴大到最壞的土地上去，也不降低它的投資效益。所以，這個第三規律指出了由於土地投資增加，使土地肥力差別擴大，因而使地租增加的情況。

三、瓊斯對農業勞動生產力下降論斷的批判

眾所周知，對利潤率隨著資本主義的發展而下降，李嘉圖是用農業勞動生產力的下降來解釋的。瓊斯則正確地指出，利潤率的下降，並不能證明農業勞動生產力的下降，但他自己對利潤率下降的解釋也極不完善。他認為，這種下降可能是由於農產品的數量發生變動，也可能是農產品在工人和資本家之間分配的比例發生變動。可見，「在這裡對利潤率下降的真規律還毫無所知」。（第三分冊第 451 頁）瓊斯雖然事實上達到了不變資本與可變資本的劃分，但他沒有建立起資本有機構成的概念，所以他並不能真正認識利潤率下降的規律。

由此，便產生了他所表達的一條錯誤規律：撇開課稅的影響不談，如果所

有階級合起來看，其收入有了明顯減少，那就可以得出結論，勞動和資本的生產力已經有所降低。這實際上是對農業勞動生產力下降論斷的退讓。

瓊斯不相信李嘉圖的農業生產力遞減規律在英國的作用，但承認這一規律的抽象可能性。不過，他從英國農業發展舉出的事實卻證明，事實並不如此。他說，我們從《英國農業統計》中發現三個事實：隨著耕地面積的擴大，全國的地租總額增加了；從事農業的那部分人力減少了；土地所有者從農產品中得到的份額減少了。以較少的人口耕種了擴大的耕地，提供了更多的地租，而地租在農產品中的份額卻減少了，這當然證明農業勞動生產力提高了。他所舉出的事實，恰好駁倒了農業勞動生產力遞減的論斷。

四、關於資本的劃分和資本構成的變化

瓊斯和拉姆賽等人一樣，事實上看到了不變資本與可變資本的區別。他把不變資本稱為「輔助資本」，並根據英國農業部提出的報告指出，在英國使用在農業上的全部資本與用於維持工人的資本之比是5：1。這就是說，輔助資本是4、可變資本是1。輔助資本比用於勞動上的資本多三倍。

他看到，輔助資本隨著生產的發展而增加。他舉例說，假定最初用在土地上的資本是100鎊，全部用來維持勞動，他們生產自己的工資和10%的利潤，產品價值是110鎊；假定追加資本100鎊，全部用在工具、肥料或其他勞動資料的形式上。假定第二筆資本平均用5年，每年消耗20鎊。要使第二個100鎊同樣有利地使用，則它提供的年收益等於30鎊就可以了，即20鎊補償資本消耗，10鎊作為利潤。他由此得出結論說，由於輔助資本的增長，一方面在直接或間接花費在土地上的勞動量相同的情況下，會提高人對地力的支配權；另一方面，為保證追加資本同樣獲利所需要的純收益就會減少。他還指出，隨著資本的增長，一定數量的追加勞動的使用往往也成為必要，然而這種情況並不妨礙輔助資本的連續不斷的、相對的增長。（第三分冊第453頁）

馬克思指出：「在這段話中首先有一點是重要的，即隨著資本的增長，『輔助資本』同可變資本相比會增加，換句話說，可變資本同不變資本相比會**相對地**減少。」（第三分冊第453頁）

當「輔助資本」中由固定資本構成的部分增加的時候，年收益同預付資本相比就會減少。這就是瓊斯上面講到的那種現象。但這種現象到處都會發生，而不僅僅限於農業。在資本增長（但增長的是不變資本，而不是可變資

本）的時候，農業的年收益的價值自然會減少。因為，可變資本必須全部在產品價值中補償，而固定資本只是以折舊的形式，按照它每年消費的程度得到補償。

這種現象，反應了資本有機構成的提高。瓊斯雖然看到了這種現象，但沒有得出有機構成提高這個最後結論。

最後，馬克思對資本主義地租又進行了概括。他指出，為了使地租等於超額利潤，即超過平均利潤的餘額，其前提是，不僅農業要在形式上從屬於資本主義生產，而且利潤率要在各個生產部門中特別是在農業與工業之間平均化；否則地租就會等於超過工資的餘額（即利潤）。地租也可以是利潤或工資的一部分的扣除，當地租侵占利潤和工資的時候，就是如此。

[（2）理查·瓊斯《1833年2月27日在倫敦皇家學院講述的政治經濟學緒論　附工資講座大綱》1833年倫敦版。「國家的經濟結構」的概念以及用它來說明社會制度的不同類型的嘗試。關於「勞動基金」的混亂思想]

一、用「國家經濟結構」說明不同類型的社會制度的嘗試

瓊斯在他的《政治經濟學緒論》中，試圖用「國家經濟結構」的概念來說明不同類型的社會制度。

他指出：「我所說的國家經濟結構，是指各不同階級之間的關係，這些關係最初由於土地所有權的制定和土地剩餘產品的分配而建立起來，後來由於**資本家的出現**而發生了變化和變動……」（轉引自第三分冊第456頁）

「瓊斯的主要論點如下：整個社會經濟結構是圍繞著**勞動形式**旋轉的，也就是說，是圍繞著勞動者借以佔有自己的生活資料，或者說，佔有其產品中他賴以生存的那一部分產品的形式旋轉的；這個『勞動基金』有各種不同形式，**資本**僅僅是其中的一種形式。」（第三分冊第456頁）

總之，以勞動形式，從而以勞動者佔有自己的生活資料的形式為核心，建立起國家經濟結構的概念，並用這個概念說明各種不同類型的社會制度，這充分體現了瓊斯經濟考察中的歷史觀的因素。由此出發，他不把資本看成永恆的經濟形式，而是看成歷史發展到一個較晚階段才出現的一種形式。

他用這種觀點，考察了西歐的資本主義社會怎樣從過去的社會制度中產生

出來。他指出，在初期形成的社會制度中，分配是在以下幾個階級間進行的：①農業勞動者階級；②土地所有者階級；③僕人、侍從和手工業者。那時，非農業階級主要是靠其他階級、靠土地所有者的收入維持生活的。這種社會經濟結構遭受變動，其基本要素和動力是資本。資本對不同階級間聯繫的變化起著極大的作用。資本家出現後，他備置材料，預付工人的工資，成為工人的雇主，佔有工人生產出來的產品。這樣，在土地所有者和非農業勞動者之間就出現了一個中間階級，非農業勞動者現在靠他來獲得工作和生活資料，以前聯結著社會的紐帶削弱並瓦解了，新的依賴原則聯結著社會各階級，新的關係出現了（第三分冊第457頁）。

二、瓊斯關於「勞動基金」的觀點

瓊斯的《工資講座大綱》與他的論述地租的書有以下區別：在論述地租的書中，他考察的是土地所有權的不同形式，和這些形式相適應的則是勞動的各種不同社會形式。而在《工資講座大綱》中，瓊斯則已從勞動的不同形式出發，並且把土地所有權的各種形式和資本當做勞動形式的產物來考察。勞動者的勞動的社會規定性和勞動條件對勞動者所採取的形式相適應，這說明，他已把勞動與資本的關係，看作社會經濟結構的核心，而不再像以前那樣，把土地所有權當作核心了。

瓊斯對勞動者的生活資料使用了「勞動基金」這一概念（這一概念最早是屬於馬爾薩斯的）。他指出，勞動基金的不同形式，是和勞動者同他們的勞動條件發生關係的不同形式相適應的。他以什麼方式佔有自己的勞動產品（或產品的一部分），是以他同勞動條件的關係為轉移的。

他指出，勞動基金可以分為三類：①由勞動者自己生產並消費的收入，在這種情況下，勞動者必然是自己的勞動工具的所有者；②屬於那些和勞動者不同的階級的收入，由這些階級花費這些收入來維持勞動；③真正的資本。

關於第一種形式：農業勞動者、份地繼承者、私有者、佃農、農奴、分成制農民、茅舍農民等，都屬於這一類。他們靠自己的體力勞動的報酬生活。在這裡，勞動者自己為自己再生產「勞動基金」並直接佔有它。這種勞動基金不轉化為資本。但這種勞動者不具備工資勞動者的任何特徵。瓊斯把他們叫作工資勞動者是不正確的。

關於第二種形式：他指出，靠這種勞動基金形式維持生活的人在英國有家

僕、水手、士兵和少數獨立從事勞動並從雇主的收入中得到支付的手工業者。

關於第三種形式：瓊斯指出，資本絕不應和世界上的一般勞動基金混淆起來，勞動基金大部分是由收入構成的。國家的各種收入都參加資本賴以形成的累積。瓊斯的這種觀點表明，資本絕不能等同於一般勞動基金，但它是從收入中積蓄起來的。

針對這種觀點，馬克思指出：「剩餘勞動轉化為資本（而不是直接作為收入同勞動交換），這就造成一種印象，似乎資本是收入的積蓄。這就是瓊斯的主要觀點。確實，在社會發展過程中，資本量是由再轉化為資本的收入構成的。但是在資本主義生產中，連最初的『勞動基金』本身也表現為資本家的**積蓄**。再生產出來的『勞動基金』本身，不像在第一種情況下那樣為勞動者所佔有，而是表現為資本家的財產，表現為對工人來說是別人的財產。而這一點是瓊斯沒有闡明的。」（第三分冊第459頁）。

這表明，資本是收入的積蓄，這是經濟生活的表面現象。不但再轉化為資本的收入，甚至連最初預付的勞動基金，都表現為資本家的積蓄，好像它們都是從資本家的收入中節約下來、積蓄起來的。但是，在資本主義社會中，勞動基金早已不像在第一種情況下那樣屬勞動者所有，而是首先表現為資本家的財產，然後再由他預付給工人，這種隱蔽的內在關係，是瓊斯沒有闡明的。

馬克思在後來的《資本論》中闡明，在任何社會中，維持勞動者的勞動基金，都要由勞動者自己不斷再生產出來。在勞動者直接佔有生產資料的社會中，他自己生產這種基金，並直接佔有這種基金，這裡的聯繫是一目了然的。但在資本主義社會中，生產資料歸資本家所有，全部勞動產品也歸資本家所有，勞動基金以可變資本形式由資本家預付，這就使事物的內在關係隱蔽起來了。（參看《資本論》第1卷，第21章）這點，瓊斯當然是沒有看到的。

三、瓊斯論累積與利潤率的關係

瓊斯對利潤率與累積的關係有一些正確的猜測，但是他並不理解它們之間的內在聯繫。

他說，在其他條件相同時，一國從利潤中進行積蓄的能力，隨著利潤率的變化而變化。這種能力在利潤率高時就大，在利潤率低時就小。但是他又指出，在利潤率下降時，其他一切條件就不會保持不變。使用的資本量和人口數目相比可能增加。

利潤率較高，累積能力就較高，這自不必待言。然而，為什麼在利潤率下降時，資本與人口數相比會增加呢？關於這一點，瓊斯是沒有闡明的。他的著作在這方面軟弱無力。

馬克思在《資本論》中闡明，這種雙重結果的產生，都來源於資本有機構成的變化。有機構成的提高，使不變資本相對量增加，可變資本相對量減少，因此，它使所用資本量與所用勞動量而言，相對增加。然而也正是因此，它使利潤相對減少，使利潤率下降。所以，利潤率的下降與勞動人數同不變資本相比相對減少，是同一規律的兩種不同表現形式。（參看《資本論》第1卷第23章，第3卷第13章等）

但是，瓊斯正在接近正確的觀點。

他指出：「**用於維持勞動的資本量可以獨自發生變化，而不管資本總量的變化如何**……有時可以看到，**當資本本身變得更加充裕的時候，在業人數的大變動**，以及由此而來的大災難，就會變得更加頻繁。」（轉引自第三分冊第460頁）

在這裡，他接近了一個重要的觀點：資本有機構成的變化，造成在業人口的劇烈變動和工人的災難。

總資本可以保持不變，但是可變資本可以發生變化（特別是減少）；同時，總資本的增加不僅可以和可變資本的相對減少結合起來，而且可以和它的絕對減少結合起來。因此，總資本的增加總是和可變資本的劇烈變動結合在一起的，也是和在業人數的變動結合在一起的。在瓊斯的大綱中，接近正確地表達了這種思想。

[（3）理查·瓊斯《國民政治經濟學教程》1852年哈特福版]

[（a）資本主義生產方式的歷史觀的萌芽同關於資本只是「累積的儲備」的資產階級拜物教觀點的結合。生產勞動和非生產勞動問題]

一、關於資本的歷史觀的萌芽與拜物教觀點的結合

瓊斯對於資本的理解，含有某種歷史觀的因素。例如，他指出，資本就是由收入中積蓄起來並用以獲取利潤的財富構成的。資本的可能的源泉顯然是社會所有個人的所有可以積蓄起來的收入。最有助於國民資本進步的幾種特殊收

入，在社會發展的不同階段和不同國家所起的作用是不同的。因此，利潤絕不是資本形成的唯一源泉。在社會發展的初期階段，同工資和地租相比，利潤甚至是一個不重要的累積源泉。當國民勞動的力量得到顯著發展時，利潤作為累積的源泉就顯得相當重要了（第三分冊第426頁）。

在這裡，儘管存在某些概念上的混淆，例如把不同歷史發展階段上的累積統稱為資本累積，把早期社會的勞動收入稱為工資等，但他還是指出了真正的資本累積的某些特徵。按照他的說法，資本是構成收入的那種財富的一部分，這一部分不是作為收入被消費掉，而是用來生產利潤。我們知道，利潤已經是剩餘價值的轉化形式，這種形式以資本為前提，「如果以資本主義生產方式的存在即資本的存在為前提，那麼瓊斯的解釋就是對的」。（第三分冊第463頁）但是瓊斯在這裡所指的是一切不作為收入被消耗的收入，是為達到致富的目的即在生產上被消耗的收入，這就把資本的概念誇大、歪曲了。

不過，在他的見解中有兩點是重要的：

第一，在經濟發展的一切階段上，都有一定的財富的累積，一部分採取擴大再生產的形式，一部分採取貨幣貯藏的形式。當「工資」和地租在社會上占優勢的時候，「工資」和地租是累積的主要源泉。只有當資本主義生產占統治地位時，當資本家實際上把全部剩餘價值首先直接占為己有時，「只是從這時候起，利潤才成為資本的主要源泉，累積的主要源泉，由收入中積蓄起來並用來獲取利潤的財富的主要源泉。」（第三分冊第463頁）

庸俗經濟學認為，沒有資本的利潤，就不會有累積，並說資本家進行累積，是為了生產的目的而做出了犧牲。瓊斯的論述是對這種觀點的有力駁斥。他證明，累積這種職能，只是在資本主義這種特殊生產方式下才主要由資本家承擔；而在以前的生產方式下，承擔累積的主要職能的或者是勞動者自己，或者是土地所有者，利潤在那裡幾乎不起任何作用。

第二，由以上所說，還可以導出這樣的結論：既然大量的累積財富通過各種方式轉到資本家手中，以致使他們能支配社會生產，那麼，最大量的私有資本，經過一定期間，就可以被認為是由利潤產生的，即由資本化的剩餘價值產生的。這就是後來馬克思在《資本論》中所說的，全部資本，經過一段或長或短的時期後，就會全部轉化為資本化的剩餘價值。（參考《資本論》第1卷第21和22章）

在論述累積的各種歷史區別時，有一點瓊斯提得不夠，而只是做了暗示。

即如果勞動者自己付給自己「工資」，那麼，勞動者自己就必須直接佔有生產條件；而要使他的「工資」作為別人的資本同他相對立，就必須使他預先喪失這些生產條件。只有當勞動者的「勞動基金」連同他的生產條件一起被剝奪，並作為別人的資本同他相對立時，生產條件和「勞動基金」才採取由他人的收入中積蓄起來以便轉化為資本的東西出現在工人面前。只有這時，勞動者才喪失了累積的職能。

瓊斯沒有分析這個分離過程，即資本的真正形成過程。

勞動和勞動條件的分離，是生產力發展的必然結果，這種分離的最極端形式，就是資本的形式。原有統一的恢復，只有在資本創造的物質基礎上，通過社會關係的革命，才能實現。

瓊斯還有一點也是提得不夠的。直接作為收入同勞動進行交換的那種收入，如果是土地所有者的收入，後者用它的一部分來購買勞動者的產品或服務，那麼，這種關係總是以土地所有者和租地勞動者之間的關係為前提的。

為了說明資本，瓊斯區分了兩種財富：一種財富是累積起來，並且作為工資支出來獲取利潤的；一種則是從收入中預付來購買勞動，或者按他的說法，來維持勞動。他反對把一切用來維持勞動的財富都稱為資本。他用資本這個詞，只是為了表示由收入中積蓄起來並用來獲取利潤的那部分財富。他還指出，除了英國和荷蘭，在當時舊大陸的一切國家中，農業勞動者的工資都不是從收入的積蓄中預付，而是由勞動者自己再生產出來的。

馬克思指出：「瓊斯和其他政治經濟學家（也許西斯蒙第除外）不同的地方是，他把資本的社會的形式規定性作為本質的東西強調出來，並把資本主義生產方式和其他生產方式之間的一切區別歸結為這個形式規定性。資本的這個社會的形式規定性就是，勞動直接轉化為資本，另外，這個資本購買勞動不是為了它的使用價值，而是為了增加自己本身的價值，為了創造剩餘價值（更高的交換價值），『用來獲取利潤』。」（第三分冊第467頁）

但是，這裡也同時表明，資本主義與其他生產方式的區別，並不在於在一種社會中工人再生產維持勞動的「勞動基金」，在另一種社會中不生產。在任何社會中，用來維持勞動者的「勞動基金」都要由勞動者自己再生產出來。區別在於，在資本主義條件下，工人的產品中構成「勞動基金」的部分，首先表現為資本家的收入，但這種收入不是作為收入花費掉，而是累積起來，作為資本與工人相對立，用來交換一個比自身更大的勞動量，以便獲取利潤。這

樣，它才成為資本。所以，「全部區別在於工人所生產的『勞動基金』在以工資形式重新回到工人手裡以前所經受的那個**形式轉化**」（第三分冊第 468 頁）因此，在獨立農民和手工業者那裡，「勞動基金」絕不採取工資形式。

在這裡，瓊斯繼承了他的「緒論」的傳統，以勞動形式，以勞動者佔有自己的生活資料的形式，作為區分社會經濟結構的標準，同時也作為資本主義生產方式區別於其他生產形式的標準。

瓊斯還強調指出，資本有一種特殊的職能，這就是工資的預付。資本，或者說，累積的儲備，只是在後來，當它在財富的生產中執行了各種職能之後，才負擔起向勞動者預付工資的職能。（第三分冊第 470 頁）

馬克思指出，瓊斯這些話表明，「資本實際上被說成『關係』，被說成不僅是『累積的儲備』，而且是完全確定的生產關係」。（第三分冊第 470 頁）因為，累積的儲備顯然不能負擔起向工人預付工資的職能。「瓊斯著重指出，**資本的基本形式**，就是資本和雇傭勞動相對立，並支付工資，資本的這種形式賦予整個社會生產過程一種特徵，支配它，使社會勞動生產力達到全新的發展，同時使一切社會的和政治的關係革命化。」（第三分冊第 470 頁）資本只是在它的歷史中完成了商業資本和借貸資本的職能之後，才完成這個具有決定意義的職能的。

以上論述表明，瓊斯已從特殊生產關係的角度看待資本。因此，他對資本的理解，包含歷史觀點的萌芽。

但是，瓊斯又為資產階級的拜物教觀點所束縛，把資本看成「累積的儲備」，此外，他還把資本說成一種工具，是過去勞動累積的結果，人們借助於這種工具，就可以提高勞動的效率和國民生產力。在這裡，庸俗經濟學的傳統的拜物教觀點，又表現得十分明顯。

所以，在瓊斯的論述中「表現出這樣一種矛盾：一方面，瓊斯對資本有正確的歷史的理解；另一方面，這種理解又被政治經濟學家所固有的狹隘見解即『儲備』本身就是『資本』弄得模糊不清」。（第三分冊第 471 頁）總之，他的資本觀是歷史觀點與拜物教觀點的結合。

但是，儘管如此，從拉姆賽到瓊斯已有了巨大的飛躍。在拉姆賽那裡，使資本成為資本的那種預付工資的職能，還被說成偶然的，是由於大多數人的貧困引起的，對生產過程本身是無關緊要的。拉姆賽用這種狹隘的形式否認了資本主義生產方式的必然性。而瓊斯則指出，正是這種職能使資本成為資本，並

且決定了資本主義生產方式的特徵。他正確指出了這種形式如何在生產力發展的一定階段產生。但瓊斯是以比拉姆賽更深刻的完全不同的方式來理解這種形式的「可廢止性」的，認為它僅僅是歷史上暫時的，而非永恆的生產關係。他預計，將來可能出現這樣一種情況，即勞動者與累積的儲備的所有者將是同一的。這種同一在社會發展的一定階段就會出現，雖然這種情況至今還未曾有過。

瓊斯以上論述表明，「他把資本和資本主義生產方式只『看作社會生產發展中的一個過渡階段，從社會勞動生產力的發展來看，這個形式同一切過去的形式相比是一個巨大的進步，但是這個階段絕不是最終的結果，而是相反，在它固有的對抗形式中，即在『累積的財富的所有者』和『實際勞動者』之間所對抗的形式中，包含著它滅亡的必然性。」（第三分冊第472頁）在這裡我們看到，資產階級經濟學是怎樣結束的。「資產階級生產關係被看作僅僅是**歷史的**關係，它們將導致更高級的關係，在那裡，那種成為資產階級生產關係的基礎的對抗就會消失。」（第三分冊第472~473頁）

通過以上分析可以看出，瓊斯以社會形式的規定性規定了資本的本質，並把資本說成是一種關係、一種特定的生產關係，並預料到這種生產關係只是一種歷史上暫時性的生產關係，它在生產發展到一定階段時將會消滅。可見。古典政治經濟學的分析，在瓊斯那裡已經走得如此之遠，以致它已經超越了資產階級的狹隘眼界。

自斯密和李嘉圖以來的經濟學家，都把財富的獨立物質形式看作無關緊要的東西，除了自然因素之外，財富不外是人類勞動的物化，是生產過程的結晶。財富的不同部分，以各種形式流入社會，表現為利息、地租和利潤。但利息僅僅是利潤的一部分，而地租僅僅是超額利潤。因此，不論是利息還是地租，都溶解在利潤之中，而利潤本身則歸結為剩餘價值，即無酬勞動。但是，商品的價值本身又歸結為勞動時間。李嘉圖學派甚至走得這樣遠，以致把土地所有權當做無用的東西加以否定，這樣資產階級社會的對抗就歸結為資本家和工人之間的對抗。但是，李嘉圖把這種對抗看成某種既定的東西，看成生產本身所依據的自然規律。這顯示了他的局限性。但瓊斯超過了這一點。他只承認資本主義生產關係的「**歷史的**合理性。但是，自從資產階級生產方式以及與它相適應的生產關係和分配關係被認為是**歷史的**以來，那種把資產階級生產方式看作生產的自然規律的謬論就宣告破產了，並且開闢了新社會的遠景，開闢

了新的經濟社會形態的遠景,而資產階級生產方式只構成向這個形態的過渡。」(第三分冊第 473~474 頁)

除了正確規定資本主義生產關係的主要特徵及其歷史過渡性之外,瓊斯還從生產力的發展中考察了這種生產方式的變化。他論述了隨著物質生產力的發展、經濟關係以及與之相連的國民的社會狀況、道德狀況和政治狀況,也都在發生變化。

他指出,隨著社會生產力的改變,社會也改變著自己的習俗。各個階級已經由新的關係聯結起來,它們處在新的地位,並被新的道德的和社會的危險所包圍。隨著社會經濟組織以及生產的物質因素和手段的變化,社會也在發生著政治的、社會的、道德的和精神的變化。

這些論述中,表明了社會的政治關係和意識形態以及隨著生產力的發展和生產關係的變化而改變的歷史唯物主義觀點。

可見,在瓊斯關於資本的見解中,有著非常豐富的歷史內容。

二、關於生產勞動與非生產勞動問題

斯密曾把生產勞動與非生產勞動的區別歸結為同資本交換的勞動與同收入交換的勞動的區別,這一區別的意義,只有到瓊斯那裡,才得到充分的闡明。因為瓊斯是以「勞動基金」所採取的社會形式,來區分資本主義生產方式和其他社會生產方式。

馬克思指出:「瓊斯正確地把斯密的生產勞動和非生產勞動還原為它們的本質,即還原為資本主義勞動和非資本主義勞動,因為他正確地運用了斯密關於用資本支付的勞動和由收入支付的勞動的區分。」(第三分冊第 476 頁)但他自己對生產勞動與非生產勞動的理解顯然與此不同。他顯然把生產勞動與非生產勞動理解為加入物質財富生產的勞動與不加入這種財富的生產的勞動。

這從他以下的論述中可以得到證明:

例如他說,社會上不生產物質財富的那一部分,既可能是有用的,也可能是無用的。他還說,在所有的商品沒有達到要消費它的人手中之前,生產行為並沒有結束。(第三分冊第 476 頁)

這裡,作為區分標準的,顯然是勞動的物質內容和勞動產品的物質形式。

馬克思客觀地評述了這兩種區分。他指出,同資本相交換的勞動與同收入相交換的勞動的區別,同勞動的社會形式有關。資本主義生產方式與非資本主

義生產方式的全部區別就在這裡。相反，如果從狹窄的意義上來理解，那麼生產勞動就是一切加入商品生產的勞動，而非生產勞動就是不加入商品生產的勞動，不以生產商品為目的的勞動。這種區分絕不可忽視，因為，物質生產活動與非物質生產活動會互相產生影響，但它不改變這種區分的必要性。

[（b） 瓊斯論資本主義生產形式對生產力發展的影響。關於追加固定資本的使用條件問題]

瓊斯在他的《國民政治經濟學教程》的開頭就已指出，國民勞動的生產率取決於兩種情況：①自然資源是富饒還是貧乏的；②利用這種資源對勞動的效率如何。而勞動的效率本身又取決於：①勞動的連續性；②勞動所具有的知識和技能；③幫助勞動的機械力。（第三分冊第462頁）

在論述資本主義生產方式怎樣影響勞動生產力的發展時，瓊斯指出：由資本家預付工資這個事實，會對上述的勞動過程的連續性、知識和機械力的運用產生影響，從而提高勞動生產力。

首先，他在談到勞動連續性問題時指出，向工人支付工資的資本家，能夠促進勞動的連續性，這是因為：第一，他使這種連續性成為可能；第二，他對此進行監督和強制。他以走街串巷的手工業者和受雇於資本家的雇傭工人為例來說明了這種情況。走街串巷的手工業者，必須到處尋找主顧，以便承攬零活，他的工作取決於人們的偶然需要。受雇於資本家的工人則不同，他們能夠連續地勞動，資本家擁有的財產，使他們可以不必因為等待商品的買主而使勞動過程中斷；同時，資本家還雇傭代理人對勞動過程進行監督，使勞動的連續性有了保證和增強。單是這個變化對勞動生產力的影響就非常之大。

關於瓊斯這些論述，馬克思指出：

第一，關於從做零工的勞動者到受雇於資本家的工人的轉變的事實，杜爾哥已做了很好的闡述。

第二，勞動的這種連續性雖然把資本主義勞動和零工的勞動區別開來了，但它沒有和大規模的奴隸勞動區分開，因為大規模的奴隸勞動也有連續性的特點。

第三，把因勞動持續時間的增加和勞動中斷現象的消除而引起的勞動量本身的增加叫作勞動生產力的增加是不正確的。一般所說的勞動生產力的增加是指一定量勞動具有更大的效率，而不是指勞動量本身的變化。勞動連續性的增

加只有在它提高工人的勞動技能的限度內，才會使勞動生產力增加。

但瓊斯正確地指出了資本主義使勞動的連續性增加的事實，並說明勞動的這種連續性並非天然如此，而是經濟關係發展的產物，這點是正確的。

其次，瓊斯還論述了分工和知識的運用對勞動生產力的影響。

他指出：雇主除了增加勞動的連續性之外，還可對生產上的各項工作進行進一步劃分，使每個工人完成他最能勝任的部分。如果雇主富有並能雇傭足夠數量的工人，那麼只要可能，他就會使工作盡量細分下去。此外，他的利益還要求他去尋找最好的手段去達到提高勞動生產力的目的，因此，知識和技能的應用範圍也擴大了。

最後，瓊斯考察了機械力在生產中的應用。他把那種用來不是支付勞動，而是用來協助勞動的資本，稱作輔助資本。前已指出，瓊斯所說的輔助資本，就是不變資本，（第三分冊第452頁）而他在這裡考察機械力時所說的輔助資本，僅是指不變資本中不是由原料構成的部分，所以，也就是馬克思所說的固定資本。

瓊斯指出：一國的輔助資本量，在具備一定條件時，能夠無限增加，即使工人人數保持不變。因而，輔助資本同工人相比會增加。輔助資本的增加，必須具備三個條件：①積蓄追加資本的手段；②積蓄追加資本的願望；③某種發明使輔助資本的運用能提高勞動的生產力，並且提高到這種程度，以致勞動在它以前生產的財富之外，還能把輔助資本按其消耗的程度，連同其利潤再生產出來。只要這兩個目的能夠達到，輔助資本的使用就不會有固定的和最終的界限。

對此，馬克思評述道：

第一，所謂新的發明必須把追加輔助資本按其消耗程度再生產出來，這只是意味著追加輔助資本是按其磨損程度得到補償的，或者說，是在它被消費期間平均得到補償的。為此，產品的一部分就必須能夠分出來，或以實物形式，或通過交換，來補償這個組成部分。如屬後者，則對流通過程的持續時間，也要有一個肯定的界限。

第二，流通過程的這個肯定的界限，一般來自作為使用價值的商品的性質。任何商品都會在一定時間內變壞，或者由於使用，或者由於自然力的作用。如果他的使用價值失去了，它的交換價值也就失去了，它的再生產也就停止了。因此，流通時間的最終界限，決定於作為使用價值的商品所固有的再生

產時間的自然界限。

第三，為了使再生產過程持續不斷，就必須按再生產時間的自然界限，按各種使用價值存在時間的界限，或按資本各不同組成部分作用的領域，對資本進行極不同的劃分，這就是說，整個資本必須按一定比例劃分為生產資本、貨幣資本和商品資本，而生產資本又必須按一定比例劃分為固定資本和流動資本，使它們同時並存在各個領域和各個部分上。

第四，上述一切，適用於商品的所有價值要素。但是，對於那些有許多固定資本參與生產的商品要素來說，除商品使用價值本身給流通規定的界限之外，固定資本的使用價值具有決定作用。因為，固定資本在一定時間內被消耗，它必須在一定時間內再生產出來。

瓊斯認為，使用輔助資本的第二個條件是輔助資本必須生產利潤。但這不僅是使用輔助資本的必要條件，而且是任何資本主義生產的必要條件。生產資本的任何部分，不論它有何種形式規定性，都必須提供利潤。但是，既然瓊斯只是從勞動效率的提高中引出利潤，所以，任何利潤都必然歸結為絕對或相對的剩餘勞動。

在瓊斯的論述中，有一點是新的，即輔助資本在一定限度以上的追加取決於知識的增加。要追加輔助資本，首先必須有剩餘產品。把一部分剩餘產品轉化為輔助資本，可以通過兩種方式：①通過現有輔助資本的增加；②通過發明新機器或新動力，即新的輔助資本。這樣，知識的擴大當然是增加輔助資本的條件之一。

關於知識的增加這一點是很重要的。因為累積不一定要直接推動新勞動，它可以僅限於給舊勞動提供新方向。這樣，就必須有新知識領域的開拓。

「資本主義生產的發展勢必引起**科學和勞動**的分離，同時使科學本身被應用到物質生產上去。」（第三分冊第 489 頁）

在本節末尾，還簡略考察了地租問題。

瓊斯正確地指出：完全依賴於利潤的現代意義上的地租的前提，是資本和勞動從一個生產部門轉移到另一個生產部門的可能性，即資本和勞動轉移的靈活性。

馬克思指出：這種資本和勞動的靈活性，一般說來是形成一般利潤率的現實前提。有了一般利潤率，才有現代意義上的，即超過平均利潤的餘額的地租。勞動的這種靈活性，以勞動的具體形式無關緊要為前提。在資本主義條件

下，這當然會產生兩種情況之間的摩擦。即一方面，分工和機器賦予勞動以片面性，使工人只是從事某種操作；另一方面，勞動又只能作為任何一種勞動的現實可能性與資本對立，它必須隨時改變勞動的形式，從一個生產部門轉移到另一個生產部門。

資本和勞動的靈活性，生產方式的不斷變革，從而生產關係、交往關係和生活方式的不斷變革。與此同時，國民的風俗習慣和思想方式也不斷變革，這就是資本主義生產的特徵。

這就是資本主義生產方式給社會的經濟生活等方面帶來的巨大變化。

[(c) 瓊斯論累積和利潤率。關於剩餘價值的源泉問題]

一、關于累積和利潤率的關係

關於一般利潤率的形式，瓊斯遠沒有弄清楚，但他正確地指出了累積和利潤率的關係。

他指出：國家由利潤累積資本的能力，不是隨著利潤率的變化而變化，相反，由利潤累積資本的能力，通常是按照同利潤率相反的方向發生變化，即利潤率低的地方，累積能力大，利潤率高的地方，累積能力小。他引證斯密的論述來證明自己的觀點後指出：所生產的利潤的相對量，不僅僅取決於利潤率，而是取決於和使用的資本的相對量結合起來的利潤率。他還注意到了累積對利潤率的反作用，指出：富國資本量的增長，通常還引起利潤率的下降。此外，他還指出了導致利潤率下降的某些因素。他反駁了某種斷言利潤率的下降會使累積不能進行的觀點，指出：在利潤率下降到這個水準以前很久，資本就會向國外流走，資本輸出國外的可能性，為利潤率的下降定下了某種界限。

這些論述都很好。說累積不僅取決於利潤率，而且取決於使用的資本量，這是完全正確的。如果所用資本為 C，利潤率為 r，那麼累積的最大限度就為 Cr。很顯然，如果 C 的增加比 r 的減少更為迅速，那麼這個乘積就會增加，從而累積能力就會增加。直接觀察到的事實就是這樣。但瓊斯並沒有論述這一事實的原因。不過他已非常接近於這個原因，因為他已看到輔助資本和推動它的勞動人口相比在不斷增長，也就是說他觸及了資本有機構成的變化。

利潤率的下降使李嘉圖感到不安，因為它的下降是對資本主義制度的一個威脅。但撇開這一點不講，利潤率的下降是以不斷增長的資本累積為前提的。一般說來，這是資本主義生產的所有規律作用的結果。如果我們抽掉這個過程

的對抗性質，那麼，這個不斷發展的集中化過程不過表明，生產將日益喪失其私有性質而變為社會化的過程，因為生產資料現在是作為公共的生產資料被使用，作為社會的生產資料被使用，各企業的勞動日益以社會的規模來完成。

瓊斯的《國民政治經濟學教程》中專門有一節探討決定累積的各種原因。他把這些原因歸結為以下五點：①民族的氣質和意向方面的差別；②國民收入在各居民階級間分配的差別；③可靠地使用累積起來的資本的保障程度的差別；④有利而可靠地用連續的積蓄進行投資的難易程度的差別；⑤不同的居民階層通過積蓄改善自己地位的可能性的差別。

但這五點實際上都可以歸結為，累積取決於一國資本主義發展所達到的階段。因為，隨著資本主義的發展，分配也在發生變化，資本家會把愈益增大的一部分國民收入集中在自己的手中，因而就愈有利於資本的累積；同時，隨著資本家越來越掌握國家權力，累積就越有保障；再者，隨著資本主義發展，信貸組織也發展起來了，這就更加便於通過連續的積蓄進行投資；再者，隨著資本主義的發展，人的社會地位就越來越取決於金錢，因而人們就越有可能通過累積改善自己的地位。最後，這一切都達到了，自然就會形成一個民族從事資本主義生產的才能、氣質和意向。

二、剩餘價值的源泉和最初的地租

本章末尾簡單考察了剩餘價值的源泉和最初的地租問題。

瓊斯指出：當土地被佔有並被耕種以後，它所提供的東西，幾乎總是多於用舊方法耕種它們時必需的花費。土地在此以上所提供的一切，就是剩餘產品，這個剩餘產品就是最初的地租的源泉，它是土地所有者能從土地上獲得的收入的界限（第三分冊第495頁）。

馬克思指出：瓊斯所說的這種最初的地租，就是剩餘價值得以表現的最早社會形式。這個觀點是重農學派的基礎。在資本主義早期階段，產業資本還沒有取得支配地位，農業還表現為按資本主義方式經營的主要部門，所以地租自然就成了剩餘價值的最早社會形式，自然就成了這時的經濟學家考察剩餘價值的主要著眼點。

剩餘價值有兩種形式，即絕對剩餘價值與相對剩餘價值。但這兩種剩餘價值有一個共同點，即二者都是以勞動生產力的一定發展為前提的。如果一個人的勞動產品只夠養活他自己，那就不會有任何剩餘產品和剩餘價值了。而勞動

生產力的一定發展程度這個前提，又以財富的自然源泉，特別是土地的自然富饒程度為基礎。所以馬克思說：「絕對剩餘價值的基礎，即它賴以存在的現實條件，是**土地**(即自然) 的**天然富饒程度**，而相對剩餘價值則以社會生產力的發展為基礎。」(第三分冊第 496 頁)

由此可以看出，只指出地租的最初源泉是不夠的，還必須進一步指出地租是隨著絕對剩餘價值與相對剩餘價值的增長而發展起來的。

對理查‧瓊斯的考察到此全部結束。

附錄　收入及其源泉・庸俗政治經濟學

《剩餘價值理論》第三分冊的最後部分是一個篇幅很大的附錄:《收入及其源泉・庸俗政治經濟學》。其內容摘自馬克思 1861—1863 年手稿第 XV 本,寫於 1862 年的 10 月至 11 月。收入及其源泉和庸俗政治經濟學這兩個問題是緊密相連的。因為庸俗政治經濟學抓住收入及其源泉的拜物教性質,建立了自己的辯護理論。馬克思深刻地考察了在收入及其源泉問題上庸俗政治經濟學的謬誤,並闡述了古典經濟學和庸俗政治經濟學的本質區別。這個附錄,是對《剩餘價值理論》的簡要總結,馬克思著作的全部歷史批判部分以此作為結束。結合《剩餘價值理論》一開始《總的評論》學習附錄,我們可以深刻地領會馬克思的兩個思想:①必須撇開剩餘價值的各種特殊形式來考察剩餘價值價值;②必須透過表面現象去揭露資本主義生產關係的實質,透過物與物的關係去揭示人與人的關係。

[(1) 生息資本在資本主義生產基礎上的發展。資本主義生產方式的關係的拜物教化。生息資本是這種拜物教的最充分的表現。庸俗經濟學家和庸俗社會主義者論資本利息]

一、在生息資本的形式上,資本主義生產關係的神祕化取得了最明顯的形式

勞動是價值的唯一源泉,利潤、利息和地租都是剩餘價值的各種特殊形態。但是當剩餘價值轉化為這些特殊形態時,它們的內在聯繫和轉化的中間環節便被掩蓋了,於是造成一種假象,似乎土地是地租的源泉,資本是利潤

（或利息）的源泉，而勞動似乎只創造了工資，是工資的源泉。因此，「收入的形式和收入的源泉以**最富有拜物教性質的**形式表現了資本主義生產關係」。（第三分冊第499頁）

生產關係這種顛倒的、歪曲的表現必然會在資本主義生產方式當事人的觀念中再現出來。資產階級庸俗經濟學家抓住表面現象為資本主義辯護，他們實際上只是用政治經濟學的語言「翻譯了受資本主義生產束縛的資本主義生產承擔者的觀念、動機，等等」。（第三分冊第499頁）資產階級庸俗經濟學家薩伊提出了三位一體的公式：土地—地租、資本—利息、勞動—工資。

在上述這些形式中，在生息資本（G—G′）這種形式上，資本主義生產關係的神祕化取得了最明顯的形式。「最完善的物神是**生息資本**。」（第三分冊第500頁）

土地是無機的自然界本身，價值是勞動。因此，作為剩餘價值一部分的地租不可能是由土地創造的。但是由於把使用價值和價值任意混淆，通常的觀念力求用自然本身的生產力來解釋地租。

工資是勞動力價值或價格的轉化形式。把勞動說成是工資的源泉，儘管混淆了勞動和雇傭勞動，但是在通常的觀念中，勞動本身創造了工資。

產業資本對於利潤的榨取總是以生產過程中資本家和工人之間的生產關係作為前提。對於商業資本，雖然用流通中的詐欺、不等價交換來說明商業利潤，但是在這裡畢竟是用交換、用社會關係而不是用物來解釋的。

相反，在生息資本的形式上，人們看到的只是資本能在一定期間提供一定的利息（利潤的一部分），這裡沒有生產過程或流通過程作為媒介。因此，「在生息資本上，這個**自動的物神**，自行增值的價值，創造貨幣的貨幣，達到了完善的程度，並且在這個形式上再也看不到它的起源的任何痕跡了。社會關係最終成為物（貨幣、商品）同它自身的關係。」（第三分冊第503頁）

照通常的觀念看來，資本主要存在於這種形式中。

在資本主義條件下，貨幣可以作為資本，作為利潤的源泉被出賣，從而變成一種特別的商品。生息資本這種特別的商品有它特別的出售方式。它不是被賣出而是被貸出，經過一定時期，它帶著利息流回起點。「在這裡，出賣就在於：一個把它作為生產資本使用的第三者，必須從他只是因為有這筆資本而獲取的利潤中，支付一定的部分給資本所有者。」（第三分冊第504頁）

在生息資本上貨幣是作為創造價值的物貸出的。「物現在表現為資本，資

本也表現為單純的物，資本主義生產過程和流通過程的全部結果則表現為物所固有的一種屬性。」（第三分冊第 505 頁）人們能夠看到的不是雇傭勞動與資本之間的關係，而只是借貸資本家和職能資本家之間的關係。

這裡我們也可以明白：為什麼改良派竭力反對生息資本而不觸動資本主義生產，他們只是攻擊資本主義生產的一個結果。這種反駁是從資本主義生產的立場出發的，卻自詡為「社會主義」。其實，早在 17 世紀產業資本家為了自身的發展，已經開始了和舊式高利貸的鬥爭。

二、生息資本運動的特點完全掩蓋了資本的本質

生息資本的運動從兩方面掩蓋了資本的本質。

一方面，生息資本既然直接以貨幣的形態出現，這就造成一種假象，似乎貨幣本身就能帶來更多的貨幣。在生複利的情況下，生息資本的充分的物化、顛倒和瘋狂得到了最明顯的表現，以致在理查‧普萊斯看來，「一個便士，在耶穌降生那一年以 5% 的複利放出，到現在會增長成一個比 15 000 個純金球還要大的數目」。①

另一方面，生息資本的運動取得了和現實運動相分離的形式。資本會流回起點是資本運動共有的形式。產業資本的循環是生產過程和流通過程的統一，也就是資本現實的形態變化和單純形式上的形態變化的統一。但是，對生息資本來說，它的流回起點的運動取得了和產業資本的現實再生產過程相分離的形式。因此，資本剝削雇傭勞動的關係看不見了。

生息資本的運動是 G—G—W—G′—G′。②

運動的起點是 A 貸給 B 的貨幣。貨幣在 B 手中實際轉化為資本，完成 G—W—G′ 的運動，然後，作為 G′，作為 G+△G 回到 A 手中。在這裡，△G 代表利息，G—G 只表示資本的轉手，不表示任何資本的形態變化。雖然產業資本家把貨幣現實地轉化為資本，但是這個行為發生在借貸行為之外。在借貸行為中，資本現實循環這一仲介過程消失了，能夠看到的只是貨幣作為自行增值的價值貸出。

與貨幣作為資本的雙重支出相適應，生息資本的回流也是雙重的。資本通過 W′—G′ 流回到 B 手中以後，還必須從 B 手中流回到 A 手中（歸還 A 的資本

---

① 轉引自《馬克思恩格斯全集》第 25 卷，第 444 頁。
② 轉引自《馬克思恩格斯全集》第 25 卷，第 380 頁。

並加上利息）以 G′—G′ 來結束整個運動。但是「資本的回流在這裡也不是表現為一系列經濟過程的歸宿和結果，而是表現為買者和賣者之間的特殊的法律上的交易的結果。」（第三分冊第 507 頁）

生息資本的運動，從本質上講是由產業資本的再生產過程決定的。B 借入資本是為了從事資本主義生產，B 能償還資本並加上利息是因為 W′ 已經實現為 G′。但是從表面上看，借貸行為發生在再生產過程之外，償還又似乎只取決於 A、B 這兩個貸款人和借款人之間的契約。生息資本所具有的運動形式不過是資本現實運動的沒有概念的形式，因此資本和雇傭勞動之間的關係完全看不到了，資本拜物教在生息資本上取得了最高的表現。

產業資本家支付給貨幣資本家的利息是利潤的一部分。隨著剩餘價值轉化為利潤以及利潤轉化為平均利潤，剩餘價值的來源一步步被掩蓋了。剩餘價值表現為整個資本家的產物、表現為整個資本循環的結果。而且不管資本的有機構成有多大差別、週轉速度如何，在中等經營條件下的等量資本在一定時間內會帶來等量利潤。「作為利息的**基礎**的，正是剩餘價值的這種外表化的形式，也就是剩餘價值作為**利潤**而存在的形式。」（第三分冊第 508 頁）因此，剩餘價值的真正來源已經模糊不清了。

三、在利息形式上，資本的拜物教性質和拜物教觀念已經完成

隨著利潤的轉化為利息和企業主收入（或產業利潤），剩餘價值的來源被進一步掩蓋了。

利息表現為資本所有權本身帶來的果實。「它代表**單純的資本所有權的價值**。」（第三分冊第 509 頁）貨幣資本家之所以能獲得利息，並不是因為他執行了職能，而是因為他擁有貨幣，貸出了貨幣。而正因為他的貨幣能夠生息，所以他所擁有的就不是一般的貨幣，而是資本、生息資本。

資本反應了剝削關係，它體現了勞動條件的壟斷者和雇傭工人之間的對立。但是利息直接體現的卻是借貸資本家和產業資本家（職能資本家）之間的關係而不是資本和雇傭勞動之間的對立。因此，「貨幣或商品借以成為資本的現實的形式規定性消失了」。（第三分冊第 509 頁）

貨幣資本家 A 出賣給產業資本家 B 的是貨幣的「使用權」，是貨幣轉化為生產資本以後將會產生的結果，也就是在中等條件下生產平均利潤的能力。但是資本家 A 直接出賣的不是這種使用權，因為貨幣轉化為生產資本之前，它

只具有作為貨幣的貨幣所具有的使用價值。其實，資本家 A 賣給資本家 B 的不過是把貨幣所有權讓給產業資本家一段時間。但是 A 的讓渡就是產業資本家 B 在一定時期購買這個所有權；購買是為了使用，為了榨取平均利潤，因此，「**貸款人的貨幣在被讓渡之前就已經作為資本出現**」。（第三分冊第 510 頁）

貨幣一旦不用於個人消費，它就會使所有者成為資本家，而貨幣則作為資本，作為能自行保存、自行增值的價值出現。提供利息現在表現為資本內在的屬性，就像梨樹會結梨一樣。

因為產業資本家能從現實生產過程中不斷榨取剩餘價值，獲得平均利潤，所以他才能夠在每一段時間向貨幣資本家支付利息。利息本來只是利潤中固定在特殊名稱下的部分。平均利潤轉化為利息和產業利潤本來只是剩餘價值的分配，但是，現在這種分配卻表現為剩餘價值的創造。利息似乎是和資本主義生產過程及其對抗相分離的資本所有權本身所創造、所帶來的果實。利息的形式使得平均利潤的另一部分取得產業利潤的形式。現在產業利潤表現為利息的附加額。這部分從工人身上榨取來的剩餘價值，在資本家的觀念中被看作和資本所有權無關，資本家作為勞動者執行職能所得到的工資。

產業資本家現在是作為在生產過程中執行職能的生產當事人同生產過程之外無所事事的借貸資本家相對立的。「這樣，**利息**，而不是**利潤**，表現為從資本本身，因而從單純的資本所有權中產生的資本的**價值創造**，因此利息表現為由資本本能地創造出來的收入。庸俗經濟學家就是在這種形式上理解利息的。在這種形式上，一切仲介過程都消失了，資本的**物神形態**也像**資本物神**的觀念一樣已經完成。」（第三分冊第 511 頁）

對於資產階級庸俗經濟學家來說，資本—利息這一公式是求之不得的。因為在這個形式上資本表現為利息的源泉，榨取剩餘價值的秘密完全被掩蓋了。利潤的真實來源看不到了，資本主義生產過程的結果離開過程本身而獨立存在了。在 G—W—G′ 中還包含有仲介過程，「在 G—G′ 中我們看到了資本的沒有概念的形式，看到了生產關係的最高度的顛倒和物化。」（第三分冊第 512 頁）

四、生息資本是資本拜物教的最充分的表現

馬克思通過和利潤率的對比考察了利息率的特點，從而進一步闡明資本在利息的形式上取得了它的純粹拜物教的形式。

利息率是和一般利潤率相適應的，並由一般利潤率所調節。但是利息率又

和一般利潤率有不同之處。

一般利潤率不表現為直接既定的東西,它只是作為觀念上的平均數,作為一種趨勢而存在。恩格斯指出:「一般利潤率只是作為許多行業和許多年度的平均數而存在⋯⋯它們沒有任何其他的現實性,而只是一種近似值,一種傾向,一種平均數,但不是**直接的**現實。」① 而利息率卻是每天都確定的事實,例如3%或5%。因此,這個事實對於產業資本家來說表現為計算上的前提和項目。

一般利潤率是作為平均數而存在的,而相同的利息率在事實上也是存在的;可見,一般利潤率的形式比較難以捉摸,而借貸資本的利息率則具有較大的固定性和等同性。

一般利潤率是作為一種趨勢,作為各種特殊利潤率的平均化的運動而存在的。因此,一般利潤率的決定是一個很複雜的運動。它涉及各個特殊部門的特殊利潤率(它取決於各部門的市場價格、市場價格和生產價格的比較以及供求情況)、不同部門之間的競爭(通過資本在不同部門之間的流入和流出、生產的擴大和收縮來達到)以及平均化的快慢(這又取決於資本的有機構成和資本能不能比較順利地轉移)。一般利潤率的大小歸根到底取決於總資本所生產的剩餘價值的總量、這個總量和總資本的比率以及部門之間的競爭。一般利潤率形成的過程表現為商品的市場價格的波動和市場價格到生產價格的平均化,因此這不是平均利潤率的直接確定。

貨幣資本的情況則完全不同。在貨幣資本市場上,互相對立的是借款的資本家階級和貸款的資本家階級。一方面,資本商品具有貨幣這同一形式,特殊部門之間的競爭在這裡停止了,他們全體一起作為借款人出現。資本則以貨幣的形式與他們全體相對立。「如果說生產資本**只是在特殊領域之間的運動和競爭中把自己表現為整個階級共有的資本,那麼,資本在這裡現實地有力地在對資本的需求中表現為整個階級共有的資本。**」(第三分冊第 515 頁)另一方面,貨幣市場上貨幣資本這一形態實際上只是作為共同的要素被分配在不同生產部門不同資本家階級之間,而且隨著資本主義大工業的發展,市場上的貨幣資本越來越不由個別的資本家來代表而是由銀行來代表。「因此,就需求的形式來說,和貨幣資本相對立的是整個階級的力量;但就供給來說,這個資本整個地表現為借貸資本,表現為集中在少數蓄水池裡的全社會的借貸資本。」

---

① 參見《馬克思恩格斯〈資本論〉書信集》,第 577~578 頁。

（第三分冊第 515 頁）

利息率會變動，但是它對所有借款人都一樣地發生變動。所以利息率在他們面前表現為固定的既定的量，表現為一般利息率。「一句話：只是在貨幣資本上，在借貸貨幣資本上，資本才成為商品，這種商品的自行增值的屬性具有一個固定的價格，由當時的利息表示出來。」（第三分冊第 516 頁）

正因為如此，作為生息資本（而且正是在生息貨幣資本的直接形式上）資本取得了它的純粹的拜物教形式。G—G′被看成主體。第一，這是由於資本作為貨幣的不斷存在。在貨幣形式上，資本的現實要素都看不到了。在資本的現實循環中，特別是在生產資本的循環中，① 資本的貨幣形式只是轉瞬即逝的要素。相反，在貨幣市場上，資本總是以貨幣的形式存在。第二，資本所產生的剩餘價值，又在貨幣的形式上表現為資本自身、資本的單純所有者所應得的東西，剩餘價值量還表現為根據貨幣額本身來計算的一定比率。結果，我們就得到了一個創造貨幣的貨幣這樣一個非常明顯但是又毫無內容的神祕的形式。好像在貨幣形式上生出貨幣是資本固有的屬性。「資本的形態越來越和它的內在本質相異化，並且越來越與之失去聯繫。」（第三分冊第 517 頁）

五、庸俗經濟學家和庸俗社會主義者論利息

生息資本被資產階級庸俗經濟學家看成資本的「基本形式」，又是庸俗社會主義者最直接的攻擊點。就前者來說，一方面，因為資本表現為價值的獨立源泉，所以資本和勞動之間的對立不見了；另一方面，生息資本受到庸俗社會主義者的攻擊是因為這是一種最不合理的形式。

17 世紀的資產階級經濟學家柴爾德、卡耳佩珀等人反對把利息看成剩餘價值的獨立形式。這種論戰是新興資產階級反對舊式高利貸者的鬥爭。這時生息資本才剛剛從屬於產業資本，依附於產業資本。

用降低利息率的辦法來提高利潤不會觸動資本主義生產的本質。因此，把生息資本當做資本的「基本形式」來反對的社會主義，不僅反應了資產階級的局限性，而且它本身不過是一種披著社會主義外衣的要求發展資本主義信用的願望。這表明在那裡資本主義關係還不發達，不過這種社會主義又是資本主義發展的一個理論上的徵兆。

---

① 參見《馬克思恩格斯全集》第 24 卷，第 86 頁。

[（2）生息資本和商業資本同產業資本的關係。更為古老的形式。派生的形式]

一、生息資本和商業資本同產業資本的關係

在資本主義條件下，產業資本是資本主義關係的基本形式，產業資本不僅佔有剩餘價值而且創造剩餘價值。

在產業資本形成和產生的時期，碰到了生息資本和商業資本這些比產業資本更為古老的形式並把它們作為前提。一旦資本主義生產佔了統治地位，產業資本就必須使這些資本形式被摧毀，從屬於自己，並把它們轉化為產業資本的派生形式（如生息資本）或者特殊的職能（如商業資本）。

為了使生息資本從屬於自己，在資本主義生產最不發達的階段，產業資本通過國家的權力強行降低利息率。但是當產業資本強大起來以後，它創造了一種使生息資本從屬於自己的真正方式——信用制度。「**信用制度**是它自己的創造，信用制度本身是產業資本的一種形式，它開始於工場手工業，隨著大工業而進一步發展起來。」（第三分冊第519頁）

商業資本通過兩種形式從屬於產業資本、成為產業資本在流通領域中執行特殊職能的資本。一方面是商人向產業資本家的轉化。商人自己雇傭工人生產他所銷售的商品。在中世紀，商人不過是行會手工業或者農民所生產的商品的包買商。另一方面，生產者成了商人。例如呢絨生產者現在已經不是為個別商人或某些顧客生產而是直接為商業進行大規模生產。「在第一種形式上，商人統治著生產，商業資本統治著由它推動的城市手工業者的勞動和農民家庭手工業。手工業和家庭手工業是從屬於它的。在第二種形式上，生產轉化為資本主義生產。生產者自己就是商人；商業資本在這裡只是在流通過程中起仲介作用，在資本的再生產過程中執行一定的職能。這是兩種形式。商人作為商人成為生產者、產業家。產業家、生產者成為商人」。（第三分冊第520頁）

起初商業是行會手工業、農村家庭手工業和封建的農業生產轉化為資本主義生產的前提，它使產品發展成為商品。一旦工場手工業（尤其是大工業）相當鞏固了，它就為自己創造市場，並且用自己的商品來爭奪市場。「**這時**，商業就成了工業生產的奴僕。」① 市場的不斷擴大是工業生產的必要條件。生產的不斷增長會不斷擴大市場，突破它的界限。現在限制大量生產的不是商業

---

① 參見馬克思：《資本論》第3卷，《馬克思恩格斯全集》第25卷第376頁。著重點是引者加的。

（就它僅僅反應現有需求而言）而是現有資金的量和勞動生產力的水準。

二、利息和地租的區別

利息是產業資本家支付給貨幣所有者的利潤的一部分。這一部分剩餘價值以特殊的範疇被固定下來，以特有的範疇和總利潤相分離。但是這種分離只涉及剩餘價值的分配，只涉及利息的支付或佔有的方式，它和利息的起源無關。利息率的高低取決於利潤率的高低以及利潤分割為利息和產業利潤的比例。

生息資本的形成以及它和產業資本的分離是資本主義生產方式發展的必然產物。貨幣作為資本來使用以支配一定量的別人的剩餘勞動，產生剩餘價值。作為資本商品，其價格是由它能帶來的剩餘價值的量決定的。在資本主義條件下貨幣可能轉化為資本，因為，第一，貨幣可以轉化為生產條件；第二，這些生產條件可能用來榨取雇傭勞動。

地租和利息有相似之處，它們都是產業資本家支付給另一個人的一部分剩餘價值的名稱。但是兩者又有很大的區別。土地所有權被土地所有者用來阻止利潤的平均化。土地所有權的壟斷使土地所有者可能把價值和生產價格之間的差額裝進自己的腰包（絕對地租），這種壟斷還使土地所有者拿走了在產品的市場價值和個別價值的餘額（級差地租）。

可見，土地所有權是奪取產業資本家生產的一部分剩餘價值的手段。相反，貸出的資本——在資本家用借來的資本從事經營的情況下——是生產全部剩餘價值的手段。

李嘉圖所說的廢除土地所有權是一種理想，資本不可能廢除土地所有權。至於廢除利息和生息資本那就是廢除資本和資本主義生產本身。只要貨幣可以轉化為資本，它就可以作為資本商品來出賣。因此，想保留商品而不要貨幣、要產業資本而不要生息資本、想要保留利潤而不要利息的人，只能是小資產階級空想社會主義者。

生息資本和提供利潤的資本是同一個資本，它在生產過程中執行職能提供利潤，然後在兩種不同的資本家之間進行分配。一種是處於生產過程之外的貨幣所有者，另一種是在生產過程中執行職能的產業資本家。

[（3）剩餘價值的各個部分獨立化為不同形式的收入。利息和產業利潤之間的比例。收入的拜物教形式的不合理性]

一、平均利潤的獨立化為利息和產業利潤

利潤分割的進一步獨立化是這樣表現出來的，平均利潤分成兩個互相獨立的部分即利息和產業利潤（其中產業利潤被資產階級經濟學家說成了所謂的「監督勞動的工資」）。如果平均利潤率為15%，利息率為5%。產業資本家（即使他自己擁有資本）會認為：在15%中，5%代表資本的利息，這是資本的果實，是不進行「勞動」、不執行職能的資本的果實，而10%的利潤是資本用於生產而得的利潤，它是「勞動」的、執行職能的資本的果實。這種情況類似用資本主義方式經營土地的土地所有者會把利潤中形成地租的超額利潤歸於作為土地所有者的他自己。這樣，生息資本就和職能資本在固定的形式上對立起來，就像土地所有權和資本相互對立一樣。其實，「土地所有權和資本是以兩種本質上不同的生產資料為基礎的、佔有別人勞動的權利」。（第三分冊第525頁）

並非所有單純的利潤分割本身都會給利潤的這些部分建立起不同的範疇。例如有的資本家獨資經營企業，而有的資本家則合夥經營。**這時**，獨資經營的資本家不會把自己的利潤分成兩部分，一部分是個人的利潤，另一部分是並不存在的股東的合夥利潤。那麼為什麼利潤在資本貸出者和借入者之間的偶然的分割會建立起這些範疇呢？為什麼即使產業資本家僅僅使用自有的資本進行生產，他也無論如何要「分裂為資本的單純所有者和資本的使用者，分裂為生產過程外的資本和生產過程內的資本，分裂為**自身**提供利息的資本和作為**處於**（生產）**過程中的**、提供利潤的資本」呢？（第三分冊第526頁）

這裡，有一個現實的因素作為基礎。在資本主義生產方式已經存在的前提下，貨幣在生產過程之前就已經被假定為資本，貨幣按其性質來說已經作為資本自身存在了。儘管貨幣的這種資本性質只有到生產過程中才能得到實現，才具有現實性。正如在商品流通已經存在的條件下，鑄幣在進入流通過程之前已經作為貨幣充當流通的前提了。

「資本不僅是資本主義生產的結果，而且是它的前提。」（第三分冊第527頁）因此，貨幣自身潛在的是資本，使得貨幣在進入生產過程之前就已經成為資本的是貨幣所體現的生產關係，是它借以存在的社會規定性：資本家和雇傭勞動的對立。「在這種對立性中，勞動作為別人的勞動同資本相對立，資本

本身作為別人所有的物同勞動相對立。」（第三分冊第528頁）

二、平均利潤獨立化為利息和產業利潤使資本主義關係進一步神祕化

資本主義生產關係離開資本主義生產過程現在表現在這個事實上：貨幣自身潛在地是資本，它能夠作為資本出售。在這個形式上它代表單純的資本所有權，是自行增值的價值。這也表明無償佔有別人的勞動的根據是資本主義生產關係而絕不是資本家提供的勞動的等價。

因此，利息表現為單純的資本所有權產生的剩餘價值；相反，產業利潤則屬於執行職能的資本的那一部分剩餘價值。本來利息只是利潤的一部分，是「一部分利潤的特別名稱」①，現在卻顛倒地表現為利息是專屬於資本的產物，產業利潤則是在利息上增長起來的追加額。

因為貨幣資本家處於生產過程之外，資本的價格在貨幣市場的利息率上表示出來，而利息率又是一個既定的量，所以在產業資本家看來，利息是由資本所有權產生的，相反產業利潤則是他們勞動的產物。他們是作為執行職能的資本家和作為資本的單純所有者相對立的。產業資本家認為，他們是勞動者，不過是報酬較高的雇傭工人。

這樣，利息和生息資本所表示的物質財富和勞動之間的對立，在通常的觀念中被顛倒了：貨幣資本家和工人毫無關係而只是和產業資本家發生關係。至於產業資本家又不是和雇傭工人相對立，而只是作為「勞動者」和作為資本所有者的貨幣資本家相對立。利息不過是把貨幣當做資本貸出時的價格。

必須指出，利息雖然只是剩餘價值的一種形式，但對於產業資本家來說，利息卻表現為他的費用，他的預付。這不僅對於借入資本的產業資本家是如此，即使對於使用自有資本經營的產業資本家也是如此。「他必須把資本的利息支付給自己，並把它看成預付。」（第三分冊第531頁）在農業生產中，地租也表現為資本家的預付，不過在這裡不合理性似乎不那麼明顯，因為地租表現為土地的年價格。因此，土地作為商品加入生產。

剩餘價值的兩種形式，即利息和地租，這本來是資本主義生產的結果，現在卻作為資本主義生產的前提，作為資本預付而加入生產。在單個資本家看來，「剩餘價值的生產屬於資本主義生產的**生產費用**，而佔有別人的勞動和占有超過在過程中消費掉的商品（不論這些商品是加入不變資本還是加入可變資

---

① 參見《馬克思恩格斯全集》第25卷，第379頁。

本）價值的餘額,是這種生產方式的必要條件」。(第三分冊第532頁）這一點也表現在這裡:平均利潤成為生產價格的一個要素,因此成為商品生產的條件。

馬克思指出,在「土地—地租,資本—利潤(利息),勞動—工資」這個三位一體的公式中,似乎最後一個環節還比較合理,它至少說出了工資產生的源泉。其實,最後這個形式最不合理,它還是其他兩個形式的基礎。在勞動—工資這個公式中,勞動表現為雇傭勞動。正因為工資表現為勞動的唯一產品,所以地租、利潤(利息)就必然表現為其他源泉所產生的果實。

[(4)剩餘價值的轉化形式的硬化過程以及這些形式同它們的內在實質即剩餘勞動日益分離的過程。生息資本是這個過程的最終階段。把產業利潤看成「資本家的工資」的辯護觀點]

一、剩餘價值的轉化形式同它們的內在實質日益分離的過程

馬克思在這裡詳細考察了剩餘價值的不斷轉化。隨著剩餘價值不斷獨立化為不同的具體形式,這些轉化形式日益同它們的內在實質剩餘勞動相分離。

在直接生產過程中,剩餘價值還沒有取得自身以外的特殊的形式。剩餘價值歸結為剩餘勞動,並以可變資本來計量,不變資本不過是生產剩餘價值的條件。因此,生產關係還是清楚的、簡單的。這裡的困難在於說明,對勞動的無償佔有是怎樣因商品交換的規律發生的,並且不產生矛盾。

流通過程插進來以後抹掉了、掩蓋了實際存在的聯繫。剩餘價值似乎不僅在流通過程中得到實現,而且是在流通中產生的。資本週轉越快,能獲得的年剩餘價值量也越大。剩餘價值的來源模糊了。

隨著剩餘價值轉化為利潤,利潤仿佛是由生產過程和流通過程共同產生的,利潤似乎是總資本的產兒。利潤率低於剩餘價值率並且會發生和剩餘價值率獨立的變化,這些都掩蓋了剩餘價值的起源和本質。

由於利潤轉化為平均利潤,不同生產部門的等量資本所榨取的剩餘價值量是不同的,但是它們卻獲得了相同的利潤量。由於價值轉化為生產價格,商品的價值決定的基礎似乎也被取消了。

在利潤這種完全異化的形式上,資本愈來愈具有物的形態,成為一個可以感覺但又超於感覺的東西。在資本和利潤這些形式上,資本表現為一種對自身

的關係。在這種關係中，資本作為原有的價值額，同它自身創造的新價值相區別。

隨著農業中超額利潤轉化為地租，資本增值自己的能力進一步由資本和勞動之間的對抗關係表現為物自身所固有的屬性。土地表現為地租的來源。如果地租按照預付資本來計算，它還會使人想起地租的來源是利潤（剩餘價值一般）的一個部分。但是地租卻是按照土地面積和質量來支付的（不管土地的投資有多少）。因此，「一切仲介過程都被砍去了」。（第三分冊第537頁）地租表現為同某種特殊的自然要素的關係。土地提供地租，資本提供利潤。這似乎只是物創造價值的兩種不同的形式。

由此可見，只要剩餘價值轉化成各種特殊形式並和物質上不同的生產要素——自然界、勞動產品、勞動——發生關係，那麼剩餘價值和它的各種具體形式的內在聯繫就被割斷了。剩餘價值的來源和本質就被掩蓋了。在表面上看到的只是利潤—資本、地租—土地、工資—勞動這樣的三位一體的公式。

這些完成了的表面的關係和形式，在實際生活中表現為資本主義生產的前提，它們決定單個資本家的行動並成為他們的動機。資產階級庸俗經濟學「無非是以學理主義的形式來表達這種在其動機和觀念上都囿於資本主義生產方式的外在表現的意識」。（第三分冊第539頁）

二、生息資本是這個過程的最終階段

在表現為資本主義生產既定前提的利潤這一形態中，利潤所經歷的轉化和仲介過程消失了。因此，資本和剩餘價值的性質無法辨認了。隨著超額利潤的轉化為地租而與利潤相對立，利潤同資本發生關係，地租同土地發生關係。這樣，剩餘價值就獲得了更加外表化的形式了。

在生息資本上，剩餘價值獲得了絕對外表化的形式。這裡，一方面表現出資本的絕對形式：G—G′這一自行增值的價值。另一方面，中間環節完全消失了。在G—G′中，只有G和自身的關係，這是脫離生產過程處於過程之外的資本。

這裡撇開利息可能是單純的財產轉移而並不表示實際的剩餘價值這種情況不談。當貨幣被借來用作消費品的購買手段或作為償還債務的支付手段時，利息不表示實際的剩餘價值，貨幣是作為貨幣而不是作為資本貸出的。這筆貨幣對於借款人來說只是貨幣，對於貨幣所有者來說，僅僅由於貸款行為，貨幣才

成為資本。不過，這是實際上不依賴資本過程的資本。「在貨幣的這兩種形式，即作為獲得商品以供消費的購買手段和作為償還債務的支付手段的形式上，利息完全同『讓渡利潤』一樣，表現為這樣一種形式：它雖然是在資本主義生產中再生產出來，卻不依賴資本主義生產，屬於更早的生產方式。」（第三分冊第540頁）

生息資本的第三種更古老的形式以這樣的事實為基礎：資本主義生產還不存在，資本還沒有直接支配勞動過程，資本家純粹以高利貸者的身分出現，像寄生蟲似地吮吸著生產者。

生息資本只有在借貸資本家實際地轉化為資本並生產一個餘額時成為生息資本。資本的生息能力要在生產過程中才能得到實際證明，但是資本本身是否具有這種屬性與是否被使用無關。資本的這種生息能力不是在生產過程中才產生，相反，它是過程的前提，正因為如此，用自有資本經營的資本家也把剩餘價值的一部分看成了利息。

「土地—地租」這一形式似乎比「資本—利息」更為神祕，但是地租形式上的不合理性並不在於資本主義關係本身。因為就使用價值來說，土地本身是生產。這就可能有兩種見解：或者認為地租本身同資本主義生產過程毫無關係，或者認為地租不過是價格的附加額。

生息資本涉及的卻是資本主義關係本身，由資本主義生產產生的、反應資本實質本身的關係。利潤仍然包含著處於過程中的資本的關係，不過在利潤形式上，剩餘價值成了不能認清它的實質和產生原因的形式。相反，利息形式卻表現為和剩餘價值的實質直接相對立的形式。在生息資本上，資本同勞動的關係消失了。利息表現為離開資本主義生產過程，處於過程之外的資本的果實。而利潤中超過利息的餘額則獲得了產業利潤的形式。因此，資本和剩餘價值的性質終於完全神祕化了。

產業利潤和利息的對立直接反應了處於生產過程中的、執行了職能的資本和處於過程外的作為資本所有權的資本之間的對立。於是在資本家的觀念中就把這種對立歸結為作為執行職能的「勞動者」和單純的資本所有者之間的對立。產業利潤被歸結為雇傭勞動，即歸結為支付給資本家的工資。資本家似乎成了報酬較高的雇傭工人。

其實，貨幣之所以能轉化為資本，勞動過程之所以成為資本主義生產過程，只是由於勞動的客觀條件作為他人的財產、作為資本同勞動者相對立。因

此，勞動力成為商品，勞動成為雇傭勞動，這樣商品生產成了生產的普遍形式。雇傭勞動和資本的對立是資本主義生產關係的集中表現，這種對立貫穿始終，它使勞動過程成為資本主義的生產過程。

資本的形成是一個歷史過程。這是資本的創始時期。這個過程是勞動者和生產資料分離的過程。資本主義生產是在雇傭勞動的基礎上進行的。「客觀勞動條件和主觀勞動力的分離，是資本主義生產過程事實上的基礎或起點。」①資本主義的生產過程又「再生產出勞動力和勞動條件的分離」。②

在這個基礎上，貨幣自身就是資本，資本可以作為商品來出賣。但是資本的獨特的社會性質已經固定下來並在利息上表現出來，因此，利潤中的另一部分產業利潤就必然表現為不是由資本本身生出的，而是由利息所表現的資本的獨特的社會規定性相分離的生產過程所生出的。但是同資本相分離的生產過程就是一般勞動過程，因此產業資本家不過是「勞動過程中單純的職能執行者」（第三分冊第 547 頁）即勞動者，產業利潤就順利地轉化為工資，於是「在利潤分為**利息**和**產業利潤**這最後一次分裂中，剩餘價值的性質（從而資本的性質）不僅完全消失了，而且顯然表現為一種完全不同的東西」。（第三分冊第 547 頁）

這樣，這個單純的量的分割轉化成了質的分割。這種質的分割使兩部分的原始實質的痕跡看不見了。這種情形之所以會固定下來，一方面因為利息不是表現為僅僅在產業資本家借用別人的資本時才「偶然」發生的分割，即使在產業資本家使用自有資本從事經營的情況下，他的利潤也會分為利息和產業利潤。因此，「單純量的分割已經固定化為**質的**分割，固定化為由資本本身和資本主義生產本身的性質產生的**質的**分割」。（第三分冊第 547 頁）它是和資本的不同規定性有關的利潤的兩種特殊範疇。另一方面，因為生息資本出現在產業資本之前，在產業資本出現之後生息資本和產業資本並存並在產業資本發展過程中從屬於資本主義生產。

現在，利息實現了資本本身的性質，而產業利潤則表現為產業資本家參加管理的勞動的工資。因此，在利息和產業利潤這兩種形式上，資本主義生產的性質完全消失了，並轉到了自己的反面。在 G—G′ 形式上，資本拜物教也完成了。資本拜物教比商品拜物教、貨幣拜物教更為神祕。「變體和拜物教在這裡

---

① 參見《馬克思恩格斯全集》第 23 卷，第 626 頁。
② 參見《馬克思恩格斯全集》第 23 卷，第 633 頁。

徹底完成了。」（第三分冊第 548 頁）

一方面，利息表現了資本的對立性質，但是它把資本的性質表現為處於生產過程之外的、存在於資本和勞動關係之外的規定性。因此，在利息上資本的對立性已經完全消失，利息把剩餘價值表現為資本的自然果實，它表現的不是資本和勞動之間的關係，而是貨幣資本家和產業資本家之間的關係。

另一方面，利息又使利潤的另一部分取得產業利潤的形式，即產業資本家的勞動工資的形式。創造剩餘價值被表現為單純的勞動的職能。「因此，如果說，剩餘價值的一部分在利息的形式上完全同剝削過程相分離，那麼，另一部分在產業利潤的形式上就表現為剝削過程的直接的對立面，即不是對別人勞動的佔有，而是自己勞動的價值創造。」（第三分冊第 550 頁）這樣，剝削的勞動和被剝削的勞動被等同起來了。

三、對把產業利潤說成「資本家的工資」的辯護論的批判

從利息和產業利潤的對立中產生了把產業利潤描繪成「監督勞動」的報酬的辯護論的觀點。由於在資本主義條件下，「產業利潤中也包含一點屬於工資的東西（在不存在領取這種工資的經理的地方）這種辯護論還貌似有理」。（第三分冊第 550 頁）

辯護論觀點的根本錯誤在於混淆了指揮勞動和監督勞動。指揮勞動的必要性產生於直接生產過程具有社會結合過程的形態。這種情形「就像一個樂隊要有一個指揮一樣。這是一種生產勞動，是每一種結合的生產方式中必須進行的勞動」①。因此，資本家作為指揮者，「在勞動過程本身中起著積極作用」。（第三分冊第 551 頁）監督勞動的必要性卻產生於階級對立，它包括資本主義生產方式所固有的階級對立。在資本主義生產過程中的這種職能產生於資本主義生產的特殊形式。這種監督勞動對於資本主義剝削是不可缺少的。因此，這種「與剝削相結合的勞動」像奴隸制下奴隸監工的勞動一樣會得到報酬，但是這種監督勞動的實質不過是剝削別人的活動。

資本主義條件下的指揮勞動和監督勞動是不可分割地結合在一起的，由產業資本家或者由他的經理、管理人員去完成。資產階級經濟學家總是用結合社會勞動需要的指揮勞動去為監督勞動辯護。他們把剝削的職能當做資本家應該得到監督工資的理由，並把產業利潤描繪成監督勞動的報酬。

---

① 參見《馬克思恩格斯全集》第 25 卷，第 431 頁。

但是辯護論者有無法解釋的矛盾。產業利潤的提高或下降和利息、地租都成反比，但是產業資本家的監督勞動卻與利息和地租的變化無關。怎麼能夠把產業利潤硬說成是監督勞動的工資呢？產業利潤（即所謂的「監督工資」）的特點是它的提高或下降同實際工資成反比，但是監督勞動卻與工資的下降無關。不管工人得到的工資是比較高還是比較低，資本家完成的勞動都絕對不變。不僅如此，工人要得到較高的工資，在其他條件不變時，他必須增加勞動強度；相反，資本家的勞動卻是個確定的東西，它取決於資本家應管理的勞動量，而不是取決於這一勞動的報酬。

資產階級庸俗經濟學家把企業利潤說成是監督工資。19世紀初的社會主義者對此提出來，既然這樣，那就應該把產業利潤縮減到它在理論上所偽裝的監督工資一樣多，而不能佔有全部剝削收入。這種要求有利於揭露資本主義剝削的實質，有利於批判辯護論，但是它只能是一種空想。生產決定分配，不改變資本主義的生產制度就不可能改變資本主義的分配制度。

英國社會主義者還指出，現在能從事管理的勞動力可以在市場上比較便宜地買到。一方面，同資本所有權相分離的管理勞動比比皆是，這種管理勞動無須產業資本家自己擔任而可以交給由產業資本家所雇傭的經理、雇員去進行。合作工廠的例子證明資本家作為生產上的管理人員已經完全成為多餘，正如土地所有者的職能對於資產階級的生產是多餘的一樣。另一方面，不是由階級對立所引起而是由協作分工所引起的指揮勞動則和資本完全無關。在資本主義被廢除以後，對於社會化的大生產仍然需要管理、指揮。

資本家的實際利潤中有很大一部分是「讓渡利潤」，這裡不去進行考察。資產階級庸俗經濟學家們把「讓渡利潤」和來源於剩餘價值創造的利潤混為一談，不過表明了他們的愚蠢。

[（5）古典政治經濟學和庸俗政治經濟學的本質區別。利息和地租是商品市場價格的構成要素。庸俗經濟學家企圖賦予利息和地租的不合理形式以合理的外觀]

一、古典政治經濟學和庸俗政治經濟學的本質區別

在生息資本上，資本取得了最徹底的拜物教形式。正如土地表現為地租的源泉、勞動表現為工資的源泉一樣，資本表現為利息的源泉。

顛倒的關係必然產生顛倒的觀點。資產階級庸俗經濟學家薩伊斷言物品的價值來源於它的效用，把使用價值和價值混為一談。在薩伊看來，資本主義生產存在著三要素，它們對創造效用都有貢獻，這樣生產三要素也就是三種收入的源泉：勞動創造工資、資本創造利息、土地創造地租。這三種收入構成商品的生產費用，決定著商品的價值。

　　在生息資本上，資本表現為剩餘價值的獨立源泉。庸俗經濟學家寧願採取「土地—地租，資本—利息，勞動—工資」這樣的公式，也不願採取「資本—利潤」這一公式，因為在利潤中，剩餘價值和資本主義生產的聯繫還多少可以辨認，這使庸俗經濟學家感到為難。

　　古典政治經濟學力圖從各種財富的表現形式中找到它們的本質和內在聯繫。他們把價值歸結為勞動、把有酬勞動歸結為工資，把非勞動者的各種收入歸結為由剩餘勞動所形成的利潤，並把地租歸結為超額利潤，把利息歸結為利潤的一部分。這就揭穿了上述虛偽的假象和錯覺，這是古典經濟學的偉大功績。①

　　但是古典派在分析中也陷入了矛盾。他們不是從剩餘價值出發說明剩餘價值是如何逐步轉化為各種具體形式的，這種轉化又需要經過多少中間環節；相反，他們把剩餘價值的各種具體形式作為既定的前提，試圖不揭示中間環節就直接進行還原。古典派把資本主義制度看成永恆的。他們不是把資本主義生產方式看成社會生產的歷史形式而把它看成社會生產的自然形式。

　　資產階級庸俗經濟學是資本主義內在矛盾——無產階級和資產階級之間的矛盾發展的產物。庸俗經濟學的因素孕育在古典經濟學裡邊，並和古典派的科學因素共處。但是當資本主義和政治經濟學本身發展到一定階段，這兩種因素就不能共處了。「……政治經濟學和由它自身產生的對立面的發展，是同資本主義生產固有的社會矛盾以及階級鬥爭的現實發展齊頭並進的。只是在政治經濟學達到一定的發展程度（即在亞當·斯密以後）和形成穩固的形式時，政治經濟學中的一個因素，即作為現象觀念的單純的現象復寫，即它的庸俗因素，才作為政治經濟學的特殊表現形式從中分離出來。」（第三分冊第556~557頁）

　　資產階級政治經濟學在深入發展過程中表現出矛盾和對立。李嘉圖的理論在1830年前後在剩餘價值問題上解體了。隨著階級鬥爭的公開發展，資產階級經濟學進一步庸俗化了。1830年英法資產階級奪得了政權，無產階級反對

---

① 參見《馬克思恩格斯全集》第25卷，第939頁。

資產階級的鬥爭日益採取公開的、尖銳的形式。在這種條件下，庸俗政治經濟學也就有意識地越來越成為辯護論的經濟學。巴師夏「是一個職業的調和論者和辯護論者」。（第三分冊第 557 頁）他的代表作《經濟和諧論》的中心思想就是要論證資本主義社會各階級的利益是「和諧」的、反對社會主義的。但是庸俗經濟學只是到了德國資產階級反動經濟學家，所謂舊歷史學派的奠基人，羅雪爾那裡才發展到它的最後階段。羅雪爾對於政治經濟學範疇的分析不過是對他以前的和同時代的庸俗經濟學家論點的抄襲，所以馬克思諷刺說，庸俗經濟學家在羅雪爾的「在學術上的混合主義和無原則的折中主義的編纂中找到了自己至上的表現」。（第三分冊第 557 頁）這種著作的出現表明政治經濟學作為一門科學已經走完了自己的道路，所以它是這門科學的「**墳墓**」。（第三分冊第 558 頁）

異化形式使古典派感到為難，但是庸俗經濟學家卻對「土地—地租，資本—利息，勞動—工資」這一公式感到十分自在。因為在這些形式中這些關係在現象上似乎直接互相聯繫著，符合資本主義生產當事人的日常觀念。此外，在三位一體的公式中，剩餘價值的不同形式各有自己不同的源泉，因此它們是作為彼此不同但沒有對抗的形式互相對立的。它們在生產中的關係，似乎只是一種協調的關係。

馬克思還從幾個側面批判了庸俗經濟學把產業利潤說成監督勞動的工資的謬論。

首先，從量的規定方面進行分析。按照平均利潤率的規律，利潤量和預付資本量成比例。但是產業資本家獲得的所謂「監督工資」卻是和資本量成反比的，資本小的時候，它就大，這時候管理者還是介於剝削者和勞動者之間的中間人物。而當資本大時，「監督工資」就很小，有的經理的收入完全和利潤相分離。

其次，從管理勞動的二重性去考察。由階級對抗所引起的監督勞動完全是資本主義生產上的非生產費用。此外，隨著資本主義生產的發展，關於指揮勞動的職能資本家已經完全交給他的代理人去執行。「一個樂隊指揮完全不必就是樂隊的樂器的所有者。」（第三分冊第 561 頁）因此，資本家作為生產上的管理人員已經完全成為多餘的人了。但是，資本家仍然獲得了產業利潤。

再次，「監督工資」根本不加入平均利潤率。以下兩點是有力的證明：

（1）合作工廠中扣除經理的報酬以後的利潤大於平均利潤；

（2）某些小店主、農場主的利潤經常大大高於平均利潤。

最後，庸俗經濟學家西尼耳為了反對限制勞動時間，他叫嚷如果工人只勞動 10.5 個小時，而不是 11.5 個小時，資本家就完全不會有利潤。① 這表明在現實鬥爭中，西尼耳不得不拋棄「監督工資」的謬論，在事實上承認利潤來源於工人的無酬勞動。

馬克思指出：「產業利潤只是利潤的**偽裝形式**。」（第三分冊第 563 頁）由於一部分利潤表現為利息，表現為資本自身離開生產過程帶來的果實，所以利潤的另一部分就表現為資本家在生產過程中執行職能、「勞動」所應得的部分。李嘉圖學派的約翰·斯圖亞特·穆勒，已經在事實上把利潤歸結為工人的剩餘勞動，但是「由於把利息和產業利潤對立起來而陷入謬誤」（第三分冊第 563 頁），他又把產業利潤變為監督勞動的工資，從而表現為資本家的勞動所應得的部分。這種見解是同李嘉圖的價值理論相矛盾的。

同貨幣資本家相比，產業資本家是執行職能的資本家，但是這種職能實質上是榨取剩餘勞動。產業資本家所從事的活動是剝削別人勞動的活動。

二、商品價值分解為工資、利潤和地租，但是在現象上卻顛倒表現為各種收入構成商品的價值或價格

資本主義再生產不僅是物質資料的再生產而且是生產關係的再生產，資本主義生產關係不僅是資本主義再生產的前提條件又是資本主義生產的結果、產物。在單個資本及其商品產品的現實運動中，從表面上看，不是商品價值表現為收入的前提，而是各種收入表現為商品價值的前提。

利息是職能資本家支付給資本所有者的一部分利潤。利潤是生產過程的結果，還有待於生產出來，所以利息本來不過是對待完成的剩餘勞動創造的剩餘價值的要求權。但是產業資本家必須支付利息才能借入資本，利息是資本加入再生產以前已經確定的因素，產業資本家必須把利息計入成本。

支付利息成了資本主義生產的前提條件，因此本來是資本主義生產結果的剩餘價值一部分的利息，現在「不是作為結果從生產過程中產生出來，而是作為前提、作為資本的價格加入生產過程，完全和商品價格或工資作為前提加入生產過程一樣」。（第三分冊第 566 頁）利息不是表現為剩餘價值的一部分，而是表現為生產條件，帶來利息表現為資本的物的屬性。

---

① 參見《馬克思恩格斯全集》第 23 卷，第 251 頁。

資本主義條件下勞動所新創造的價值分為勞動力的價值和剩餘價值，剩餘價值又分解為利息、產業利潤和地租。這裡毫無神祕之處，也絕不會和價值規律相矛盾。但是由於剩餘價值轉化成為各種獨立的形式，並按照不同的依據歸屬於不同的人，由於剩餘價值的這些獨立部分表現為資本主義生產的前提，一切都神祕化了。「它們從價值可以被分解成的那些部分，變為**構成**價值的獨立要素，變為**構成要素**。」（第三分冊第568頁）

利息和地租本來是剩餘價值的一部分，但是現在卻成了產業資本家的預付：地租表現為土地的價格、利息表現為資本的價格。一方面利息和地租決定於他的商品的市場價格，另一方面市場價格又決定於利息和地租。「由於剩餘價值的兩個部分，即利息和地租，作為商品（商品『土地』和商品『資本』）的**價格**加入生產過程，它們借以存在的形式就不僅掩蓋了它們的實際來源，而且簡直否定了這一來源。」（第三分冊第569頁）

平均利潤本來是不同利潤率平均化的結果，但是平均利潤作為決定因素加入生產價格，因此在這裡剩餘價值不是表現為結果而是表現為條件，表現為商品價值的構成。平均利潤調節著資本家的生產和流通、產業資本家所獲得的利潤是超過還是低於平均利潤決定再生產的規模，決定資本的移動，決定資本在不同生產部門的分配。

如果沒有剩餘價值的再生產，也就沒有資本的再生產，這時利息和地租就會消失，它們也就不會作為商品的價格加入成本。可見正是資本主義生產關係的再生產才使利息、地租這些資本主義生產的結果同時表現為資本主義生產的前提。資產階級卻往往只看到產品成為生產的條件，而忽視了資本主義這一特殊生產關係的再生產。

資本主義生產的當事人把資本主義生產關係看成物的關係、物的屬性，但是在最間接的形式上，資本的不同形態卻表現為生產因素的承擔者。例如產業資本人格化為產業資本家、生息資本人格化為貨幣資本家。他們作為人格化的資本加入競爭。競爭是一種顛倒了的世界的運動，在競爭中，一切都在最表面的形式中表現出來。利息、地租、工資、產業利潤表現為價值的構成要素。斯密先把價值分解為工資、利潤和地租，又反過來把工資、利潤和地租說成價格的獨立的構成要素。

等量資本要求獲得等量利潤，因此平均利潤是商品價格的構成部分。利息和地租則以不同的方式決定價格。利息作為既定的費用直接決定價格，地租從

下述意義間接地決定商品的價格：選擇粗放的經營還是集約的經營，種植穀物還是飼養牲畜以便出售價格能夠支付地租。「地租不會直接地但會間接地決定單個產品的市場價格，即通過確定各種產品之間的比例，使需求和供給能夠為每一種產品保證最好的價格，以便這種價格能夠支付地租。」（第三分冊第573頁）

利潤、工資、利息、地租都作為決定的因素加入生產價格，但是利息的運動由利潤決定，地租是超額利潤；利潤率的高低由工資的高低和勞動生產率決定，而工資等於商品中包含的有酬勞動，利潤等於商品中包含的無酬勞動；勞動生產率的提高可以降低商品的價值、增加剩餘價值，所以全部問題可以歸結為勞動時間決定價值。生產價格無非是價值的轉化形式，從全社會總資本來考察，總價值等於生產價格的總和。

李嘉圖反對斯密關於收入決定價值的看法，但是他前後並不一貫，所以才會和斯密發生爭論：加入價格的是利潤、工資和地租還是只包括利潤和工資。其實，每一件商品的價格都可以分解為工資和利潤，有的商品的價格可以分解為利潤、地租和工資，但是沒有一件商品的價格是由收入構成的。

在勞動生產率不變的簡單再生產條件下，商品價值照舊分為預付資本的價值和剩餘價值，新創造的價值同樣分解為工資、利息、產業利潤和地租。因此，似乎可以說，一方面，商品價格分解為工資、利潤和地租；而另一方面，工資、利潤和地租構成價格。但是再生產在完全相同的條件下反覆進行的情況是不存在的。勞動生產率和勞動條件都會改變。這種變化一部分只表現為表面的波動，在短期內可以偏離平均化，另一部分變化則會使偏離逐漸累積。這種偏離或者非常緩慢地給自己打通道路或者引起危機。只要資本主義生產方式繼續存在，資本主義關係在一定時間內保持不變，利息、地租等生產的結果就會作為生產的前提條件而保持下來。但是，「生產過程所不斷分解成的並不斷再生產出來的各種不同要素的這種表面上的獨立性，在**危機**到來時就會結束」。（第三分冊第575～576頁）。

生息資本在信用上取得了資本主義所需要的形式，信用是資本主義生產方式的創造。平均利潤率的形成、價值轉化為生產價格是部門之間競爭的結果，這需要通過信用來進行。信用使得利潤率的平均化成為可能並易於進行，它加速了資本主義流通過程中的形態變化。信用還使閒置的貨幣可能轉化為資本，使社會累積變成資本的累積，歸產業資本家支配。

三、庸俗經濟學企圖賦予利息和地租的不合理形式以合理的外貌

在「土地—地租」「資本—利息」這些形式中，地租被固定為土地的價格，利息被固定為資本的價格。「作為土地的（年）**價格**的地租和作為資本的**價格**的利息，就像 $\sqrt{-3}$ 一樣不合理。」（第三分冊第577頁）價格是價值的貨幣表現。但是不是勞動的產品沒有價值，沒有價值的物怎麼能有價格呢？同樣，作為資本價格的利息也是不合理的。這種說法，把代表一定價值量的資本說成有雙重價格。光有一個貨幣資本本身的價格，例如100，然後又有一個和這個價格不同的價格，例如利息5。但是，「一個價值額怎麼能夠在那個要用它本身的貨幣形式來表示的價格之外，還有一個價格呢？」（第三分冊第578頁）

庸俗經濟學編造了兩種說法企圖賦予這種不合理的形式以合理的外觀。

他斷言對資本支付利息因為資本是使用價值，產品或生產資料在勞動過程中對生產有用。但是資本在貨幣形式上所含有的使用價值使資本能夠轉化為具有同樣價值的其他形式的商品。這種形態變化不能使貨幣的價值量增加。「我能使貨幣轉化成的那些商品的使用價值，不會給貨幣提供任何超過其價值，不同於其價值的價格。」（第三分冊第579頁）商品在生產上的有用性只能說明商品有價值，因為使用價值是價值的物質前提，但是這種使用價值不能說明商品作為價格為什麼還會有一個不同於這個價格的其他的價格。

庸俗經濟學想採取把資本轉化成簡單商品的辦法來迴避困難。他不說資本剝削了工人所以能自行增值，而是說資本具有使用價值，所以資本具有比自身更大的價值。但是問題正是在於要說明商品是如何轉化成資本的。

在論述地租時，庸俗經濟學不是把資本轉化成商品而是把土地轉化成資本，他把地租看成資本的利息，因為資本關係比土地價格更適合資本代理人的觀念。例如，在利息率為5%的情況下，地租20就是400資本的利息。這樣，「土地—地租」的關係就變成了「資本—利息」的關係。但是，土地價格是資本化的地租，它以地租的存在作為前提。顯然，不能用地租的資本化來解釋地租。因此，當庸俗經濟學家把地租說成投在土地上的資本的利息時，他們就否定了地租本身。同時他們無法解釋為什麼沒有投資的土地也會帶來地租、為什麼在肥力不同的土地上投入同量資本會提供不同的地租。他們也無法解釋為什麼投在土地上的資本所提供的地租可能比工業中資本提供的利息大好幾倍。

[（6）庸俗社會主義反對利息的鬥爭（蒲魯東）。不理解利息和雇傭勞動制度之間的內在聯繫]

蒲魯東認為利息是資本剝削的基本形式。他對資本主義的批評集中在生息資本的利息上面。蒲魯東幻想，如果在工人中發放「無息信貸」，勞動者就能取得所需要的生產資料。

蒲魯東認為，貨幣資本從交換到交換，通過利息的累積，不斷流回它的起點。① 他把一般資本的運動說成生息資本特有的運動，這說明蒲魯東對資本的性質很不理解。其實，流回起點並自行增值，這是一般資本共有的性質，並非生息資本運動的特點。

生息資本運動的特點在於資本的貸出和償還，從表面上看似乎是和資本的再生產過程脫離的。資本的現實運動，資本的形態變化是在借款人職能資本家手裡完成的。資本的貸出本身並不是產生資本由貨幣資本轉化為生產資本，而只是為這種轉化做了準備，它發生在資本現實循環之前。從流回來看，它也並不是產業資本循環中的商品資本向貨幣資本的轉化，它發生在這個循環之後，是這個循環之後的補充行為。

因此，如果只考察貸款人和借款人之間的交易，也就是貨幣資本家和職能資本家之間的交易，能夠看到的只是沒有仲介的資本的單純的形式：「貨幣，它以 a 額支出，經過一定時間，再以 $a + \frac{1}{x} - a$ 額流回。」（第三分冊第582頁）蒲魯東考察的正是這種沒有概念的形式，所以不能瞭解事情的本質。在他看來，如果沒有借貸，資本就不會增值，「餘額也就不會再有了」。（第三分冊第583頁）馬克思指出，利息不過是利潤的一部分，利息以產業資本在生產過程中榨取剩餘價值為條件，而這又以雇傭勞動的存在為前提。蒲魯東不想消滅資本主義，又想使勞動者成為勞動條件的所有者，這既是幼稚的幻想，也是十分錯誤的。「說工人是生產條件的所有者，就是說生產條件屬於社會化的工人，工人作為社會化的工人進行生產，並把他們自己的生產作為社會化的生產從屬於自己。但是像蒲魯東那樣，既要保存雇傭勞動，從而保存資本的基礎，同時又想用否定資本的一種派生形式來消除『弊端』，那就是幼稚。」（第三分冊第583頁）

---

① 參見《馬克思恩格斯全集》第25卷，第388頁。

蒲魯東在理論上有很多錯誤。

首先，蒲魯東混淆了一般商品流通和借貸關係。蒲魯東認為貸放是一件壞事，因為貸放可以不斷取得利息，但卻不出讓所有權，其實，借貸關係和商品買賣關係是不同的。一方面，「當貨幣貸出時，並沒有得到任何等價物作為報酬」。（第三分冊第584頁）而在一般商品流通中賣者放棄了商品的使用價值，但獲得了價值。另一方面，一般商品流通都是等價交換，但是貸放除了可以收回資本以外，還將得到利息。因為資本在現實循環中發生了價值增值，利息就是剩餘價值的一部分。

其次，蒲魯東認為利息來自商品在價值以上的單純加價。「因為在商業中，**資本的利息**加到工人的**工資**上，共同**構成商品的價格**，所以，工人要買回他自己的勞動產品，就不可能了。」（第三分冊第584頁）蒲魯東不懂得產業資本家按價值出賣商品時可以獲得利潤，支付利息不會改變商品的價值而只會改變剩餘價值的分配。因此，他把資本主義的弊病、工人遭受剝削都歸結為借貸資本的利息。

蒲魯東集中反對資本主義條件下的生息資本，鼓吹無息貸放，實質上是幻想從資本主義倒退到簡單商品生產。「在蒲魯東看來，一切東西都應當**出售**，但任何東西也不應當**貸放**。換句話說，正像蒲魯東想保存商品，但不想使商品變成『貨幣』一樣，他在這裡想保存商品和貨幣，但是它們不應當發展成資本。如果把一切空想的表達形式拋開，那就不過是說，不應當從小市民——農民的手工業的小生產過渡到大工業。」（第三分冊第585頁）

[(7) 關於利息問題的歷史。路德在進行反對利息的論戰時勝過蒲魯東。對利息的觀點隨著資本主義生產關係的發展而發生變化]

本節著重分析了不同歷史階段對於利息的不同觀點，特別是在資本主義生產的不同階段對於利息的觀點是如何隨著資本主義生產關係的發展而變化的。

在古代世界比較興盛的時期，高利貸是被禁止的。後來雖然合法化了，但是在理論上人們始終認為高利貸本身是壞的。亞里士多德在《政治學》第一篇中指出，「利息是貨幣生出的貨幣，因此在所有的贏利部門中，這個部門是

最違反自然的」。①

在基督教中世紀，高利貸被看作一種「罪惡」並為「教規」所禁止。

馬丁·路德（1483—1546）是宗教改革的著名活動家，德國新教（路德派）的創始人。「在路德的時代，高利貸是極其盛行的，而且已被當做一種『**服務**』來加以辯護。」（第三分冊第593頁）

馬克思指出，從馬丁·路德的著作中可以看到，高利貸是靠市民（小市民和農民）、騎士、貴族和國君的破產產生的。高利貸具有特徵的形式有兩種。其一是對小生產者放的高利貸，它使小生產者的剩餘勞動和勞動條件流入高利貸者手裡。其二是對揮霍浪費的顯貴主要是地主放的高利貸，它把一部分地租占為己有。高利貸資本作為生息資本的具有特徵的形式是同小生產者、自耕農和小手工業主占優勢的情況相適應的。

高利貸者有兩重作用。一方面，它形成獨立的貨幣財產。高利貸者和商人一樣把年產品和年收入的很大一部分以貨幣形式落入他們手中。另一方面，它使原來的勞動條件所有者破產。「因此，它對形成產業資本的前提是一個有力的手段，對生產條件和生產者的分離是一個有力的因素。」（第三分冊第588頁）

高利貸者的歷史作用在於它一方面使封建財產和封建的所有制破壞和解體，另一方面它又破壞、毀滅小生產者使之貧困破產。其後果都是加深了勞動者的困苦。「高利貸不改變這種生產方式，而是像寄生蟲那樣緊緊地吸附在它身上，使它虛弱不堪。高利貸吮吸著它的脂膏，使它精疲力竭，並迫使再生產在每況愈下的條件下進行。」（第三分冊第589~590頁）

因此，民眾非常憎恨高利貸。在高利貸榨取奴隸主或封建主的情況下，負債的奴隸主或封建主就會更加殘酷地剝削勞動者。結果，高利貸者變為暴發戶，有的還成為土地所有者。「但生產方式本身仍舊不變。」（第三分冊第590頁）

高利貸者在前資本主義生產方式中之所以具有革命作用，是因為它破壞、瓦解舊的所有制。然而高利貸本身不能創造新的生產方式，在漫長的封建社會，它只造成了經濟上的衰落和政治上的腐敗。「只有在資本主義生產的其他條件——自由勞動、世界市場、舊的社會聯繫的瓦解、勞動在一定階段上的發展、科學的發展等——已經具備的時代，高利貸才表現為形成新生產方式的一種手段。」（第三分冊第590頁）一方面，封建主和廣大小生產者遭到毀滅；

---

① 參見《馬克思恩格斯全集》第23卷，第187頁。

另一方面，勞動條件集中為資本。

「資本主義生產在它的幼年時期力圖迫使生息資本從屬於產業資本。」（第三分冊第586頁）17世紀首先在荷蘭，隨著商業和工場手工業的發展，生息資本已從屬於產業資本和商業資本，舊式高利貸的壟斷已經被推翻。在17世紀最後30年和18世紀初英國出版的論述銀行制度的著作中都可以看到反對高利貸的呼聲，要求使商業、工業和國家擺脫高利貸的盤剝，其中主要倡議人是約瑟亞·柴爾德（1630—1699）。「柴爾德的推論的出發點自然是荷蘭的財富，而在荷蘭，利息率是低的。柴爾德認為這種低利息率是財富的原因。」（第三分冊第599頁）從這裡也可以看到，當時的爭論不再是針對高利貸本身，而是針對利息率的大小。低利息率被認為具有增加財富的作用。

資本主義生產在幼年時期必須開展反高利貸的鬥爭，建立與資本主義相適應的信用制度。到資本主義生產已經確立的時候，高利貸對剩餘勞動的支配權已經終止了。「從這時起，特別是隨著產業財產和商業財產的發展，高利貸者即貸款人，就只是一種因分工而同產業資本家分離但又從屬於產業資本的角色。」（第三分冊第591頁）邊沁（1748—1832）在1787年出版的《為高利貸辯護》一書中把自由的高利貸看作資本主義生產的要素，實際上承認了產業資本和生息資本之間的血肉關係。邊沁看到了資本更高得多的發展。

19世紀初，吉爾巴特（1794—1863）在他1834年出版的《銀行業的歷史和原理》一書中指出，中世紀純粹是農業人口，交易很少，利潤也很小，因此當時取締高利貸的法律是有道理的。而在現代，借款者通常是通過商業來牟利，因此他們應該以一部分利潤付給貸款人，這是「不言而喻的自然公道的原則」。

國家圖書館出版品預行編目（CIP）資料

剩餘價值理論導讀 / 北京大學經濟系<<資本論>>研究組 編著. -- 第一版.
-- 臺北市：財經錢線文化，2019.05

　　面；　　公分

ISBN 978-957-680-351-2(下冊：平裝)

1.馬克斯經濟學 2.剩餘價值

550.1861　　　108007774

書　　名：剩餘價值理論導讀下冊
作　　者：北京大學經濟系《資本論》研究組 編著
發 行 人：黃振庭
出 版 者：財經錢線文化事業有限公司
發 行 者：財經錢線文化事業有限公司
E - m a i l：sonbookservice@gmail.com
粉絲頁：　　　　　　網 址：
地　　址：台北市中正區重慶南路一段六十一號八樓815室
8F.-815, No.61, Sec. 1, Chongqing S. Rd., Zhongzheng
Dist., Taipei City 100, Taiwan (R.O.C.)
電　　話：(02)2370-3310 傳　真：(02) 2370-3210
總 經 銷：紅螞蟻圖書有限公司
地　　址: 台北市內湖區舊宗路二段 121 巷 19 號
電　　話:02-2795-3656 傳真:02-2795-4100　　網址：
印　　刷：京峯彩色印刷有限公司（京峰數位）

　　本書版權為西南財經大學出版社所有授權崧博出版事業股份有限公司獨家發行電子書及繁體書繁體字版。若有其他相關權利及授權需求請與本公司聯繫。

定　　價：350元
發行日期：2019 年 05 月第一版
◎ 本書以 POD 印製發行